思想理论教育研究

（第8辑）

主　编　韩　芳　王彬彬　陈　薇
副主编　杨灿灿　李明凤　赵淑亮　胡亚兰　张　舒

四川大学出版社
SICHUAN UNIVERSITY PRESS

图书在版编目（CIP）数据

思想理论教育研究. 第 8 辑 / 韩芳，王彬彬，陈薇主编. -- 成都：四川大学出版社，2024. 10. -- ISBN 978-7-5690-7289-1

Ⅰ. G641

中国国家版本馆 CIP 数据核字第 202489AC10 号

书　　名：思想理论教育研究（第 8 辑）
　　　　　Sixiang Lilun Jiaoyu Yanjiu (Di-ba Ji)
主　　编：韩　芳　王彬彬　陈　薇
副 主 编：杨灿灿　李明凤　赵淑亮　胡亚兰　张　舒

选题策划：罗永平
责任编辑：罗永平
责任校对：毛张琳
装帧设计：墨创文化
责任印制：李金兰

出版发行：四川大学出版社有限责任公司
　　　　　地址：成都市一环路南一段 24 号（610065）
　　　　　电话：（028）85408311（发行部）、85400276（总编室）
　　　　　电子邮箱：scupress@vip.163.com
　　　　　网址：https://press.scu.edu.cn
印前制作：四川胜翔数码印务设计有限公司
印刷装订：成都市新都华兴印务有限公司

成品尺寸：185mm×260mm
印　　张：16
字　　数：290 千字

版　　次：2024 年 10 月 第 1 版
印　　次：2024 年 10 月 第 1 次印刷
定　　价：78.00 元

本社图书如有印装质量问题，请联系发行部调换

扫码获取数字资源

四川大学出版社
微信公众号

卷 首 语

全面贯彻党的教育方针　扎实推进教育强国建设

教育是强国建设、民族复兴之基。党的十八大以来，习近平总书记围绕教育发表一系列重要论述，科学回答了"培养什么人、怎样培养人、为谁培养人"的根本问题，深刻回答了新时代新征程为什么要建设教育强国、建设什么样的教育强国、怎样建设教育强国等一系列重大问题，为建设教育强国指明了前进方向、提供了根本遵循。

《思想理论教育研究》第 8 辑作为高校思想理论教育方面的重要学术文集，设置了"学习贯彻习近平新时代中国特色社会主义思想""高校党的建设""高校思想政治教育""高校校园文化建设""理论与实践"五个专栏，广泛汇聚了高校知名专家学者、思想政治教育工作者和文化建设工作者等的研究成果，积极为教育强国建设提供理论和实践支持，持续推动习近平新时代中国特色社会主义思想深入人心、落地生根。

在新的征程上，《思想理论教育研究》辑刊将继续深入学习贯彻习近平总书记关于教育的重要论述，牢牢把握教育的政治属性、战略属性、民生属性，坚定不移走中国特色社会主义教育发展道路，以教育之力厚植人民幸福之本，以教育之强夯实国家富强之基，奋力谱写教育强国建设崭新篇章。

《思想理论教育研究》编辑部

2024 年 2 月

目录

学习贯彻习近平新时代中国特色社会主义思想

高校党的建设

高校思想政治教育

高校校园文化建设

理论与实践

学习贯彻习近平新时代中国特色社会主义思想

XUEXI GUANCHE XI JINPING XINSHIDAI

ZHONGGUO TESE SHEHUI ZHUYI SIXIANG

论习近平文化思想的精神气质

纪志耿　黄　维[①]

摘　要： 自信自立贯穿于习近平文化思想始终，是其独特的精神气质与价值内核。坚持自信自立蕴含着自信与自立两个维度，两者紧密联系、相辅相成。其中，自觉自信是习近平文化思想的基因底色，自立自强是习近平文化思想的实践指向。习近平文化思想坚持自信自立是理论逻辑、文化逻辑以及实践逻辑的有机统一，中国化马克思主义是自信自立的理论之源，中华优秀传统文化是自信自立的精神之本，党的百年奋斗历程则是自信自立的实践之基。在新时代新征程，习近平文化思想坚持自信自立既有其客观必然性，也有其现实紧迫性，既是实现中华民族伟大复兴的现实需要，也是用党的创新理论武装全党、教育人民的必然要求，同时也是担负起新的文化使命的必要遵循。

关键词： 习近平文化思想　精神气质　自信自立　价值意蕴

"人无精神则不立，国无精神则不强。"要实现以中国式现代化全面推进强国建设、民族复兴伟业，既需要坚实的物质基础，更需要强大的精神支撑。在全国宣传思想文化工作会议上，习近平文化思想的提出为指导新时代新征程中国特色社会主义文化建设提

---

①　纪志耿，四川大学马克思主义学院教授、博士生导师，四川省中国特色社会主义理论体系研究中心特约研究员。黄维，四川大学马克思主义学院博士研究生。

供了精神武器与行动指南。其深刻回答了文化主体精神培育等一系列问题，既是百年大党长期积淀所形成的文化上的自觉自信和精神上的独立自主的充分彰显，也是在新时代新征程进一步增强我们党的自信自立，进而担负起新的文化使命的迫切需要。自信自立贯穿于习近平文化思想始终，是我们党在奋斗历程中炼就的精神气质，也是立党立国的重要原则。深刻把握习近平文化思想蕴含自信自立的精神气质，才能切实增强做中国人的志气、骨气、底气，实现中华民族伟大复兴；才能不断推动实践基础上的理论创新，开辟马克思主义中国化时代化新境界。

一、坚持自信自立是习近平文化思想的精神气质

作为习近平新时代中国特色社会主义思想的世界观和方法论，即"六个必须坚持"的重要组成部分，必须坚持自信自立揭示了习近平文化思想独特的精神气质。党的十八大以来，习近平总书记多次强调要坚定文化自信，"党的百年奋斗成功道路是党领导人民独立自主探索开辟出来的，马克思主义的中国篇章是中国共产党人依靠自身力量实践出来的"。"自信才能自强。有文化自信的民族，才能立得住、站得稳、行得远。"文化自信蕴含着独立自主之精神，指向自立自强的自觉行动。自信与自立是辩证统一的有机整体，两者紧密联系、相辅相成，厚植于习近平文化思想始终，成为其一以贯之的精神气质。

（一）自觉自信是习近平文化思想的基因底色

自信是文化主体内在的一种积极心理状态，是其对于自我能力和自我价值的充分肯定。文化自信并非盲目自大或自我封闭，而是建立在高度的文化自觉的基础之上，以文化主体对于本民族文化的自知之明为必要前提，在面对外来文化冲击时能够坚定不移地确信自身文化的生命力与活力。正如习近平总书记指出："当今世界，要说哪个政党、哪个国家、哪个民族能够自信的话，那中国共产党、中华人民共和国、中华民族是最有理由自信的！"我们的文化自信源自马克思主义这个魂脉，植根于中华优秀传统文化这个根脉。自建党以来，对马克思主义的信仰，对中国特色社会主义的信念，对中华优秀传统文化的信心，都是支撑我们党带领全国各族人民实现从站起来、富起来，再到强起来的强大精神力量。

新时代以来，文化自信集中表现为对中国特色社会主义文化价值的确信与肯定。习近平总书记围绕中国特色社会主义文化建设，创造性地提出了一系列新思想、新观点、新论断，形成习近平新时代中国特色社会主义思想的文化篇。其明确指出："坚定中国特色社会主义道路自信、理论自信、制度自信，说到底是要坚定文化自信。文化自信是更基本、更深沉、更持久的力量。"要坚定文化自信，"在新的起点上继续推动文化繁荣、建设文化强国、建设中华民族现代文明"。文化自信是习近平文化思想的基因底色与价值导向。从"三个自信"到"四个自信"的话语转变，植根于中华五千多年文明史孕育形成的璀璨文化宝库，熔铸于百年来中国共产党坚持"两个结合"取得的辉煌历史成就，同时也取决于新时代我国从世界大国上升为世界强国的迫切现实需要。当前，文化愈发成为综合国力竞争的重要因素，全面建成社会主义现代化强国也亟须强大的文化软实力作为支撑。而文化自信的提出体现了我们党对巩固文化主体性的高度自觉，同时也在一定程度上反映出我国对于自身文化尚不够自信的客观事实。在新时代新征程，唯有坚定文化自信，才能切实提升我国文化软实力和国际话语权，彻底摆脱失语的被动局面，迎来中华民族从站起来、富起来到强起来的伟大飞跃。

（二）自立自强是习近平文化思想的实践指向

自立是文化主体不依赖于他人的一种外在行为倾向，是其对于自我能力与自我价值的自觉追求。自信才能自立，自立才能自强。当一个民族对自身文化充满自信，这种自信便会转化为内在驱动力，促使其形成独立自主之精神，不人云亦云或随波逐流，在多元文化背景下始终坚守本民族文化立场、保持自身文化特色，同时又秉持开放包容的心态，在与其他文化的交流互鉴中不断焕发生机与活力。而文化上的自觉自信、精神上的独立自主在客观上要求实现文化自强，使文化具有强大的吸引力、影响力、创造力和竞争力。正如习近平总书记指出："文化是一个国家、一个民族的灵魂。文化兴国运兴，文化强民族强。"文化与国家富强、民族复兴紧密相连，高度的文化自信是建设社会主义文化强国的前提和基础，是实现中华民族伟大复兴的强大精神力量。而要实现以高度的文化自信推动文化强国建设，必须坚定不移地走自己的路，即中国特色社会主义文化发展道路，坚持马克思主义指导，坚守中华文化立场，立足当代中国实践，推动文化创新创造。

党的十八大以来，习近平总书记立足于新时代文化建设伟大实践，指明了自立自强的发展方向，擘画了文化强国的宏伟蓝图，成为习近平文化思想的实践指向。其明确指出要"推进文化自信自强，铸就社会主义文化新辉煌"，并对社会主义文化强国建设作出一系列战略部署，在党的十九届五中全会明确提出 2035 年建成文化强国的战略目标。"文化自信自强"将文化自信与文化自强有机统一于努力建成社会主义文化强国，全面建成社会主义现代化强国的目标任务之中。从"坚定文化自信"到"推进文化自信自强"，从"建设文化强国"到"建成文化强国"的话语转变，是我们党领导新时代十年社会主义文化建设取得一系列伟大成就的必然要求，同时也是对于在新征程上我们党以高度的文化自信担负起新的文化使命的充分体现。总之，习近平文化思想以自立自强为实践指向，对于未来文化建设提出了更高的要求。在新时代新征程，唯有坚持自立自强，坚持走自己的路，把国家和民族发展放在自己力量的基点上，才能切实增强做中国人的志气、骨气、底气，实现精神上的独立自主。

二、习近平文化思想坚持自信自立的生成逻辑

坚持自信自立是习近平文化思想一以贯之的精神气质。习近平文化思想坚持自信自立的生成逻辑，可以从三个维度来加以把握。从理论之维来看，坚持自信自立源于对"马克思主义行"，对"中国化时代化的马克思主义行"的坚定信仰；从文化之维来看，坚持自信自立厚植于五千多年文明史孕育形成的中华优秀传统文化沃土；从实践之维来看，坚持自信自立是中国共产党人历经百年奋斗积淀形成的宝贵经验和制胜法宝。

（一）中国化马克思主义是自信自立的理论之源

习近平总书记在文化传承发展座谈会上指出，"马克思主义把先进的思想理论带到中国，以真理之光激活了中华文明的基因"，而"中华优秀传统文化充实了马克思主义的文化生命"，使"中国化马克思主义成为中华文化和中国精神的时代精华"。任何真理都是绝对性和相对性的有机统一，作为科学真理的马克思主义并非处于真空状态，只有与世界各民族、各国家的具体实际相结合才能永葆生机与活力，充分彰显马克思主义的真理力量与实践伟力。因此，中国共产党为什么能，中国特色社会主义为什么好，归根到底是马克思主义行，是中国化时代化的马克思主义行，这是我们党坚持自信自立的理论之源。

坚持自信自立源于对马克思主义的坚定信仰。一方面，马克思主义奠定坚持自信自立的理论基础。马克思主义是与时俱进的科学真理，是我们党用以改造现实世界的理论武器。正如恩格斯强调："马克思的整个世界观不是教义，而是方法。"正是在马克思主义理论的正确指导下，工人阶级才得以从自在阶级转变为自为阶级，朝着共产主义的远大目标努力奋进；也正是由于坚持用马克思主义理论武装头脑、指导实践，中国共产党才能用彻底的、能说服人的理论来掌握群众，并转化为改造现实世界的物质力量。因此，坚持自信自立首先表现为对于马克思主义真理的信仰。另一方面，坚持自信自立是马克思主义理论的内在要求。正如马克思指出："物质生活的生产方式制约着整个社会生活、政治生活和精神生活的过程。"文化属于社会意识范畴，归根到底是对于社会存在的反映。但文化一旦形成也具有相对独立性，会反作用于社会存在。社会存在与社会意识的辩证关系原理在客观上要求巩固文化主体性，发挥文化主体的自主性、能动性、创造性。为此，我们党高度重视文化建设，增强中国特色社会主义文化自信。

坚持自信自立源于对马克思主义中国化时代化的坚定信念。理论的生命力在于不断创新。作为马克思主义先进政党，中国共产党必然承担着以马克思主义之"矢"射中国发展之"的"，不断推进实践基础上的理论创新的使命任务。因此，坚持自信自立既是对马克思主义真理的信仰，也是对于不断推动马克思主义中国化时代化，牢牢占据真理制高点的坚定信念。其中，坚持"两个结合"是我们取得成功的最大法宝和必由之路，是推进党的理论创新的根本途径。"第一个结合"着眼于理论与实践的有机统一，以推进马克思主义理论创新，解决中国实际问题为导向。"第二个结合"植根于中华优秀传统文化沃土，以巩固文化主体性，建设中华民族现代文明为导向。坚持"两个结合"基础上的"中国化时代化的马克思主义"是自信自立根本所在、底气所在。当前，作为马克思主义文化理论与中国文化建设实践相结合的创新性理论成果，习近平文化思想已然将自信自立深度嵌入，成为其一以贯之的精神气质。

（二）中华优秀传统文化是自信自立的精神之本

正如习近平总书记指出："只有立足波澜壮阔的中华五千多年文明史，才能真正理解中国道路的历史必然、文化内涵与独特优势。"中华优秀传统文化是中华五千多年文明史孕育形成的智慧结晶，是中华民族的文化根脉与精神风貌。其所蕴含的丰富内涵与深厚底蕴，所塑造的中华文明突出特性，构筑形成中华民族文化自信之风貌、独立自主之精神，成为中国共产党和中国人民坚持自信自立的重要根源，成为中国特色社会主义文化自信的丰厚滋养。

一是中华文明突出的连续性是坚持自信自立的精神底气。在五千多年发展史中，中华文明历经民族融合、朝代兴衰、文化交融，仍旧绵延不断、延续至今，始终保持本民族文化特色与文化传统，充分彰显其文化主体性与强大生命力，成为走自己的路，坚持中国特色社会主义文化自信的强大精神支撑。二是中华文明突出的创新性是坚持自信自立的精神动力。在时代更迭和社会变迁中，革故鼎新、与时俱进是中华文明永续发展的内生动力，是中华文化永葆生机活力，在应时处变中不断升华，在兼收并蓄中历久弥新的关键所在。中华文明的创新性赋予文化主体进取精神与无畏品格，成为坚持自信自立，推动中国特色社会主义文化创新发展的动力源泉。三是中华文明突出的统一性是坚持自信自立的精神追求。在长达数千年的历史演变中，中华文明以大一统的多民族国家形态延续至今，呈现出一种跨越时空和地域的连贯性与整体性。中华文明的统一性凝结着中华民族的文化认同和价值共识，既是国家整体意志的体现，也是民族根本利益的表达。九州共贯、多元一体的大一统传统是坚持自信自立的精神追求和内在信仰，是中华民族产生向心力、凝聚力的深层次动因。四是中华文明突出的包容性是坚持自信自立的精神气度。中华文明自古就以开放包容闻名于世，是在同其他文明交流互鉴、和谐共生的过程中形成的多元一体的开放体系。中华文明的包容性意味着要始终坚持求同存异、兼收并蓄，既保持个性又吸收共性，以平等态度对待世界各民族文化，在尊重"不同"中寻求"共同"、在包容"不同"中谋求"大同"，由此赋予自信自立和而不同的精神气度。五是中华文明突出的和平性是坚持自信自立的精神文化基因。中华民族历来爱好和平，讲信修睦、亲仁善邻的文化基因根植于中华文明深处，成为日用而不觉的价值理念和一以贯之的处世之道。中华文明的和平性源于对本民族文化的自信心和自豪感，而自信自立本身也并非主张文化霸权与强权政治，而是坚持走自己的路，努力建设中华民族现代文明。

（三）党的百年奋斗历程是自信自立的实践之基

中国共产党带领人民进行革命、建设和改革的过程是自信自立生成的实践基础。党的百年奋斗历程就是我们党以文化自信之风貌、独立自主之精神，不断推进马克思主义中国化时代化的历史，充分彰显着马克思主义的真理力量与实践伟力。正如毛泽东指出：自从中国人学会了马克思列宁主义以后，中国人在精神上就由被动转入主动。自鸦片战争以来，西方列强的坚船利炮使"天朝上国"形象彻底跌落神坛，中华民族遭受前所未有的劫难。同时，在西方现代文明的冲击下，中华优秀传统文化也面临空前危机，中华民族的文化主体性一度陷入迷失。为挽救民族危亡和文明危机，无数仁人志士效仿西方现代化之路，试图寻找救亡图存之良方，但屡遭失败。直到马克思主义传入中国，以真理之光激活了中华文明的基因，在中国共产党的带领下中华民族的文化主体性得以恢复和巩固，进而重拾文化自信，开始从中国实际出发独立自主解决中国革命、建设以及改革问题，加快推进马克思主义中国化时代化进程，成功实现三次历史性飞跃。

毛泽东思想是马克思主义中国化时代化的第一次历史性飞跃。为争取民族独立、人民解放，中国共产党坚持一切从实际出发，在与教条主义、经验主义错误倾向的斗争中创立新民主主义革命理论，成功开辟农村包围城市、武装夺取政权的革命胜利道路，实现中华民族从"东亚病夫"到站起来的伟大飞跃。为实现社会稳定、国家富强，中国共产党坚持独立自主、自力更生，探索符合中国国情的社会主义改造方法、社会主义建设道路，成功扭转中国落后挨打的被动局面。中国特色社会主义理论体系是马克思主义中国化时代化的第二次历史性飞跃。为解放和发展社会生产力，中国共产党坚持解放思想、实事求是，克服传统社会主义思想束缚，正确处理独立自主与改革开放的辩证关系，相继形成邓小平理论、"三个代表"重要思想、科学发展观等重要理论成果，开创并坚持发展中国特色社会主义，实现中华民族从站起来到富起来的伟大飞跃，成功解决中国贫穷挨饿的世纪难题。习近平新时代中国特色社会主义思想是马克思主义中国化时代化的新飞跃，是中华文化和中国精神的时代精华。为实现民族复兴、强国建设，中国共产党坚持自信自立，深刻总结历史正反两方面经验，不断推进实践基础上的理论创新，概括提出"两个结合"，明确提出"第二个结合"，科学回答了"四个之问"，成功推进和拓展了中国式现代化，成为文化主体性的最有力体现，成为自信自立的充分彰显，为实现中华民族伟大复兴提供了根本遵循和行动指南。

三、习近平文化思想坚持自信自立的价值意蕴

当前，我国外部环境风高浪急，阻华遏华势力日益猖獗，国内发展不平衡不充分问

题也日益显现。在新时代新征程，习近平文化思想坚持自信自立既有其客观必然性，也有其现实紧迫性，是全面推进中华民族伟大复兴的现实需要，是完成首要政治任务的必然要求，同时也是担负起新的文化使命的必要遵循。

（一）实现中华民族伟大复兴的必然要求

正如习近平总书记强调："没有高度的文化自信，没有文化的繁荣兴盛，就没有中华民族伟大复兴。"中华民族伟大复兴是涵盖物质文明与精神文明在内的全面复兴，是两者协调发展、相辅相成的结果。而自信自立作为强大精神力量，是实现中华民族伟大复兴的现实需要，也是其题中应有之义。自近代以来，中华民族由盛转衰、历经苦难，实现民族复兴就成为其矢志奋斗的伟大梦想。在长达近一个世纪的时间里，中国人民苦苦求索而不得，经历从洋务运动到维新变法、辛亥革命再到新文化运动等一系列尝试，充分体现中国人民摆脱落后，争取民族独立和国家富强的决心和追求。但由于受到西方现代文明的强烈冲击，其对本民族文化逐渐丧失信心，一度产生全盘西化等错误思想倾向，一味效仿西方而罔顾本国国情，最终难以避免失败的结局。以史为鉴，可以知兴替。一个民族的伟大复兴除了需要坚实的物质基础，同样也需要精神上的独立自主。而实现精神上的独立自主必须坚持自信自立，坚持文化自信与自力更生，这是事关中华民族前途命运的重大问题。而如若一味否定自身历史文化，也就意味着失去本民族特征，失去中华民族的文化主体性以及中华文明的发展根基，中华民族伟大复兴也就无从谈起。

当前，在党的带领下，中华民族实现了从文化自卑到文化自信的历史转变，其文化主体性也实现了从失落、复归到巩固的彻底转变。自信自立已然融入党和人民的基因与血脉中，成为实现中华民族伟大复兴的强大精神支撑。在新时代新征程，世界百年未有之大变局加速演进，中华民族伟大复兴进入关键时期，战略机遇和风险挑战并存。就外部环境而言，国际形势波谲云诡，不稳定性、不确定性明显增加，世界经济复苏乏力，逆全球化思潮甚嚣尘上，传统安全威胁明显上升，贸易战、科技战、舆论战持续升级，生态危机、能源危机、粮食危机等全球性挑战日益严峻。与此同时，就自身发展而言，我国已转向高质量发展阶段，但发展不平衡不充分问题仍然突出，大而不强的问题比较明显，关键核心技术"卡脖子"影响凸显，意识形态领域斗争仍旧尖锐。基于此，中国共产党人必须始终坚定文化自信，坚持走自己的路，以自信自立的精神状态迎难而上、勇毅前行，依靠自身力量解决问题，有效应对一切风险与挑战，由此才能实现以中国式现代化全面推进中华民族伟大复兴。

（二）用党的创新理论武装全党、教育人民的必然要求

坚持自信自立是用党的创新理论武装全党的必然要求。正如列宁指出："只有以先进理论为指南的党，才能实现先进战士的作用。"坚持马克思主义的指导地位，是坚持自信自立的理论之源，也是保持党的先进性与纯洁性，增强党的凝聚力和战斗力的必然要求。一方面，只有始终坚持以马克思主义理论武装头脑，不断开辟马克思主义中国化时代化的新境界，才能永葆马克思主义理论的生命力，增强对于理论本身的坚定自信，强化对于自身发展道路的充分信心。另一方面，自信自立的形成也会不断推动实践基础上的理论创新，并用以武装头脑、指导实践，促使发展中的理论成果解决发展中的实际问题。除此之外，只有坚持自信自立，始终以马克思主义中国化时代化的最新理论成果武装头脑，才能继承和发扬自我革命的优良传统与精神品质，自觉接受人民群众监督，勇于承认并改正错误，避免脱离群众和消极腐败等风险，始终保持党的先进性和纯洁性，增强凝聚力和战斗力，进而以朝气蓬勃、意气风发的精神姿态，带领广大人民走好新的"赶考"之路。

坚持自信自立是用党的创新理论教育人民的必然要求。正如马克思指出："哲学把无产阶级当做自己的物质武器，同样，无产阶级也把哲学当做自己的精神武器。"马克思主义不同于一般的哲学思维，除了提供人们认识世界的方法，更是以改造现实世界为价值旨归和最终目的。因此，马克思主义具有鲜明的实践性，在指导现实社会主义运动的过程中与工人阶级之间形成日益紧密的联系，通过工人阶级的力量作用于现实的物质世界，推动历史车轮向前发展。而坚持自信自立既以马克思主义为理论之源，也在客观上要求将马克思主义理论与实践活动相结合，转换为改造世界的物质力量，由此才能充分彰显马克思主义的真理力量与实践伟力。然而，作为先进理论的马克思主义无法在工人头脑中自发形成，基于此，作为工人阶级的先锋队，中国共产党必然承担着以先进理论武装头脑，进而教育人民的使命任务。通过向人民群众传授社会主义意识形态，牢牢掌握文化领导权，使人民群众在党的团结带领下统一思想共识，并在此基础上汇聚形成强大合力，进而朝着共同的目标努力奋斗。

（三）担负起新的文化使命的必然要求

习近平总书记在文化传承发展座谈会上强调："在新的起点上继续推动文化繁荣、建设文化强国、建设中华民族现代文明，是我们在新时代新的文化使命。"而要推进中国特色社会主义文化建设，担负起新的文化使命必须遵循三大基本原则，即坚定文化自信，秉持开放包容，坚持守正创新。其中，坚定文化自信是担负新的文化使命的强大精神力量，同时其内在的包含着独立自主之精神，指向自立自强的自觉行动。因此，坚持自信自立对于担负起新的文化使命具有重要意义。

首先，坚持自信自立是推动文化繁荣的必然要求。文化自信是文化繁荣的精神支柱，也是文化创新的精神动力。一个民族倘若对自身文化价值缺乏认同与自信，便会缺乏推动本民族文化发展创新的精神动力，其文化繁荣也就无从谈起。与此同时，在多元文化背景下，不同文化交流日益频繁，唯有坚持自信自立才能坚守中华文化立场，自觉抵御外来文化冲击，在与其他文化交流互鉴的过程中确保不被其他文化同质化或边缘化，始终保持中华文化的独特性和不可替代性，进而推动文化的繁荣兴盛。其次，坚持自信自立是建设社会主义文化强国的必然要求。文化是衡量一个国家文化软实力的重要指标。坚持文化自信是建设社会主义文化强国的内在要求，对于推动文化繁荣兴盛、维护国家文化安全、增加国际话语权和文化影响力等都具有重要价值意义。与此同时，高度的文化自信在客观上要求实现文化自强，使文化具有强大的吸引力、影响力、创造力和竞争力。因此，坚持自信自立也是建设社会主义文化强国的题中应有之义。最后，坚持自信自立是建设中华民族现代文明的必然要求。作为中华优秀传统文化与现代文明的有机融合，中华民族现代文明既彰显了中国特色，又代表了先进文化形态。而五千多年文明史孕育形成的中华优秀传统文化赋予了中华民族高度的文化自信，彰显了其独立自主的精神风貌，同时也为建设中华民族现代文明提供了重要支撑与丰厚滋养。

参考文献

［1］习近平谈治国理政（第二卷）［M］. 北京：外文出版社，2017.

［2］习近平著作选读（第一卷）［M］. 北京：人民出版社，2023.

［3］习近平. 在文化传承发展座谈会上的讲话［M］. 北京：人民出版社，2023.

［4］习近平. 在党史学习教育动员大会上的讲话［J］. 求是，2021（7）.

［5］习近平关于社会主义精神文明建设论述摘编［M］. 北京：中央文献出版社，2022.

［6］习近平. 高举中国特色社会主义伟大旗帜 为全面建设社会主义现代化国家而团结奋斗——在中国共产党第二十次全国代表大会上的报告［M］. 北京：人民出版社，2022.

［7］马克思恩格斯选集（第四卷）［M］. 北京：人民出版社，2012.

［8］列宁选集（第二卷）［M］. 北京：人民出版社，2012.

［9］毛泽东选集（第四卷）［M］. 北京：人民出版社，1991.

［10］习近平谈治国理政（第三卷）［M］. 北京：外文出版社，2020.

［11］陈洪玲，潘飞宇. 习近平文化思想中坚定文化自信的逻辑探赜［J］. 思想教育研究，2024（1）.

［12］列宁选集（第一卷）［M］. 北京：人民出版社，2012.

［13］马克思恩格斯选集（第一卷）［M］. 北京：人民出版社，2012.

高质量党建视角下教工党支部推进习近平新时代中国特色社会主义思想入脑入心方法研究[①]

苗翠翠[②]

摘　要：新时代高校最重要的使命是为党育人、为国育才，这离不开高质量党建的重要引领。其中，推动基层教工党支部习近平新时代中国特色社会主义思想入脑入心是高质量党建的第一道关口。扎实推进教工党支部高质量发展，必须坚持党建引领，在"面"上，将整体性和系统性的方法贯穿在习近平新时代中国特色社会主义思想入脑入心的全过程；在"点"上，将问题意识和现实关切深度融合作为习近平新时代中国特色社会主义思想入脑入心的落脚点；在"特"上，将第一课堂和第二课堂紧密衔接作为习近平新时代中国特色社会主义思想入脑入心的主要形式。要在教工党支部形成入脑入心的方法论体系，建设教工党支部特色品牌，以高质量教工党支部基层党建保障高校教育事业高质量发展。

关键词：高质量党建　教工党支部　习近平新时代中国特色社会主义思想入脑入心　方法论

高质量党建对高校高质量人才培养具有引领作用。2021年中共中央修订的《中国

---

①　本文系2023年四川大学党建研究课题"高质量党建视角下教工党支部推进习近平新时代中国特色社会主义思想入脑入心方法研究"（项目编号：DJKT23017）的成果。

②　苗翠翠，四川大学马克思主义学院副研究员，哲学博士，研究方向为马克思主义基础理论。

共产党普通高等学校基层组织工作条例》中指出，要以高质量的党建引领推动高校为党育人、为国育才，实现高质量发展。因此，新时代高校基层党建、高校人才培养，必须强化高质量党建。

高质量党建是高校基层党组织高质量发展的关键引领，高校基层党组织高质量发展是高质量党建向纵深发展的重要抓手。其中，教工党支部不仅在教育第一线，而且在立德树人第一阵地，最直接地肩负着贯彻落实党的教育方针的重要职责，是为党育人、为国育才的坚实基础，是立德树人的重要保障。因此，教工党支部要加强理论武装，首先就是要有效推进习近平新时代中国特色社会主义思想入脑入心，并在原则、落脚点、主要形式上蕴含科学方法，才能在此基础上，使广大青年学生自觉"加强理论武装，推动新时代中国特色社会主义思想深入人心"。

一、原则：将整体性和系统性的方法贯穿全过程

在"面"上，教工党支部必须将整体性和系统性的方法贯穿推动习近平新时代中国特色社会主义思想入脑入心全过程。首先，习近平新时代中国特色社会主义思想是时代课题鲜明、思想内涵丰富、思维方法科学的完整的科学体系。其次，习近平新时代中国特色社会主义思想是完整的科学体系，意味着教工党支部必须要坚持准确性原则，整体和系统地把握，而非片面或片断式地理解。最后，整体和系统地把握，必然需要明确纵深双重向度——广度的体系完整和深度的逻辑贯通。

（一）坚持准确性原则

习近平新时代中国特色社会主义思想是一个完整的理论体系，在学习、理解、宣传、阐释的过程中，要自觉将整体性和系统性的方法贯穿其中。注重从整体而非片面、系统性地而非片段式地把握和准确理解，不能抽象地脱离具体条件、时代背景、时代主题，孤立地从个别词句或论断外在地理解。习近平新时代中国特色社会主义思想主要内容包括"十个明确""十四个坚持""十三个方面的伟大成就"。三者之间具有严密的逻辑关联性。"十个明确"主要涵盖指导思想层面，侧重解决"怎么看"的问题；"十四个坚持"是在"十个明确"指导思想基础上坚持什么原则以及怎么着力解决的问题；"十三个方面的伟大成就"是解决问题的同时凸显出当前所取得的新实践、新成就。这一系

列新实践又会不断凝结出新思想，新思想再而不断指导新实践，逐步上升，形成不断发展的鲜活体系。理论照亮现实，现实活化理论，着力从整体性、逻辑性、系统性上推进习近平新时代中国特色社会主义思想入脑入心。

（二）坚持贯通性原则

习近平新时代中国特色社会主义思想本身就蕴含着科学的世界观和方法论。从历时性或纵向看，应该把习近平新时代中国特色社会主义思想置于马克思主义和马克思主义中国化时代化的历史深处加以把握。这意味着习近平新时代中国特色社会主义思想所蕴含的科学世界观和方法论是有逻辑层次的，由深入到具体：最根本的世界观和方法论是辩证唯物主义和历史唯物主义，基本方法是"两个结合"，具体运用是"六个坚持"。从根本到具体，由深入到浅出，坚持历史与逻辑相统一，逐层推进习近平新时代中国特色社会主义思想入脑入心。从共时性或横向看，应该把习近平新时代中国特色社会主义思想放置于当今时代的时代追问、重大时代课题的明确提出、时代症结的关键把脉等时代现实之中，进一步坚定我们思维方式和行为方式的马克思主义立场、人民中心立场、为人类求解放立场。

二、落脚点：问题意识和现实关切深度融合

在"点"上，教工党支部必须将问题意识和现实关切深度融合作为习近平新时代中国特色社会主义思想入脑入心的落脚点。时代是思想之母，实践是理论之源。首先，习近平新时代中国特色社会主义思想作为科学的理论体系，是真正切中时代问题和时代主题的。其次，要进一步追问和把握习近平新时代中国特色社会主义思想是如何切中时代主题和时代问题的。最后，自觉明确习近平新时代中国特色社会主义思想所蕴含的最根本的价值旨趣。

（一）切中时代主题，把握时代脉搏

我们要勇于思考我们的时代，正如苏格拉底曾说的那样，"未经审视的生活是不值得过的"。对于"个体而言，每个人本来都是他时代的产儿"，没有人可以跳出"罗陀斯岛"，跳出他的时代之外。我们又该如何思考我们的时代呢？马克思曾指出："主要的困

难不是答案，而是问题。因此，真正的批判要分析的不是答案，而是问题……问题却是公开的、无所顾忌的、支配一切个人的时代之声。问题是时代的格言，是表现时代自己内心状态的最实际的呼声。"这意味着，我们要反思与批判时代之弊，回应与建构时代之声。习近平新时代中国特色社会主义思想明确指出了时代之变与时代之声。2017 年 9 月 29 日在十八届中央政治局第四十三次集体学习时的讲话中，习近平总书记指出："时代在变化，社会在发展，但马克思主义基本原理依然是科学真理。尽管我们所处的时代同马克思所处的时代相比发生了巨大而深刻的变化，但从世界社会主义 500 年的大视野来看，我们依然处在马克思主义所指明的历史时代。这是我们对马克思主义保持坚定信心、对社会主义保持必胜信念的科学根据。"21 世纪的世界，迎来大发展、大变革、大调整时期，"当今世界正经历百年未有之大变局"。《中共中央关于党的百年奋斗重大成就和历史经验的决议》中明确提出新时代的三个重大时代课题：（1）新时代坚持和发展什么样的中国特色社会主义、怎样坚持和发展中国特色社会主义。（2）建设什么样的社会主义现代化强国、怎样建设社会主义现代化强国。（3）建设什么样的长期执政的马克思主义政党、怎样建设长期执政的马克思主义政党。

（二）关切人类苦难，指明价值旨趣

马克思最关切人类所深受的深重苦难，他围绕劳动和资本的关系，深入资本社会生产体系之中，找到无产阶级深受苦难的根源。如果经济领域是最典型的领域的话，现如今美西方逆全球化、经济封锁、保护主义，治理赤字、信任赤字、和平赤字、发展赤字等都为人类带来了深重的灾难。我们并非生活在和平的世界，只是生活在和平的国家。这一切都意味着，我们只有守正创新，走出一条新路，才能扭转和克服人类所深受的苦难。"科学社会主义在二十一世纪的中国焕发出新的蓬勃生机，中国式现代化为人类实现现代化提供了新的选择……为人类和平与发展崇高事业作出新的更大的贡献！"在此意义上，可以说中国式现代化是"党的二十大的一个重大理论创新，是科学社会主义的最新重大成果"。这条崭新的发展道路最根本的特质就是始终坚持"以人民为中心"，解决绝对贫困问题，全面建成小康社会，完成第一个百年奋斗目标，进而不断致力于实现共同富裕，建成社会主义现代化强国。可见，习近平新时代中国特色社会主义思想不仅内在地关切人类苦难，以人民为中心，而且现实地探索走出苦难的可行路径。

三、主要形式：第一课堂和第二课堂紧密衔接

在"特"上，教工党支部要将第一课堂和第二课堂紧密衔接作为习近平新时代中国特色社会主义思想入脑入心的主要形式。教工党支部自身要始终自觉用"四个意识"导航、用"四个自信"强基、用"两个维护"铸魂，才能真正落实培根育魂、立德树人的使命。首先，党建与教学、科研同向同行。抓政治与抓业务同向发力。其次，以多种形式开展习近平新时代中国特色社会主义思想系统化、常态化学习。最后，站好教学阵地，切实入脑入心，培养优秀的社会主义建设者和接班人。

（一）"党建＋教学＋科研"同向同行、同向发力

"坚持党建工作和业务工作一起谋划、一起部署、一起落实，一起检查。"在队伍建设上，可以采取"党建带头人""学术带头人"双带头人建设。在任务落实上，教工党支部应把立德树人成效作为检验一切工作的根本标准，教师要党建、教学、科研相互驱动、相互促进，同向同行。在创新方式上，教工党支部可以打造"党建＋教学＋科研"的特色品牌活动。党支部要针对如何实现理论教学和实践教学的有机融合，立足地方红色文化资源，立足学校历史传统，打造一些"党建＋教学＋科研"的品牌特色活动。如追寻总书记足迹、重走长征路、实地参观访问、社会调查、研究生宣讲总书记的新思想、读经悟典、党的创新理论飞入寻常百姓家、参与新时代文明实践中心建设等，这些都是新时代高校思政课教学改革常见的一些特色品牌。立足长期的思政课教学改革和党建品牌建设实践，四川大学马克思主义学院打造了"读经悟典一辈子""理论飞入寻常百姓家"等党建与教学、科研同向同行的特色品牌活动。

（二）以多种形式开展习近平新时代中国特色社会主义思想系统化、常态化学习

其一，读好原著、悟好原理、讲好故事、讲活案例。习近平新时代中国特色社会主义思想蕴含着丰富的治国理政的实践智慧，包含着最鲜活生动的百姓故事。这意味着，我们能够通过讲故事的方式把习近平新时代中国特色社会主义思想生动地呈现给学生。以讲故事的方式提升文化情怀，弘扬中国精神，震撼一瞬间、激动一阵子、启发一辈

子、铭记一辈子、影响一辈子。其二，将第一课堂和第二课堂相结合，培根育魂、筑梦强基。纵观世界高校，"世界一流大学都是在服务自己国家发展中成长起来的。我国社会主义教育就是要培养社会主义建设者和接班人"，让大学生真正发挥人才主力军作用，助力建设社会主义现代化强国，实现中华民族伟大复兴。用理论铸魂、以实践育人，师生课堂场域和课外实践场域相结合，把习近平新时代中国特色社会主义思想贯穿到课堂、社团活动、党团生活、实践活动中。四川大学马克思主义学院各教研室党支部充分运用假期时间到爱国主义红色教育基地进行实践教育，如：弘扬井冈山精神，筑牢理想信念；"汶川特大地震灾区 15 年重建发展调查研究"主题教育实践活动；赴崇州成都游击斗争史料馆开展"红动 1 小时"主题实践活动；赴绵阳梓潼县两弹城开展"缅怀核武研制英雄，弘扬'两弹一星'精神"主题党日活动，等等。学生们也以各种方式进行实践学习，如：讲好中国故事，记录伟大时代；讲述身边的党史故事；讲好红色故事、深化主题教育，等等。师生在第一课堂和第二课堂的融合之中，学思想、强党性、重实践、建新功，不断夯实理想信念，共同奋进新征程。

高质量党建视角下教工党支部在推动习近平新时代中国特色社会主义思想入脑入心的过程中，既坚守基本原则，又创新主要方式，还明确根本落脚点。不仅在"面"上，注重习近平新时代中国特色社会主义思想科学体系的完整性与系统性、表达的准确性以及逻辑的贯通性；而且在"点"上，聚焦问题意识和现实关切的深度融合，切中时代主题、明确价值旨趣；同时，还在"特"上，用理论育人，用实践铸魂，形成"党建＋教学＋科研"同向同行特色品牌活动，培养德才兼备的社会主义建设者和接班人，不断推进习近平新时代中国特色社会主义思想入脑入心，以习近平新时代中国特色社会主义思想铸魂育人、立德树人，实现人才强国、现代化强国。

参考文献

［1］习近平. 决胜全面建成小康社会 夺取新时代中国特色社会主义伟大胜利——在中国共产党第十九次全国代表大会上的报告［M］. 北京：人民出版社，2017.

［2］黑格尔. 法哲学原理［M］. 邓安庆，译. 北京：人民出版社，2016.

［3］马克思恩格斯全集（第 1 卷）［M］. 北京：人民出版社，1995.

［4］习近平. 高举中国特色社会主义伟大旗帜 为全面建设社会主义现代化国家而团结奋斗——在中

国共产党第二十次全国代表大会上的报告［N］. 人民日报，2022－10－26.

［5］正确理解和大力推进中国式现代化［N］. 人民日报，2023－02－08.

［6］中共中央党史和文献研究院. 十九大以来重要文献选编（中）［M］. 北京：中央文献出版社，2021.

伟大建党精神与中国共产党人精神谱系的源流关系探析①

肖　杰②

摘　要：伟大建党精神是中国共产党人精神谱系的源头活水和树之本根。中国共产党人精神谱系则是中国共产党领导人民革命、建设、改革的过程中，弘扬伟大建党精神的具体表现，为我们立党、兴党、强党提供了丰厚滋养。通过历史考证、逻辑分析，厘清伟大建党精神与中国共产党人精神谱系的内在逻辑关系，对传承弘扬伟大建党精神和中国共产党人精神谱系具有重要现实价值和实践意义。

关键词：建党精神　精神谱系　逻辑　源流关系

习近平总书记在庆祝中国共产党成立 100 周年大会上的重要讲话中指出，"一百年前，中国共产党的先驱们创建了中国共产党，形成了坚持真理、坚守理想，践行初心、担当使命，不怕牺牲、英勇斗争，对党忠诚、不负人民的伟大建党精神，这是中国共产党的精神之源"。《中共中央关于党的百年奋斗重大成就和历史经验的决议》和党的二十大报告也指出：伟大建党精神是中国共产党精神谱系的源头。由此可以看出，伟大建党精神既是中国共产党的精神之源，又是精神之流；既是精神谱系中处于"管总"位

———————

①　本文系四川大学中央高校基本科研业务费项目"中国共产党领导人民创造的人类文明新形态研究"（项目编号：zgqd2023-02）成果。

②　肖杰，四川大学马克思主义学院助理研究员，博士，主要研究方向为中共党史党建。

置、"源头"位置的核心精神，又是绵延不绝的精神谱系中的一种具体精神；既可作为中国共产党人的自我激励，又可作为中国共产党全党的精神标识；既是属于昨天的，更是属于今天和明天的。

伟大建党精神是中国共产党全部实践所形成的精神谱系的母体，是对中国共产党精神谱系的高度概括和淬炼，是我们党立党、兴党、强党的精神原点、思想基点。同时，中国共产党人精神谱系中一系列伟大精神，也是建党精神这一"源头"在不同历史时期的"活水"涌流，是中国共产党在不同历史任务中弘扬伟大建党精神的具体表现，共同铸就了中国共产党精神谱系，为我们立党、兴党、强党提供了丰厚滋养。

一、建党精神是中国共产党人精神谱系的思想基点和精神原点

百年党史灿烂辉煌，党的精神代代相传。中国共产党的百余年光辉历史，不仅是领导人民艰苦卓绝的奋斗史，更是历代中国共产党人的精神锻造史。伟大建党精神是对中国共产党人精神谱系的高度凝练和总体概括，也是中国共产党人精神谱系的思想基点和精神原点，蕴含着中国共产党人精神谱系中一系列伟大精神的基因密码。伟大建党精神作为党的精神谱系之源，不仅体现在理论源头的形成，也体现在中国共产党人精神谱系构筑形成和发展壮大的历史进程。中国共产党百余年奋斗历程中，涌现了一大批视死如归的革命烈士、一大批顽强奋斗的英雄人物、一大批忘我奉献的各行各业先进模范，形成了包括建党精神在内的井冈山精神、长征精神、遵义会议精神、延安精神、西柏坡精神、抗美援朝精神、"两弹一星"精神、脱贫攻坚精神和抗疫精神等一系列伟大精神，共同构建起了中国共产党人赓续至今、绵延不绝的精神谱系。

（一）伟大建党精神深刻展现出精神谱系所共有的历史渊源

习近平总书记曾指出，"我们党的全部历史都是从中共一大开启的，我们走得再远都不能忘记来时的路"。伟大建党精神在中国共产党曲折的成立过程之中孕育，中国共产党人精神谱系也由此诞生并绵延不绝、历久弥新。从时间维度看，"历史从哪里开始，精神就从哪里产生"。中国共产党人的精神谱系无疑是在党成立后，带领中国人进行革命、建设、改革的实践中形成和构筑的。我们在探寻精神谱系之源时，也应回顾党成立之初孕育的伟大建党精神。从内容维度看，中国共产党的精神谱系在不同时期、不同领

域、不同群体体现出富有时代特点、区域特点、群体特点等系列特征，但各种精神内在本质之间却一脉相承、相通相融，追根溯源都可以在伟大建党精神之中寻得其底色与痕迹。中国共产党人在100多年的非凡奋斗过程中，始终坚持弘扬伟大建党精神。他们当中有视死如归的革命烈士、顽强奋斗的英雄人物、无私奉献的先进模范，通过顽强拼搏、不懈奋斗，汇聚成彰显党的性质宗旨和政治品格的精神谱系。纵观精神谱系当中的每个伟大精神，如井冈山精神中的核心内容"坚定信念"，"两弹一星"精神中闪耀的"无私奉献"品质，抗洪精神和抗震救灾精神中展现出的"不怕牺牲、英勇斗争"特质，以及抗疫精神中的"生命至上"的最高原则等，其核心本质都能从建党精神中追根溯源，体现了党的坚定信念、根本宗旨和优良作风，反映了历代中国共产党人艰苦奋斗、牺牲奉献、开拓进取的崇高品格。

（二）伟大建党精神深刻凸显精神谱系所共有的价值取向

中国共产党人精神谱系中涵盖的各种伟大精神，尽管内涵各具千秋、覆盖领域各不相同、涉及范畴极为广泛，但彼此有着相辅相通的价值取向，有着一以贯之、始终如一的思想内核，即伟大建党精神所彰显的始终与人民和民族的利益紧密相连，始终将为人民谋幸福、为民族谋复兴作为初心和使命。截至目前权威媒体正式公布的中国共产党人精神谱系当中，如红船精神、井冈山精神、苏区精神、伟大长征精神、延安精神、兵团精神、雷锋精神、大庆精神、焦裕禄精神、"两弹一星"精神、载人航天精神、劳模精神、抗震精神和抗疫精神等，"坚定信念、艰苦奋斗、实事求是、无私奉献"等核心内容多次出现，这与"坚持真理、坚守理想，践行初心、担当使命，不怕牺牲、英勇斗争，对党忠诚、不负人民"的伟大建党精神有着相同或高度相近的表述。这充分表明：伟大建党精神和精神谱系的价值取向是一脉相承和高度契合的，凸显出中国共产党人精神谱系所共有的核心价值取向。

（三）伟大建党精神奠定精神谱系的深厚文化根基

文化是精神生成的"母体"，精神是文化发展的结晶。伟大建党精神是中国共产党把马克思主义基本原理同中国具体实际相结合、同中华优秀传统文化相结合，在领导中国人民革命、建设和改革伟大实践中共同铸就的精神结晶，为中国共产党人精神谱系提供了深厚的文化滋养，奠定了中国共产党人独特的文化气质。比如，井冈山精神中的坚定执着追理想、实事求是闯新路、艰苦奋斗攻难关、依靠群众求胜利等核心内容，都与建党精神中实事求是的基本思想方法、工作方法、领导方法，以及谦虚谨慎、艰苦奋斗的光荣传统和优良作风高度契合。还有解放思想、实事求是、敢闯敢试、勇于创新、互利合作、命运与共的改革开放精神，既与建党精神中蕴含的担当使命、英勇斗争的文化精髓一脉相承，更充分展现了建党精神中坚定的信仰、信念、信心，使得建党精神在改革开放以来，特别是在新时代伟大奋斗历程中持续淬炼升华、辉映时代、深入人心，锻造了党和人民弥足珍贵的精神财富。

二、中国共产党人精神谱系是伟大建党精神与时代需要、社会发展特点相结合的理论结晶

中国共产党是在国家蒙辱、人民蒙难、文明蒙尘之际，经过党的先驱们艰辛探索而建立起来的。中国共产党的创建，在实践层面的成果是创建了中国共产党组织，在精神层面的成果是形成了伟大建党精神。一百多年来，伟大建党精神深深融入中国共产党人的血脉之中，并汇聚为后人长久感知和领悟的精神河流，滋养着共产党人和广大人民群众的精神世界，促进着党的理论不断创新。

中国共产党以伟大建党精神为源头和逻辑起点，在一百多年奋斗历程中，结合时代需要和社会发展特点，形成了涵盖政治、军事、经济、文化、科技、生态文明建设等各领域，以重要时间、重要地点、重要人物、重大事件等为名称的系列伟大精神，这些伟大精神最终构筑起内涵丰富、思想深刻、系统完整、生动鲜活、具有中国共产党人鲜明特征的精神谱系。换言之，中国共产党人精神谱系中的各种伟大精神，实质上就是伟大建党精神在某一时期、某一地域、某一个体或群体、某一时间节点、某一领域、某一行业等方面的延伸和呈现，是伟大建党精神与时代需要、社会发展特点相结合的理论结晶。根据截至目前党中央有关部门公布的精神谱系中的一系列精神形态，可以将其简要归纳为：杰出人物（英模群体）、重大革命事件和抗击重大风险挑战（斗争）的精神谱系。

（一）杰出人物和英模群体构筑的精神谱系

习近平总书记曾指出，"英雄是民族最闪亮的坐标"，"对为国牺牲、为民牺牲的英

雄烈士，我们要永远怀念他们，给予他们极大的荣誉和敬仰"。英雄和英模群体都是来自人民，根植于人民，英雄和英模群体的精神就是我们的伟大民族精神，是凝聚起实现中华民族伟大复兴的动力之源。以杰出人物和英模群体构筑的精神谱系彰显的是历代先进共产党人、英烈模范等践行建党精神，为崇高革命理想、党的事业奋斗的结晶。如新民主主义革命时期，李大钊、方志敏、夏明翰、瞿秋白等早期中国共产党的创始人群体，以及张思德、刘胡兰等革命英雄人物，还有白求恩、柯棣华等国际友人群体。社会主义建设时期，涌现了雷锋、焦裕禄、王进喜、王杰、好八连等杰出人物或团体模范，他们展现的是坚定理想信念、无私奉献、爱国创业等崇高精神。改革开放后，广大党员干部中涌现了孔繁森、郭明义等先进个人和团体，他们对党无限忠诚，用生命和实际行动诠释了全心全意为人民服务、无私奉献、艰苦奋斗的精神。进入新时代，涌现了黄文秀、黄大年、张富清、袁隆平等为代表的先进个人和英模群体，构筑起了新时代的劳模精神、科学家精神、企业家精神、黄大年精神、张富清精神、袁隆平精神等，他们分别在不同领域、不同岗位用生命和奉献谱写了新时代壮美的英雄史诗，成为中国共产党人引领中国人民努力实现第二个百年奋斗目标的精神脊梁。

（二）民族伟大复兴大业过程中汇聚的精神谱系

民族伟大复兴大业过程中汇聚的精神谱系，主要是指中国共产党人领导人民为实现中华民族伟大复兴的进程中取得重要成就的同时，熔铸起以重大事件为代表的精神谱系。如建党之初熔铸的"开天辟地、敢为人先的首创精神，坚定理想、百折不挠的奋斗精神，立党为公、忠诚为民的奉献精神"为代表的红船精神。革命时期中国共产党领导各族人民和革命军队不断反抗国民党反动派的统治、反对封建地主阶级的压迫、反对西方列强和日本帝国主义的侵略过程中，以重大革命事件构筑而成的二七精神、安源精神、井冈山精神、苏区精神、长征精神、延安精神、红岩精神、西柏坡精神等。社会主义建设时期以重大事件构筑的精神谱系，如"两弹一星"精神、大庆精神、西迁精神、北大荒精神等，充分展现了中国共产党领导人民在建设时期凝聚起的自力更生、爱国奋斗的豪迈精神，引领社会主义建设取得丰功伟绩。改革开放时期涌现出的改革开放精神、载人航天精神、移民精神、北京奥运精神、上海精神等，进一步丰富了精神谱系的内涵。进入新时代，党团结带领人民办成了许多事关长远的大事要事，在尖端科技领域铸就载人航天精神、北斗精神、探月精神等，在推动人类命运共同体过程中构筑上海精神、丝路精神等，决胜脱贫攻坚战过程中形成脱贫攻坚精神等，在坚持人民至上、生命至上理念指导下开展了抗击疫情人民战争，形成伟大抗疫精神。可以说，在中华民族伟大复兴事业过程中，以重大事件为代表构筑起的精神谱系彰显的是中国精神、中国价值、中国力量和中华优秀传统文化的核心精髓，赓续传承的是伟大民族精神和时代精神的精华，是中国共产党、中国人民和中华民族最宝贵的精神财富。

（三）抵御外辱和抗击重大风险挑战过程中凝聚的精神谱系

中国共产党成立一百多年来，面对各种暴风疾雨，甚至是惊涛骇浪的风险挑战，党团结和领导人民以英勇顽强的气概、敢于斗争的魄力，在抵御外侮和抗击各种风险挑战中构筑起了以抗战精神、抗联精神、抗洪精神、抗疫精神等为代表的精神谱系。如新民主主义革命时期形成的抗战精神、抗联精神等，不仅反映出党领导人民和军队与敌人殊死斗争的英雄事迹，更体现出中国共产党人胸怀天下，领导中华民族团结一心、英勇顽强、不畏牺牲的英雄气概。社会主义革命和建设时期的抗美援朝精神等，展现出中国共产党人为捍卫新生政权，以非凡气魄和超常胆识作出重大历史性决策，与朝鲜人民军队一道，共同抗击美帝国主义为首的侵略者，并涌现出了以黄继光、邱少云等为代表的革命英雄战士和英雄群体，构筑起爱国主义精神和国际主义精神相结合的光辉典范。改革开放时期，面对百年一遇的特大洪涝灾害和汶川特大地震灾害，在党中央坚强领导下，全党全军全国人民团结奋战，展开了波澜壮阔的抗洪、抗震救灾斗争，展现出气吞山河的英雄气概，取得了抗洪抢险和抗震救灾斗争的全面胜利，书写了人类战胜自然灾害的一个个伟大壮举。特别是在新时代，面对突如其来的新冠肺炎疫情，党领导人民坚持人民至上、生命至上，坚持动态清零不动摇，开展抗击疫情人民战争、总体战、阻击战，最大限度保护了人民生命安全和身体健康，铸就了新时代伟大的抗疫精神，为统筹推进疫情防控和经济社会发展、凝聚全球战"疫"合力提供了强大的精神动力，"成为中华民族在全球战'疫'中独特的精神标识"。

三、建党精神是中国共产党人精神谱系的高度凝练

伟大建党精神既是对中国共产党百年光辉历史的全面总结，也是对中国共产党在百年历史奋斗征程中形成的精神谱系的高度凝练。建党精神在革命、建设、改革和新时代

各个时期具有不同的精神形态和呈现方式，通过与时代需要、社会特点和不同群体相结合，产生了诸多内容丰富、类别多样、绵延不绝的精神并汇铸起精神谱系。从内容上看，中国共产党人精神谱系是对伟大建党精神的展开和丰富；从时间脉络上看，中国共产党人精神谱系是对伟大建党精神的继承和发扬；从内在关系上看，中国共产党人精神谱系是对伟大建党精神的生动演绎，而伟大建党精神正是对中国共产党人精神谱系的高度凝练和升华。

（一）"坚持真理、坚守理想"对精神谱系的高度凝练

革命理想高于天。党的十八大报告中强调："对马克思主义的信仰，对社会主义和共产主义的信念，是共产党人的政治灵魂，是共产党人经受住任何考验的精神支柱。"中国共产党自诞生之日起，就坚定地把马克思主义镌刻在党旗之上，坚定地把共产主义确立为自身的远大理想。经过百年沧桑巨变和风雨洗礼，真理的光芒更加璀璨，信仰的本色更加纯粹，理想的力量更加强大。可以说，坚持真理、坚守理想，从建党之时到百余年奋斗征程，始终熔铸于中国共产党人的精神血脉之中，体现在不同时期、不同领域的精神谱系之中。比如，井冈山精神主要内涵：坚定信念、艰苦奋斗，实事求是、敢闯新路，依靠群众、勇于胜利；苏区精神主要内涵：坚定信念、求真务实、一心为民、清正廉洁、艰苦奋斗、争创一流、无私奉献；延安精神主要内涵：坚定正确的政治方向、解放思想实事求是的思想路线、全心全意为人民服务的根本宗旨、自力更生艰苦奋斗的创业精神。尽管这些不同时期的精神谱系内涵丰富，但其核心内容就是伟大建党精神中的"坚持真理、坚守理想"。

（二）"践行初心、担当使命"对精神谱系的高度凝练

中国共产党一经诞生，就把为中国人民谋幸福、为中华民族谋复兴确立为自己的初心使命。这是对中国共产党人历史责任和时代使命的集中表达。百余年来，中国共产党始终将初心融入血脉，把使命扛在肩上，紧紧依靠人民，在腥风血雨中一次次绝境重生，历经惊涛骇浪始终屹立不倒，在攻坚克难中不断从胜利走向胜利。归根结底，就是始终高举马克思主义伟大旗帜，始终践行和担当为人民谋幸福、为民族谋复兴、为世界谋大同的初心使命。这在中国共产党人精神谱系中体现得淋漓尽致，如中国共产党人精神谱系中的苏区精神的主要内涵：坚定信念、求真务实、一心为民、清正廉洁、艰苦奋

斗、争创一流、无私奉献，兵团精神主要内涵：热爱祖国、无私奉献、艰苦创业、开拓进取，还有始终鼓舞着一代代科技工作者忠诚报国、矢志奋斗的"两弹一星"精神主要内涵：热爱祖国、无私奉献，自力更生、艰苦奋斗，大力协同、勇于攀登。这些伟大精神的内核归结起来，就是中国共产党人践行初心、担当使命，团结带领中国人民进行革命、建设、改革和新时代奋斗，使中华民族迎来了从站起来、富起来到强起来的伟大飞跃，跨步迈向中华民族伟大复兴的历史新征程。

（三）"不怕牺牲、英勇斗争"对精神谱系的高度凝练

作为伟大建党精神的重要内容，"不怕牺牲、英勇斗争"既典藏着我们党之所以历经百年而风华正茂、饱经磨难而生生不息的精神密码，也蕴含着压倒一切敌人而不被任何敌人所压倒、征服一切困难而不被任何困难所征服的力量之源。比如，中国共产党人精神谱系中抗战精神的主要内涵：天下兴亡、匹夫有责的爱国情怀，视死如归、宁死不屈的民族气节，不畏强暴、血战到底的英雄气概，百折不挠、坚忍不拔的必胜信念。抗美援朝精神主要内涵：祖国和人民利益高于一切、为了祖国和民族的尊严而奋不顾身的爱国主义精神，英勇顽强、舍生忘死的革命英雄主义精神，不畏艰难困苦、始终保持高昂士气的革命乐观主义精神，为完成祖国和人民赋予的使命、慷慨奉献自己一切的革命忠诚精神，为了人类和平与正义事业而奋斗的国际主义精神。尽管这些精神的内容在不同领域有所区别、侧重点各异，但其核心内容归根结底就是建党精神中的"不怕牺牲、英勇斗争"精神。

（四）"对党忠诚、不负人民"对精神谱系的高度凝练

习近平总书记指出："我们党一路走来，经历了无数艰险和磨难，但任何困难都没有压垮我们，任何敌人都没能打倒我们，靠的就是千千万万党员的忠诚。"百余年来，正是无数的中国共产党人以对党忠诚和"我将无我，不负人民"的人格精神力量，将每一个"小我"融入"大我"，激励了一代又一代的共产党人接续奋斗。他们秉持对党和人民的赤胆忠心，把对党和人民的忠诚和热爱镌刻在心底、落实在行动，为党和人民事业默默奉献自己的一切乃至宝贵生命，为党的理想信念顽强拼搏、不懈奋斗。比如，雷锋精神的主要内涵：热爱党、热爱祖国、热爱社会主义的崇高理想和坚定信念；服务人民、助人为乐的奉献精神；干一行爱一行、专一行、精一行的敬业精神；锐意进取、自

强不息的创新精神；艰苦奋斗、勤俭节约的创业精神。还有焦裕禄精神的主要内涵，亲民爱民、艰苦奋斗、科学求实、迎难而上、无私奉献的精神。这些以优秀共产党员个人或先进集体为代表的系列精神，淬炼的核心内容就是"对党忠诚、不负人民"。在中国共产党百余年奋斗历程中，正是一代代共产党人秉持伟大建党精神中"对党忠诚、不负人民"的忠贞信念，凝结成特有的崇高政治品格，在中华大地上树立起了一座座永垂不朽的精神丰碑。

百年大党继往开来，建党精神历久弥新。伟大建党精神本质上是中国共产党在不同历史时期、不同领域和不同群体铸就的一系列伟大精神的高度凝练。中国共产党人精神谱系中一系列伟大精神的主要内容，也都无一例外地诠释着伟大建党精神的基本内涵。这充分表明：伟大建党精神既在创建中国共产党的实践中形成，又在党的百年光辉历史中发扬光大、历久弥新；既是中国共产党人精神谱系的历史源头，更是中国共产党人精神谱系的高度凝练和升华。面向未来，中国共产党人必将以建党精神和精神谱系的真理之火引领人民奋力前行，以理想之光烛照伟大新征程，在推进中国式现代化道路上奋力创造新的更大奇迹。

参考文献

［1］习近平. 在庆祝中国共产党成立 100 周年大会上的讲话（2021 年 7 月 1 日）［N］. 人民日报，2021－07－02.

［2］中共中央关于党的百年奋斗重大成就和历史经验的决议［M］. 北京：人民出版社，2021.

［3］欧阳淞. 建党精神与建党伟业［N］. 光明日报，2021－08－11.

［4］党的二十大报告学习辅导百问［M］. 北京：党建读物出版社，2022.

［5］杜玥. 论伟大建党精神的历史文化渊源［J］. 北京航空航天大学学报（社会科学版），2023（4）.

［6］吴德刚. 伟大建党精神孕育与形成［M］. 北京：中共党史出版社，2023.

［7］习近平. 弘扬"红船精神"走在时代前列［N］. 光明日报，2005－06－21.

［8］邹绍清，杨敏. 抗疫精神的硬核要义、时代价值及世界意义［J］. 学校党建与思想教育，2020（15）.

［9］赵承，霍小光，等. 为中国人民谋幸福 为中华民族谋复兴——党的十八大以来习近平同志为核心的党中央治国理政纪实［N］. 人民日报，2022－10－15.

［10］樊伟伟. 不怕牺牲 英勇斗争——弘扬伟大建党精神，锤炼共产党人鲜明的政治品格［N］. 解放

军报，2021－07－15.

［11］习近平总书记在纪念中国人民抗日战争暨世界反法西斯战争胜利 75 周年座谈会上的讲话［N］.
人民日报，2020－09－04.

［12］习近平总书记在纪念中国人民志愿军抗美援朝出国作战 70 周年大会上的讲话［N］. 人民日报，
2020－08－10.

健全高校学习贯彻党的创新理论的长效机制研究①

李明凤　　张蓝艺②

摘　要：习近平总书记在党的二十大报告中强调"用党的创新理论武装全党是党的思想建设的根本任务",指出"健全用党的创新理论武装全党、教育人民、指导实践工作体系"。健全学习贯彻党的创新理论的制度机制,是学习贯彻习近平新时代中国特色社会主义思想主题教育的内在要求和题中应有之义。高校作为培养德智体美劳全面发展的社会主义建设者和接班人的主阵地,肩负着学习研究阐释马克思主义的重要政治责任,健全高校学习贯彻党的创新理论的长效制度机制具有特殊重要意义。本文从完善理论学习教育、理论宣讲工作、理论宣传普及、理论研究阐释、监督检查五个方面入手,力求在健全长效制度机制上下功夫、求成效,努力把党的创新理论学习贯穿高校党的建设、思想政治工作各方面,融入立德树人、教育教学全过程。

关键词：党的创新理论　理论宣讲　理论宣传　理论研究阐释

理论创新每前进一步,理论武装就要跟进一步。《中共中央关于在全党深入开展学

---

①　本文受 2023 年四川大学党政服务管理项目（项目编号：2023DZYJ－09）资助。

②　李明凤,四川大学党委宣传部思想理论教育科科长,助理研究员,主要研究方向为高校思想政治教育。张蓝艺,四川大学文学与新闻学院硕士研究生。

习贯彻习近平新时代中国特色社会主义思想主题教育的意见》明确提出要"建立巩固深化主题教育成果的长效机制，健全学习贯彻党的创新理论的制度机制，确保常态长效"。中央政治局会议、学习贯彻习近平新时代中国特色社会主义思想主题教育总结会议均对巩固拓展主题教育成果、形成长效机制提出部署和要求。用党的创新理论武装全党是党的思想建设的根本任务，从制度层面深化新时代党的理论武装，是坚持不懈用习近平新时代中国特色社会主义思想凝心铸魂、不断提高"政治三力"，深刻领悟"两个确立"的决定性意义，不断增强"四个意识"、坚定"四个自信"、做到"两个维护"的本质要求。

高校作为培养德智体美劳全面发展的社会主义建设者和接班人的主阵地，历来是各种新思潮、新思想交汇交锋的"首战场"和检验论证其正确性与可行性的"试验田"，肩负着学习、研究、阐释马克思主义的重任，应履行好学习宣传研究党的创新理论的重要使命，发挥党的创新理论"传声筒"作用，带头探索健全学习贯彻党的创新理论的长效制度机制，着力在完善理论学习教育、健全理论宣讲工作、强化理论宣传普及、巩固理论研究阐释、执行学习督导考核等制度机制上下功夫、见真章，有效拓展学习贯彻党的创新理论的方法路径，坚持不懈用习近平新时代中国特色社会主义思想铸魂育人，把党的创新理论学习贯穿高校党的建设、思想政治工作各方面，融入立德树人、教育教学全过程，推动党的创新理论武装在高校扎下理论之根、结出信仰之果。在习近平新时代中国特色社会主义思想旗帜的指引下，真正扛起为党育人、为国育才的时代使命。

一、分众化完善理论学习教育制度

思想建党、理论强党是我们党的优良传统和鲜明特色。理论武装是党员干部的必修课，只有加强党的创新理论武装，才能不断提高党员干部的马克思主义水平，解决好世界观、人生观、价值观这个总开关问题。高校要履行好学习宣传研究党的创新理论的重要使命，在学习贯彻党的创新理论上发挥示范引领效应，牢牢聚焦新时代党的创新理论的科学体系、核心要义和实践要求，探索健全学习贯彻党的创新理论制度机制的方向和路径，常态化提高党员干部师生的理论素养和政治能力，引导党员干部师生在深学细悟中学懂，在融会贯通中弄通，在知行合一中做实。

理论学习贵在常学常新、常悟常进，高校应着眼党员干部、师生等不同群体的具体特征和实际需求，健全领导干部带头学、师生员工广泛学的分层分类学习制度。领导干部在理论学习上要发挥"头雁效应"。突出校院两级党委理论学习中心组的龙头作用，长效化落实"第一议题"制度，用好党委常委会议、党政联席会议、专题学习会等学习载体，经常性开展理论学习研讨。将学习党的创新理论作为理论学习中心组年度学习计划、党员领导干部年度教育培训计划的核心内容和首要课程。将调查研究作为党员干部深化理论学习的有力支撑，以"关键少数"示范带动"绝大多数"，形成以上率下的学习传导机制。坚持利用"三会一课"、主题党日等抓好师生党员的理论学习，将沿着习近平总书记足迹开展实践研学、参观红色教育基地进行现场观摩学习等作为党员经常性教育的重要方式。健全师生理论学习教育机制。在教职工政治学习、新教职工入职培训、思政教师队伍培训、管理人员专题培训中突出理论学习底色，坚持不懈常抓对教职工的政治引领。教育引导青年学生常学、常悟党的创新理论，发挥课堂教学主渠道作用，善用"大思政课"，坚持课程思政和思政课程协同育人，持续开设"习近平新时代中国特色社会主义思想概论"等系列理论课程，以彻底的思想理论说服学生，用真理的强大力量引领学生，系统推进党的创新理论进教材、进课堂、进头脑。结合高校民主党派、统战团体、离退休群体等具体特点和实际个性化加强学习教育，潜移默化地带动全校干部师生学起来、悟起来。

二、立体化创新理论宣讲工作模式

高校要发挥理论宣讲在推动党的创新理论成果深入人心、落地生根等方面的重要作用，依托专家学者和青年学生力量，打造由领导干部、专家学者、青年教师、学生骨干组成的专家宣讲团、博士生宣讲团、学生宣讲团等面向不同层级和受众的固定宣讲队伍，分类精准施策，完善互动化、分众化的理论宣讲工作机制，让党的理论传播与师生需要喜好更好地结合起来。坚持集中宣讲和经常宣讲相融合、线上宣讲和线下宣讲相贯通，构建全方位立体化宣讲工作格局，推动宣讲活动融入师生日常学习工作中，提升干部师生的理论获得感。

积极发挥榜样力量和典型引路，依托师生先进典型和身边榜样，用好校内外红色资源、文化资源、科创资源等，创新开展"红色故事""追寻记忆"等师生喜闻乐见、寓教于乐的宣讲活动，推动理论宣讲接地气、聚民心。创新拓展宣讲形式载体。根据不同受众群体的认知特点和接受习惯，探索创新引导师生学理论、用理论的有效宣讲方法途径，优化整合线上线下各类资源平台。结合习近平总书记各地考察实践，推出"沿着习近平总书记的足迹"宣讲活动，举办高校理论宣讲大赛、短视频征集比赛，创新开展"云端讲坛""网上访谈"等网络宣讲活动，打造更多适合党员干部、青年学生的理论宣讲产品，做到精准宣讲、有效覆盖，把新时代党的创新理论讲清楚、讲全面、讲透彻，实现"听者爱听、说者善说、彼此共鸣"，打通理论宣讲"最后一公里"。

三、多维度强化理论宣传普及效果

党的创新理论传播要与师生理论需求更好结合，让党的创新理论为师生所喜爱、所认同、所拥有，成为指导师生认识世界和改造世界的强大思想武器。理论宣传在各个历史阶段都发挥着不可替代的作用，理论宣传要坚持正确的政治方向，牢牢把握理论宣传的主导权、话语权，把党的创新理论传播普及全体师生。

针对党员、干部、教职工、学生等各类群体的思想文化需求和理论诉求，高校应健全完善多层次、全覆盖的理论宣传普及机制。构建"多位一体"理论宣传格局。一方面，既要延续运用各类校园宣传橱窗、展板、电视台、校报等传统宣传媒介与渠道，更要发挥信息技术传播优势和媒体融合作用，将校园全媒体平台、学习强国号等作为理论宣传的主阵地，建强用好高校主页、新闻网"学习贯彻习近平新时代中国特色社会主义思想""马克思主义理论专题""学习贯彻习近平总书记关于教育的重要论述"等理论宣传专栏，发挥官方微信、微博、抖音等平台互动式传播、可视化传播的独特优势，构建"多位一体"的理论大宣传格局。践行群众路线提升理论宣传实效性。把握师生的认知方式和接受习惯，找准思想认识的共鸣点、理论传播的关切点，通过鲜活生动的事例、通俗易懂的宣传话语生动深入展示新思想在高校落地生根的气象面貌和经验成果，积极宣传报道师生群众教学科研学习的伟大奋斗、火热实践。推进理论传播形式和话语方式创新，打造动漫、可视化数据、短视频等理论宣传特色品牌，把党的路线方针政策与师生心声结合起来，让党"想说的"成为师生"想听的"，提升理论宣传的到达率、点赞率，增强理论宣传的学理性、说服力，推动理论宣传声声入耳、句句入心。

四、原理性健全理论研究阐释体系

理论研究越深入，对理论的认识越深刻，掌握理论、运用理论就越自觉。高校应紧密结合育人底色和实际特色，承担好理论阐释、课题研究等使命责任，发挥人才力量，组织专家学者加强新时代党的创新理论的体系化、学理化和分领域、分专题研究，着重研究阐释习近平新时代中国特色社会主义思想中的新理念、新论断，特别是原理性理论成果。

壮大新时代理论研究师资队伍。整合高校哲学社会科学领域专家学者、思政课教师等研究力量，激活人才"第一资源"，最大化发挥知名专家的学术影响力和带动作用，不断加强高素质、专业化理论研究队伍建设，推进马克思主义理论人才培养，组建权威专家团队，培育青年人才梯队，健全专业学术体系，构建党的创新理论研究学术共同体，拓展理论研究阐释的广度、深度和效度。建强理论研究阐释阵地。积极发挥高校的学科优势，有组织地建设科研平台。推进高水平马克思主义学院建设，打造马克思主义理论研究重镇，充分依托习近平新时代中国特色社会主义思想研究中心、党史党建研究院、中国式现代化研究中心、哲学社会科学类学报等理论研究阵地，定期开展高水平学术研究、理论研讨，发表理论文章、出版研究著作。开展多学科交叉研究。整合多学科力量加强不同学科之间的协同攻关，广泛运用哲学、历史学、经济学、政治学、法学、社会学、新闻学等哲学社会科学学科力量，加强新兴学科和交叉学科建设。发挥国家社科基金等国家级项目的示范效应，建设高端智库和新型智库，推出有学理深度和学术厚度的原创性高质量研究成果，把一系列深层次的重大理论和实践问题阐释透彻，引导党员干部师生更深刻地感悟马克思主义真理力量，持续增进对新时代党的创新理论的政治认同、思想认同、理论认同、情感认同。

五、多形式执行理论督导考核机制

制度的生命力在于执行，推进学习贯彻党的创新理论制度落到实处，加强监督检查是关键。高校应当定期加强对党的创新理论长效学习贯彻情况的监督检查，将理论学习情况作为高校落实党建工作责任制和意识形态工作责任制的重要体现，纳入高校基层党建考核、领导班子及领导干部目标管理和考核体系，纳入校内巡视巡察内容，推进基层党建工作科学化、制度化和规范化。

坚持日常考核和年度考核、定量考核与定性考核相结合，完善自查自评、实地考核、述职考核等环节，科学细化考核指标体系，通过实行负面清单制加强对学习贯彻党的创新理论情况的监督考核。将理论学习情况作为高校党委校内常规巡视的重要观测点，作为党建工作、意识形态工作等专项检查的重点内容，强化考核结果运用，通过督查考评压实主体责任，增强理论学习的自觉性和坚定性，改进学习质量和工作效能，以制度执行落实保障理论武装工作常态长效，持续推进党的创新理论学习入脑入心入魂、走深走实走远。

参考文献

［1］习近平. 高举中国特色社会主义伟大旗帜 为全面建设社会主义现代化国家而团结奋斗——在中国共产党第二十次全国代表大会上的报告［J］. 党建，2022（11）.

［2］中共中央关于在全党深入开展学习贯彻习近平新时代中国特色社会主义思想主题教育的意见［J］. 党建研究，2023（5）.

高校推进习近平新时代中国特色社会主义思想
"三进" 路径探微①

梁正科　邓鑫昌　仲佳慧②

摘　要：深入推进习近平新时代中国特色社会主义思想"三进"是新时代高校思想政治工作的主要任务，是围绕"培养什么人、怎样培养人、为谁培养人"进行问题思考，并坚决落实完成"立德树人"根本任务的必然选择。高校推进习近平新时代中国特色社会主义思想"三进"应深刻领会其重要价值，深入分析工作中的现实不足，聚焦坚持和加强党的领导、马克思主义学院建设、教学方法创新等方面，久久为功，持续提升"三进"工作的质量和水平，不断培养堪当民族复兴大任的时代新人。

关键词：习近平新时代中国特色社会主义思想　"三进"　价值　路径

习近平新时代中国特色社会主义思想是当代中国马克思主义、21世纪马克思主义，是中华文化和中国精神的时代精华，是党和人民实践经验和集体智慧的结晶，是中国特

① 本文系四川省大学生思想政治教育研究中心"高校精准思政理念下的习近平新时代中国特色社会主义思想'三进'路径选择与优化研究"（项目编号：CSZ20047）课题成果。
② 梁正科，西华大学党委宣传部理论科科长，讲师，研究方向为思想政治教育。邓鑫昌，西华大学马克思主义学院硕士研究生，研究方向为思想政治教育。仲佳慧，西华大学马克思主义学院硕士研究生，研究方向为思想政治教育。

色社会主义理论体系的重要组成部分，是全党全国各族人民为实现中华民族伟大复兴而奋斗的行动指南。高校作为培育堪当民族复兴重任时代新人的重要教育场所，积极推进习近平新时代中国特色社会主义思想"三进"既是其使命所在，更是其立足新时代助力"强国建设、民族复兴"的实践必然。

一、高校推进习近平新时代中国特色社会主义思想"三进"的价值意蕴

（一）坚持社会主义办学方向的客观要求

《中华人民共和国高等教育法》规定，"高等教育必须贯彻国家的教育方针，为社会主义现代化建设服务、为人民服务，与生产劳动和社会实践相结合，使受教育者成为德、智、体、美等方面全面发展的社会主义建设者和接班人"。高校是开展高等教育的主阵地，其根本任务就是不断为国家的社会主义现代化建设培养出合格的建设者和接班人。在中国特色社会主义新时代，坚持社会主义的办学方向，必须始终坚持以马克思列宁主义、毛泽东思想、邓小平理论、"三个代表"重要思想、科学发展观及习近平新时代中国特色社会主义思想为指导，而习近平新时代中国特色社会主义思想是当代中国化、时代化的马克思主义理论伟大创新成果，高校始终坚持社会主义办学方向的基本要求，就是要用习近平新时代中国特色社会主义思想武装师生头脑、指导教育教学实践、推动高校高质量发展，因此，推进习近平新时代中国特色社会主义思想"三进"尤为必要。

（二）落实立德树人根本任务的必然选择

习近平总书记强调，"青年是整个社会力量中最积极、最有生气的力量，国家的希望在青年，民族的未来在青年"。推进习近平新时代中国特色社会主义思想"三进"是高校落实立德树人根本任务，回答"培养什么人、怎样培养人、为谁培养人"这个根本问题的生动实践。习近平新时代中国特色社会主义思想是马克思主义中国化新的伟大飞跃，是我们认识世界和改造世界的科学理论，当今中国正处在两个一百年奋斗目标的历史交汇点上，要进一步推进党和国家事业发展，实现中华民族伟大复兴的中国梦，就必须深入落实推进习近平新时代中国特色社会主义思想"三进"，将习近平新时代中国特

色社会主义思想贯穿于高校教育教学、人才培养和社会服务等全过程，不断提高青年大学生的思想道德素质、理论文化修养和社会实践能力，为党和国家培养出一批又一批坚定不移听党话、跟党走的新时代好青年。

（三）加强和改进思想政治工作的重要抓手

"加强和改进高校思想政治工作，事关办什么样的大学、怎样办大学的根本问题，事关党对高校的领导，事关中国特色社会主义事业后继有人，是一项重大的政治任务和战略工程。"高校的思想政治工作做得好不好，直接关系到高校立德树人根本任务完成的效果和质量。随着中国特色社会主义进入新时代，党和国家事业的快速发展对于人才的需求越来越迫切，高校作为人才培养的主要阵地，进一步加强和改进高校的思想政治工作，建立健全思想政治工作体系是高校培养勇担民族复兴大任的时代新人的重要保证。习近平新时代中国特色社会主义思想既是新时代高校加强和改进思想政治工作的根本指导思想，也是高校切实抓好思想理论教育和价值引领的重要内容。推进习近平新时代中国特色社会主义思想"三进"对高校进一步强化全员全过程全方位育人，着力改进和提升思想政治工作实效意义深远。

二、高校推进习近平新时代中国特色社会主义思想"三进"的现实不足

推进习近平新时代中国特色社会主义思想"三进"意义重大、影响深远。高校有力、有序地扎实开展有关工作，应充分认识到当前"三进"中存在一些现实问题和不足，基本集中于体系搭建设计、教育教学过程、工作配套保障等方面。

（一）"一盘棋"工作体系设计待优化

推进习近平新时代中国特色社会主义思想"三进"是一项系统工程，需要高校从组织领导、顶层设计、工作格局构建等多方面发力。当前，部分高校在具体落实推进的过程中还存在一些短板。一是思想政治工作领导的体系和机制还不够完善，各部门之间权责划分不清，存在个别推诿的现象，推进的执行力不够；二是对工作的重视仍然不够，制度性的统筹规划和战略布局不多，缺少专项的制度政策文件等；三是思政课的主渠道作用发挥还有待提升，存在思政课"集中备课制度"坚持不到位、课堂鲜活度和抬头率

不高等一些现象；四是"大思政"格局落地仍有不足，各单位各部门通力协助、合力育才的细节举措仍有缺失，你中有我、我中有你的协同工作局面还未完全形成。

（二）传统的教学方法待革新

"做好高校思想政治工作，要因事而化、因时而进、因势而新。"对于高校推进习近平新时代中国特色社会主义思想"三进"这一重要工程而言，也同样如此。教学方法是影响教学质量的重要因素，教学方法的好坏直接影响到习近平新时代中国特色社会主义思想进学生头脑的最终效果。当前，部分高校教育工作者不够注重教学方法的革新，仍凭个人以往经验、其他学校优秀做法等开展有关工作，特别是在教学方面，仍存在对学生"大灌""漫灌""硬灌"的现象，如部分活动重形式、轻内涵，PPT讲授生硬，内容更新不及时，等等，导致出现"言者谆谆、听者藐藐"的不良效果。

（三）"三进"工作配套保障有待完善

在推进习近平新时代中国特色社会主义思想"三进"工作时，除遵照教育行政主管部门的有关工作要求外，高校需要在制度设计、人财物等方方面面的保障上下功夫。当前，一些高校在推进具体工作中仍面临一些现实困难。比如，在工作经费方面，一些思政专项经费被统筹使用，应配套的工作经费未足额或全额进行配备；在师资队伍建设方面，仍有专职思政课教师配备不到位，师生比未达到国家要求的1∶350，从一定程度上影响了实际的工作效果；在教学设施方面，部分硬件设备老旧损坏、教育场地场馆数字化信息化更新不足等。

三、高校推进习近平新时代中国特色社会主义思想"三进"的策略选择

推进习近平新时代中国特色社会主义思想"三进"是高校的重要政治任务，更是助推强国建设、民族复兴的重要教育实践。各高校要根据具体工作实际，有针对性地做出正确的路径选择，具体来说要坚定不移地扎实做好三个方面。

（一）始终坚持和加强党的绝对领导

习近平总书记曾强调，"中国特色社会主义最本质的特征是中国共产党领导，中国特色社会主义制度的最大优势是中国共产党领导"。扎根中国大地且全面落实立德树人

根本任务的各高校，要清晰认识到"党对高等学校的绝对领导是'办好人民满意教育'的重要保证"。对高校而言，推进习近平新时代中国特色社会主义思想"三进"理应如此。

首先，要贯彻落实好《中国共产党普通高等学校基层组织工作条例》精神，坚持以习近平新时代中国特色社会主义思想为指导，结合实际构建科学、合理的组织体系、制度体系、工作体系，为习近平新时代中国特色社会主义思想"三进"做好根本保障。其次，要加强对"三进"工作顶层设计，可专门成立高校党委"三进"工作小组，研究政策文件，部署"三进"工作，从制度体系、工作方案、远景规划、实施环节和支持保障等多方面做好顶层设计。最后，要持续优化"大思政"格局，强化学校党委对各单位各部门的统一领导，从"校—院—系—班—组"的全流程推进，以实现师生员工的全方位教育领会，从教学、管理、服务等全领域形成职责明晰、程序顺畅、运转有效的工作格局。

（二）全面提升马克思主义学院建设水平

马克思主义学院是学习研究宣传马克思主义的主阵地，更是高校推进习近平新时代中国特色社会主义思想"三进"不可替代的关键力量。只有全面提升马克思主义学院的建设水平，才能从根本上保障习近平新时代中国特色社会主义思想"三进"的质量、实效。

首先，要把马克思主义学院建设工作摆在高校政治工作的重要位置，将马克思主义学院作为学校的重点学院，不断加大对其建设的政策指导、组织保障以及经费支持力度，从教育教学、研究宣传、队伍建设、人才培养等方面全面提升马克思主义学院的建设水平。其次，要注重马克思主义学院的内涵发展，要在马克思主义理论学科建设、思政课教育教学、"马工程"教材使用等方面下大力气，特别要强化"习近平新时代中国特色社会主义思想概论"课程建设，确保方向对、内容准、目标明。最后，要进一步强化马克思主义学院教师队伍建设，习近平新时代中国特色社会主义思想"三进"首要的问题是解决有没有"人"的问题，只有保证了"人"，把好了"人"的关口，才能真正意义上确保高校推进习近平新时代中国特色社会主义思想"三进"走深走实。要把好马克思主义学院教师的政治关、思想关、品德关、行为关，让真看、真学、真懂、真信习近平新时代中国特色社会主义思想的人去"为党育人，为国育才"。要加强教师队伍的培养和深造，要严抓教育教学和科研考核，让马克思主义学院教师始终站在党的创新理论学习宣传研究最前沿，站在推进习近平新时代中国特色社会主义思想教育教学的第一线。

（三）持续改进、创新教学方法

高校推进习近平新时代中国特色社会主义思想"三进"实质上就是加强与改进思想政治教育，而"三进"的过程就是高校开展具体的思想政治工作的实践经过。习近平总书记曾在全国高校思想政治工作会议上强调，"好的思想政治工作应该像盐，但不能光吃盐，最好的方式是将盐溶解到各种食物中自然而然吸收"，这就客观上要求重视教学方法。能否达到"三进"的实际效果，能否真正意义上唤起学生的学习兴趣，能否主动让学生投入学习之中，真正意义上达到学深悟透、身体力行，在很大程度上取决于教学方法的改进和创新。

首先，要始终坚持"情、理、法"并重，要坚持以情感人、以理服人、以法润人，要厚植对习近平新时代中国特色社会主义思想的认同，要强化对习近平新时代中国特色社会主义思想的认定，要在优策良法中坚定对习近平新时代中国特色社会主义思想这一科学真理的追求。其次，要坚持与时俱进地探索教学规律，要深刻理解"应当从客观存在着的实际事物出发，从其中引出规律，作为我们行动的向导"。把规律探究和按规律办事与改进创新结合起来，深入推进习近平新时代中国特色社会主义思想"三进"，要时刻紧跟科技革命和教学技术前沿，不断探索创新。最后，要切实推进理论联系实际，"任何思想，如果不和客观的实际的事物相联系，如果没有客观存在的需要，如果不为人民群众所掌握，即使是最好的东西，即使是马克思列宁主义，也是不起作用的"。高校推进习近平新时代中国特色社会主义思想"三进"要切实做到源于实践、用于实践，要持续加强实践基地建设，拓展实践渠道，丰富实践内容形式，做好实践效果考核评估，真正推进习近平新时代中国特色社会主义思想"三进"有声有色、有滋有味。

参考文献

［1］ 中共中央关于在全党深入开展学习贯彻习近平新时代中国特色社会主义思想主题教育的意见［J］. 党建研究，2023（5）.

［2］ 中华人民共和国高等教育法［N］. 中华人民共和国全国人民代表大会常务委员会公报，2016（1）.

［3］习近平. 在纪念五四运动 100 周年大会上的讲话［J］. 思想政治工作研究，2019（5）.

［4］中共中央国务院印发《关于加强和改进新形势下高校思想政治工作的意见》［J］. 社会主义论坛，2017（3）.

［5］全国高校思想政治工作会议召开［J］. 中国高等教育，2017（20）.

［6］习近平. 决胜全面建成小康社会 夺取新时代中国特色社会主义伟大胜利——在中国共产党第十九次全国代表大会上的报告［M］. 北京：人民出版社，2017.

［7］梁正科，曾辉. 扎实开展"不忘初心、牢记使命"主题教育 不断加强对高等学校的绝对领导［J］. 各界，2019（24）.

［8］李永胜. 好的思想政治工作应该像盐［J］. 政工学刊，2017（11）.

［9］毛泽东选集（第 3 卷）［M］. 北京：人民出版社，1991.

高校图书馆助力党史学习教育常态化长效化路径探索

——以四川大学图书馆为例①

黎　梅②

摘　要： 高校图书馆融入党史学习教育服务是图书馆服务高校高质量发展的重要途径，是高校图书馆提升服务育人效果的有力支撑，是高校图书馆实现自身可持续发展的强大动力。本文以四川大学图书馆为例，分析高校图书馆在资源、空间、文化等方面的特色优势，探索助力推进党史学习教育常态化长效化的有效路径。

关键词： 党史学习教育　红色文化　图书馆　资源

高校基层党组织是推进党史学习教育常态化长效化的载体和基础，研究创新性推进党史学习教育常态化长效化，是增强高校党史学习教育针对性和实效性的有效途径。结合高校图书馆丰富的资源，探索具有高校特色、可资借鉴的有效路径，可以为创新开展党史学习教育活动提供有力支撑，为推进党史学习教育常态化长效化提供参考。

---

① 本文系四川大学2022年度党建研究课题"高校基层党组织推进党史学习教育常态化长效化路径研究"成果。

② 黎梅，四川大学图书馆党政办副主任，研究方向为党的建设和行政管理。

一、高校图书馆融入党史学习教育服务的重要意义

（一）党史学习教育服务是高校图书馆服务学校高质量发展的重要途径

党的二十大报告指出，高质量发展是全面建设社会主义现代化国家的首要任务。报告中关于教育、科技、人才的论述更是与高校的高质量发展密切相关。高校图书馆为师生提供资源服务、知识服务、学科服务、空间服务等，服务学校的人才培养和科学研究。高校图书馆基于自身特色优势服务党史学习教育，能促进发挥服务职能，健全服务体系，创新服务模式，增强服务效果，提升师生满意度。

（二）党史学习教育服务是高校图书馆提升服务育人效果的有力支撑

图书馆是高校意识形态建设的重要阵地。在该阵地开展党史学习教育服务，是以党建引领立德树人根本任务的重要体现。图书馆的党史学习教育服务融入高校育人全过程，有助于大学生形成正确的价值观，养成良好品德和行为规范；能引导大学生学习党的百年历史、优秀的文化传统和红色精神，有助于培养大学生的创新精神和攻坚克难的精神，使其成长为中国特色社会主义事业的建设者和接班人，践行社会主义核心价值观，从而提升人才培养的质量与效果。

（三）党史学习教育服务是高校图书馆实现自身可持续发展的强大动力

20世纪著名图书馆学家阮冈纳赞在《图书馆学五定律》中提出："图书馆是一个生长着的有机体（A library is a growing organism）。"图书馆正是由藏书、读者和馆员三个生长着的有机部分构成的结合体。党史学习教育服务为图书馆实现有机生长注入了新鲜的养料，成为图书馆可持续发展的强大动力。图书馆通过增加党史学习教育相关纸质、电子资源、特色空间资源，丰富馆藏资源；图书馆服务师生开展党史学习教育，实现教育联动，营造良好的学习教育氛围；馆员通过参与党史学习教育服务和参加党史学习教育，将思想与行动统一，不断提升自我。

二、高校图书馆助推党史学习教育常态化长效化的路径

（一）图书馆党史学习教育与红色文化品牌建设互融互促

四川大学图书馆将红色文化品牌建设作为依托，将党史学习教育与传承"红色基因"有机结合，全面打造四川大学特色红色文化教育体系，包括红色文化空间服务、红色文献图书服务、红色文献专题展览、红色文献专题编研、红色文化阅读推广等。

1. 以队伍建设为基础，打造红色文化教育和文化育人团队

馆员队伍是开展一切工作的基础，图书馆重视馆员队伍建设，通过开展有组织的学习、研究、协作、攻关，有效促进馆员与图书馆事业协同发展。以定期开展"各抒己见话发展"活动为抓手，通过集体学习研讨，阶段性总结经验、分析问题、思考解决方案，开展馆员发展规划、业务指导、科研支持服务，充分发挥每一位馆员的积极性、主动性和创造性，在群策群力推动一流大学图书馆高质量发展的同时，激励和推动馆员们自身的良好发展。以不定期的实地调研为补充，让馆员有机会走出去，向国内高校图书馆学习先进经验，提升自身能力。

图书馆各中心（室）抽调人员组成红色文化宣传与阅读推广工作组，定期邀请专家对工作组成员进行培训，集合图书馆全员力量，打造红色文化教育和文化育人团队。

在红色文化品牌建设中，加强图书馆内部各中心（室）人员的有效组织，党政办公室负责统筹协调，资源建设部门的人员着力挖掘红色文化资源，文献服务中心、研究发展中心致力于红色文化资源推介及阅读活动组织，信息技术中心负责信息技术支持与保障，各部门人员通力合作，成为红色文化品牌建设中不可或缺的支撑。

2. 以红色文化资源建设为保障，打造多元化党史学习教育资源

四川大学图书馆着力挖掘图书馆的红色文献资源，有效集成多载体形态、多空间分布、多信息来源的红色文献资源，切实发挥红色文化资源的重要作用，为新时代高校图书馆红色文化教育奠定扎实的基础。开展"中国共产党在四川大学""人生的交汇点：朱德与史沫特莱"等主题文献展览，将党史学习教育主题文献展与红色文化专题展有机结合。江安图书馆明远文库陈列了四川大学自辛亥革命以来革命历史进程中的红色校史

资料，比如《星期日》《人声》《前进》《金箭》等各历史时期由四川大学师生或校友编辑、出版的红色进步报刊，以及恽代英、吴玉章、蒋学模等著名校友各时期马克思主义研究文献等。推出革命烈士毕业论文陈列文化墙，展出顾民元、张国维、马秀英等革命烈士和韩天石等进步学生在校期间的红色毕业论文。建设"书说历史"书影墙，展出《共产党宣言》1848 年德文第一版、1920 年陈望道中译本第一版等多版本图书书影和红色经典文献《红岩》等多版本图书书影。医学图书馆"文俊厅"，集中陈列了革命战争时期四川大学师生在救亡图书室中阅读的《大众哲学》《资本论》《前进》等红色导读书刊和革命烈士的学籍档案。

3. 以红色文化教育空间体系创建为特色，打造党史学习教育主题空间

利用江安图书馆、文理图书馆、医学图书馆和工学图书馆的场馆特点及资源特色，分别打造"学习书屋""志炜厅""花雨厅"和"工院 1954"研讨室，成为传承红色文化基因的重要基地与党史学习教育的特色阵地。图书馆红色文化专属阅读空间"学习书屋"，集合了党史学习教育、红色文化教育、红色资源服务、学习阅览研讨等多种功能，是进行党史学习教育、红色文化教育的重要基地，是具有高颜值、高价值、高品质的理论学习空间。"志炜厅"是纪念校友江竹筠烈士的红色文化主题学习空间，陈列有"江姐在川大"专题、江姐传记、小说《红岩》木刻插画等与江姐有关的文献资料。"花雨厅"是图书馆为传承红色基因、弘扬革命精神而专门创建的红色主题文化活动室，内有华西红色文化展，反映了华西红色文化，是四川大学红色基因的重要组成。"工院1954"研讨室展现了成都工学院的发展历程，镌刻出一段独特的川大记忆，集中展陈了川大特色文化、红色主题文献，提供集空间、资源、研讨为一体的服务。

4. 以立德树人为宗旨，打造"红动校园"红色文化育人品牌

四川大学图书馆积极与四川省高校联动，将党史学习教育融入四川高校阅读文节、四川省高校大学生红色文化经典诵读大赛，营造四川省高校师生回顾建党百年奋斗历程和伟大成就的浓厚氛围。

与学校党委宣传部、学生工作部（处）、教师工作部等机关部处和相关学院积极合作，面向师生开展形式多样的红色文化教育活动。"明远读书会"、四川大学"经典守护者"中华经典美文诵读大赛、四川大学阅读文化节、"青春之我·真人书屋"等均已成

为图书馆的经典育人品牌和提升党史学习教育效果的平台。

（二）图书馆充分发挥专业特色服务师生，聚焦问题解决，推进党史学习教育走深走实

《关于推动党史学习教育常态化长效化的意见》指出："着眼强化宗旨意识，坚持不懈为群众办实事办好事。"对高校来说，师生是身边的群众。图书馆坚持以师生为中心，学史力行，持续提升管理服务水平，切实践行服务育人。坚持把党史学习教育常态化长效化与图书馆重点工作结合起来，与服务师生实际结合起来，做到理论与实践相结合，将学习成果转化为工作的强大动力。

坚持问题导向，站稳人民立场，积极开展调研，主动解决师生"急难愁盼"问题。采用走访学院、设立馆长接待日、专题网络调查、党支部共建等线上线下多种方式，深入师生调研，直接了解师生对图书馆的资源需求和服务需求，同时将图书馆的资源服务、知识服务、信息素养教育服务等送到师生身边。针对师生意见及建议，切实加强文献信息资源和图书馆服务的推广、宣传和使用评估，提升精细化服务水平，提高资源使用效率。在图书及电子资源采购中，充分听取学院（学科）和师生的需求意见。加强图书和电子资源采购的科学论证，充分发挥有限资金的使用效益。加强定制化服务，将图书馆的服务嵌入教学科研、学科建设、人才培养、人才引进等方面。

（三）图书馆利用网络信息技术创建党史学习教育多维服务融合的一站式平台，创新推进党史学习教育

新时期加强党的建设要求与时俱进，创新方法。随着现代网络技术的发展，互联网以开放、快捷、共享和多元化的优势迅速发展，以党史学习教育与互联网应用相结合的模式创新了党史学习教育，网络新媒体等成为党史学习教育主渠道的延伸补充和开展教育活动的重要平台阵地。图书馆利用在网络技术上的优势，充分整合党史学习教育资源，在网络平台推出党史学习教育专题区域，搭建党史学习教育资源平台。

图书馆将党史学习教育文献资源、党史学习教育实体空间和文化推广相结合，创建多维服务融合的一站式平台，推出资源服务、空间服务、文化服务三大类服务，为全校师生开展党史学习教育提供文献资源，如智慧党建数据库、中国共产党思想理论资源数据库、红色历史文献数据库等专题数据库。将图书馆的特色空间"学习书屋""花雨厅"

"明远文库"和"工院 1954"研讨室详情及其预约方式发布到平台，为师生提供更为便捷的党史学习教育空间服务。文化服务是重点向师生提供主题展览、主题活动信息和红色影视观赏服务信息及预约方式。

参考文献

［1］习近平. 高举中国特色社会主义伟大旗帜　为全面建设社会主义现代化国家而团结奋斗——在中国共产党第二十次全国代表大会上的报告［N］. 人民日报，2022-10-26.

［2］希雅里·拉马里塔·阮冈纳赞. 图书馆学五定律［M］. 夏云，等译. 北京：书目文献出版社，1988.

［3］党跃武. 新时代高校图书馆红色文化资源开发探索与实践［J］. 大学图书馆学报，2022（1）.

习近平总书记关于网络强国的重要思想
对网络思政工作的三点启示

徐　昊　杨灿灿[①]

摘　要： 网络对高校青年群体思想和生活的影响力持续扩大，传统的高校思政工作需要适应当前网络平台快速发展的新形势、新变化，利用好网络技术和平台开展网络思政工作。习近平总书记关于网络强国的重要思想，深刻剖析了新时代我们党如何学好、建好、管好、用好互联网，如何打赢网络意识形态斗争，如何构建网上网下同心圆等关乎构建"大思政""大宣传"格局和文化建设的重大时代课题，既深刻揭示了高校网络思政工作的本质特征，又在思维方法论和具体实践等方面提供了根本指导。

关键词： 高校网络思政工作　网络强国　网络舆论　大思政

党的十八大以来，互联网技术加速普及和发展，国际国内环境发生深刻变革，网络已经越来越成为人们工作、生活、学习和交流的新空间。互联网日益成为意识形态斗争的主阵地、主战场、最前沿。以习近平同志为核心的党中央坚持运用辩证唯物主义和历史唯物主义解决当下中国发展所面临的问题，深刻把握信息化发展大势和国内国际大

① 徐昊，四川大学党委宣传部网络与校园文化建设科科员，研究方向为思政教育、网络思政。杨灿灿，四川大学党委宣传部思想理论教育科科员，研究方向为高校思想政治教育、文化建设。

局，统筹协调涉及政治、经济、文化、社会、宣传、教育等领域网络安全和信息化重大问题，推动网络空间建设、发展和治理等各项事业围绕网络强国建设取得历史性成就。在这个进程中，习近平总书记发表的一系列重要论述，不仅系统回答了当前乃至未来一段时期我国网信工作的基本问题，同时也深刻剖析了新时代我们党如何学好、建好、管好、用好互联网，如何打赢网络意识形态斗争，如何构建网上网下同心圆等关乎构建"大思政""大宣传"格局和文化建设的重大时代课题。这些重要思想中提出的一系列新观点和新论断，是马克思主义一般原理同当代中国具体实际相结合的最新理论成果。将这一重大理论成果同党的二十大精神，习近平总书记关于教育、宣传、思政工作的重要论述相结合，能够为新时代高校网络思政工作提供重要启示和科学指引。

一、深刻认识高校网络思政工作的本质特征

高校网络思政工作是在互联网信息技术以及网络生态发展到当前水平，包括高校学生在内的广大群组普遍上网的新条件和新形势下，高校思政工作理论与实践面临的新课题。抓住事物的本质特征，是做好相关工作、取得应有成效的基本前提。习近平总书记关于网络强国的重要思想对高校网络思政工作等各类网络思政工作的本质特征定性非常明晰：一方面，他从政治和国家政权的高度对网络思政工作进行深刻论述，指出"知屋漏者在宇下，知政失者在草野"，"掌控网络意识形态主导权，就是守护国家的主权和政权"；另一方面，尽管"信息流通无国界"，但是"网络空间有硝烟"，习近平总书记深刻指明了网络思政的斗争性特征："互联网已经成为舆论斗争的主战场……在互联网这个战场上，我们能否顶得住、打得赢，直接关系我国意识形态安全和政权安全。"网络思想政治工作关系着我国意识形态安全和政权安全，全党上下要按照习近平总书记的要求和指示，"坚决打赢网络意识形态斗争，维护国家政治安全"。

高校要更好实现立德树人根本任务，为党育人、为国育才，就必须做好面向广大青年学生的思想政治工作特别是网络思政工作，不断深化对高校思政工作的政治斗争本质的理解与把握，站在国家政权安全的高度，增强斗争意识，坚决夺取这场斗争的胜利。

二、高校网络思政工作需要强化阵地意识

首先，习近平总书记明确了高校网络思政工作的阵地所在和所指。"阵地是意识形态工作的基本依托。人在哪里，新闻舆论阵地就应该在哪里。""网络空间已经成为人们生产生活新空间，那就应该成为我们党凝聚共识的新空间。"具体到当代青年群体，"很多人特别是年轻人基本不看主流媒体，大部分信息都从网上获取"，习近平总书记强调"必须正视这个事实，加大力量投入，尽快掌握这个舆论战场上的主动权"。如果我们不主动去占领、捍卫和建设好高校网络思政阵地，我们的青年群体就有可能为错误思想所惑、为敌对势力所用。要高度重视大学生、年轻人常浏览、常使用的各类网络平台，将这些传播信息的网络平台作为高校思想政治工作的重要阵地，守好建好这片重要阵地。

其次，习近平总书记对思想舆论阵地的性质和形势进行了深入分析。习近平总书记指出："思想舆论领域大致有三个地带。第一个是红色地带，主要是主流媒体和网上正面力量构成的，这是我们的主阵地……第二个是黑色地带，主要是网上和社会上一些负面言论构成的，还包括各种敌对势力制造的舆论，这不是主流，但其影响不可低估。第三个是灰色地带，处于红色地带和黑色地带之间。"习近平总书记基于对思想舆论阵地的基本划分，进一步提出了守好各类思想舆论阵地的工作方针。对于红色地带，他指出"一定要守住，绝不能丢了……要巩固和拓展，不断扩大其社会影响"；对于黑色地带，他要求"要勇于进入，钻进铁扇公主肚子里斗，逐步推动其改变颜色"。而对于灰色地带，则要"大规模开展工作，加快使其转化为红色地带，防止其向黑色地带蜕变"。

特别是在当前背景下，对于由网上谣言和杂音噪音所构成的黑灰色地带，我们更要推动网络思政工作向纵深开展，透过表面的网络言论深入分析背后的暗流和势力，"要找出谁在造谣，有什么企图，背后有没有敌对势力"。习近平总书记以高度的政治经验和智慧指出，"事实证明，网上发生的一些重大事件以及由此引发的重大社会事件，从来都不是个别人一时心血来潮搞起来的，而是各路角色粉墨登场、联手行动的结果，是有选择、有预谋、有计划、有组织的"，并强调"对这些情况，要有高度的政治警惕性和政治鉴别力，线上线下要密切联动，不能云里来、雾里去，决不能任由这些人造谣生事、煽风点火、浑水摸鱼"。从习近平总书记关于网络阵地的重要论述可见，我们党同

敌对势力在高校网络思政的阵地争夺战十分激烈。对此，我们要不断提高和践行阵地意识，紧紧围绕巩固和扩大网络思想舆论阵地，有策略、有方法地积极开展工作，坚决肃清敌对势力有意制造的黑灰地带，不断巩固和开拓红色思想舆论阵地。

三、高校网络思政工作提升方法和有生力量

习近平总书记关于网络强国的重要思想，不仅分析了重大理论和实践问题，同时也提出了一系列解决这些重大问题的路径和方法，为高校网络思政工作取得更多成效提供了根本遵循。

一是要持续做好正面宣传。一方面，要牢固树立内容为王的理念，坚持内容建设为根本，创作更多更好的精品力作，以精品内容夯实红色思想阵地。习近平总书记在多个场合以典型事件、历史事件、伟大人物等为例，要求在选题、选材和内容生产等方面下功夫，深入挖掘好优势题材内容中的积极因素，阐述好其中蕴含的伟大精神，讲好各类革命故事、奋斗故事、中国故事。另一方面，要在高校网络思政中贯彻新理念，重视形式创新和技术支撑，通过学校教育、理论研究、历史研究、影视作品、文学作品等系统化方式做好"信息生产领域的供给侧改革"，不断推进传统媒体和新兴媒体融合发展，特别是针对高校青年群体的心理特点和学习习惯，增强网络思政教育方式的可视化和互动性，运用学生喜闻乐见的方式进行正面宣传。

二是要及时、主动驳斥错误言论。真理不会自然而然战胜谬误，这一斗争需要人为地、有意识地进行。习近平总书记指出："准确、权威的信息不及时传播，虚假、歪曲的信息就会搞乱人心；积极、正确的思想舆论不发展壮大，消极、错误的言论观点就会肆虐泛滥。"在态度上，我们必须始终做到原则坚定、立场鲜明；在方法上，则要密切结合高校青年群体的思想特点和成长规律，注意网络思政工作的方式方法和艺术技巧。"对一般性争论和模糊认识，不能靠行政、法律手段解决，而是要靠马克思主义真理的力量，靠深入细致的思想政治工作，用真理揭露谎言，让科学战胜谬误。"

需要注意的是，青年学生群体的成长成才和思想教育具有特殊规律，高校网络思政工作所涉及的包括政治问题、思想认识问题、学术问题、心理成长问题、学生言行等各类和各级实践问题，必须具体情况具体分析，采用不同的工作方式。习近平总书记指

出："要区分政治问题、思想认识问题、学术问题，这在网上也是适用的。属于学术问题的，要坚持百花齐放、百家争鸣，积极加以引导；属于思想认识问题的，要积极教育转化、团结争取；属于政治问题的，就要严格加以约束，开展必要的斗争。"应当将具体情况具体分析的一般方法贯穿于高校网络思政工作各个方面，仔细甄别、研判所遇到的具体问题及其性质，充分利用好校内外各种资源和优势，在思政工作、学生教育、学术讨论、网络文化建设等各个方面寻找到合适的定位和切入，既不扩大问题，"把一般问题政治化"，也不错过隐患，"反应迟钝、应付消极"，及时主动驳斥各类错误言论，坚决遏制黑灰色网络舆论地带的扩大。

三是要利用好高校学生群体中的有生力量。习近平总书记肯定了高校学生青年群体的能动性，提出"高校学生既是网络新媒体的受众，也是改善网络生态的重要力量"的重要论断，强调"要发挥高校学科优势和人才优势，鼓励学生利用所知所学，正面发声、理性思辨，唱响网上好声音，传播网络正能量，澄清是非、伸张正义，不做沉默的大多数"。高校网络思政工作历来就是一项能够可持续发展、有源源不断的新动力和新生力量的光辉事业，在开展这项工作的过程中，要不断从学生群体中团结和培养更多力量，系统组建并壮大网络评论员、网络思政专家等人员队伍，引导更多受思政教育的青年学生参与其中，不断提高高校网络思政工作的效率，共同守护好青年学生群体的主流思想阵地和网上精神家园。

参考文献

［1］习近平. 在全国网络安全和信息化工作会议上的讲话（2018年4月20日）［M］//习近平关于网络强国论述摘编. 北京：中央文献出版社，2021.

［2］习近平. 在网络安全和信息化工作座谈会上的讲话（2016年4月19日）［M］//论党的宣传思想工作. 北京：中央文献出版社，2020.

［3］习近平. 坚决打赢网络意识形态斗争（2015年5月20日）［M］//习近平关于网络强国论述摘编. 北京：中央文献出版社，2021.

［4］习近平. 在全国宣传思想工作会议上的讲话（2013年8月19日）［M］//习近平关于网络强国论述摘编. 北京：中央文献出版社，2021.

［5］习近平. 在党的新闻舆论工作座谈会上的讲话（2016年2月19日）［M］//习近平关于网络强国

论述摘编. 北京：中央文献出版社，2021.

［6］习近平. 加快推动媒体融合发展（2019 年 1 月 25 日）［M］//论党的宣传思想工作. 北京：中央文献出版社，2020.

［7］习近平. 在全国高校思想政治工作会议上的讲话（2016 年 12 月 7 日）［M］//习近平关于网络强国论述摘编. 北京：中央文献出版社，2021.

高校党的建设

GAOXIAO DANGDE JIANSHE

高校 "一站式" 学生社区党建工作路径探究[①]

唐 禹 张 波[②]

摘 要：学生社区是大学生生活与学习的重要区域，也是高校开展基层党建工作的关键场域。"一站式"背景下，学生党建工作社区化有助于促进高校基层党建工作和大学生思想政治教育工作取得实效，同时也是高校深化"三全育人"的重要抓手和主要途径。本文通过明确高校学生社区党建工作的内涵和价值，分析高校"一站式"学生社区党建工作面临的困境，探讨新形势下"一站式"学生社区党建工作的发展路径，发挥党建引领作用的影响力，着力构建学生社区党建工作模式的新格局，实现高校全面育人的目标。

关键词：党建工作 "一站式"学生社区 大学生

学生社区是大学生高度聚集、最长停留和最有所感的区域，特别是在信息技术高度发达的新形势下，在学生社区生活、学习、文化、体育等配套设施越来越完备的背景下，更多大学生选择在学生社区中开展学习实践。为进一步健全高校党的组织体系，将党的领导和党的建设深入学生一线，"一站式"学生社区综合管理模式建设试点工作成

---

① 本文系四川大学党建研究课题和党建特色项目资助的"高校'一站式'学生社区党组织建设及作用发挥研究"（项目编号：DJKT23002）成果。

② 唐禹，四川大学物理学院思想政治教师，博士，研究方向为大学生思想政治教育与高校党建。张波，四川大学物理学院党委副书记，研究方向为大学生思想政治教育与高校党建。

为 2019 年全国高校党建重点推进的十项任务之一。2022 年，教育部要求全面开展"一站式"学生社区综合管理模式建设，常态化、机制化地打造学生社区党建前沿阵地。立足"一站式"背景下，构建高校学生社区党建工作体系既是深化大学生思想政治教育工作的迫切需要，也是高校基层党建工作开展的内在要求，通过把不同学院、不同专业、不同年级的学生联系起来，调动学生积极参与各类社区党建文化活动，改善以往活动形式单一、特色不明显、创新度不高、吸引力不足等问题，打造和谐的社区文化和生活氛围，充分发挥党建在服务、育人方面的引领作用。

一、高校"一站式"学生社区党建工作的价值意蕴

高校通过党建工作社区化，把党建工作落实到学生生活中，有助于基层党组织及时关注和了解学生的思想动态与日常行为，也有助于引领社区学生坚定政治立场、树立理想信念。

（一）战略需要：建设高等教育立德树人的有力阵地

党的二十大报告提出，"青年强，则国家强。当代中国青年生逢其时，施展才干的舞台无比广阔，实现梦想的前景无比光明。全党要把青年工作作为战略性工作来抓，用党的科学理论武装青年，用党的初心使命感召青年，做青年朋友的知心人、青年工作的热心人、青年群众的引路人"。新时代，高校肩负着立德树人和人才培养的重任。"一站式"背景下，建设高校学生社区党组织，将党的领导和党的建设深入学生社区一线，扩大党的覆盖面与影响力，有助于学生坚定理想信念，树立鲜明的价值导向、奋斗目标，实现全面发展和成长成才。在提升高校学生社区党建工作能力的同时，提升人才培养质量，助力高校实现立德树人根本任务。

（二）思想引领：发挥铸魂育人、凝心聚力的重要作用

思想领航，扎实抓好习近平新时代中国特色社会主义思想主题教育，加强党的创新理论武装，坚持不懈用习近平新时代中国特色社会主义思想凝心铸魂。"一站式"背景下，党建工作进学生社区，有助于提高大学生的思想觉悟与党性修养，更好地发挥学生党员的先锋模范作用，增强学生社区党建工作的活力，提升党建工作在学生群体间的影

响力，发挥党组织的引领力、凝聚力。把课程、教师、朋辈、校友等各类育人资源有机融入学生日常学习生活的第一线，以制度化协调各种育人力量，将学生真正凝聚在党组织周围。

（三）创新模式：有助于推进探索高校治理体系和治理能力现代化新路径

坚持将"一站式"学生社区党建打造成为推进高校高质量发展的重要阵地，成为彰显中国特色社会主义大学根本属性和独特优势的有益探索。充分发挥其组织优势和管理优势，强化大数据赋能精准思政，提升高校"一站式"学生社区基层党组织服务、培养学生的能力，推动思想政治工作发挥协同育人效应。深入探索高等教育普及化背景下提升高校治理体系和治理能力现代化的新路径，努力形成新时代中国特色社会主义大学学生教育管理的新范式、新经验。

二、高校"一站式"学生社区党建工作的现实困境

（一）缺乏健全、规范的学生社区党建工作制度体系

当下，部分高校缺乏健全、规范的学生社区党建工作制度体系，这将影响学生社区党建工作的质量和效果。一是缺乏系统的党建工作流程与规范，导致党员发展不规范、教育管理缺乏针对性和考核标准不统一等问题。二是缺乏明确的责任分工和考核机制，学生社区党建工作需要明确各级党组织和党员的职责分工，并建立科学的考核机制。三是缺乏有效的交流和反馈机制，及时了解党员的思想动态和工作情况等方面还存在不足。四是缺乏健全的监督机制，学生社区党建工作需要建立完善的监督机制，对党员的行为进行监督和约束，并及时纠正错误行为。五是一些高校存在学生社区党建工作队伍人员短缺、人员素质能力不足、管理服务水平不高等问题。

（二）学生社区党建工作缺乏创新，实效性不强

新形势下，高校基层党建工作面临日益严峻的挑战，若继续延续传统观念与方式开展新时代大学生群体的党建工作，将无法取得理想效果。一是学生社区党建工作内容不够丰富，时代性不强。当前部分高校学生社区党建内容单调，仍以思想政治教育为主，缺乏新鲜感，未能与社会热点紧密结合进而提高学生的关注度。二是部分高校在学生社

区党建活动内容的宣传上力度不够，缺乏吸引力与影响力，无法达到入脑入心的教育效果，无法真正引起学生的思想共鸣。三是学生社区党建工作方式方法缺乏创新，实效性有待加强。当前，一些高校基层党建工作者在开展学生社区党建教育活动中，仍以传统理论知识学习为主体，师生缺少互动与交流，在方式方法上缺少多样性、灵活性及新颖性，一定程度上制约了学生社区党建育人工作的实效性。

（三）学生社区党组织建设与党建工作缺乏活力

当前，党建工作与"一站式"学生社区的有机融合还有待进一步加强。一是当前高校的学生党务工作大都由学院党委副书记、辅导员及其他行政人员承担，他们大多受制于日常性工作，难以对学生党建工作进行创新思考与实践。二是学生党员在发挥先锋模范作用方面还不足，部分学生党员缺乏积极性与主动性。三是部分高校在学生社区党建文化建设与开展党建活动方面还不够到位，不能充分发挥党建工作的教育影响力，未能在学生社区中形成自我学习与自我管理的良好氛围。四是基层学生党支部组织力量缺乏活力，除了发展党员和党员转正，缺乏创新性的党建文化活动，造成学生党建工作出现"重发展、轻教育"的局面。

（四）学生社区党建网络文化建设还需强化

随着互联网技术的迅速发展，高校传统的学生社区党建工作已经不能适应新时代大学生的思维认知与学习习惯。一是高校学生社区党建工作缺乏对数字化融媒体资源的整合、发挥和运用等，不能充分发挥QQ、微信、微博、抖音等网络媒体的党建传播功能。二是当下国际形势复杂多变，互联网上多样化社会思潮与多元化价值取向对大学生的思想判断与价值选择造成一定冲击，这给高校网络舆情监管带来挑战。高校在开展学生社区党建工作时还缺乏对大学生网络思想政治教育的有效引导。三是学生社区党建工作融媒体平台建设不够完善、信息资讯更新不够及时，针对性不强，利用大数据进行精准网络思政等深层次的网络党建育人功能尚未得到充分挖掘。因此，如何发挥互联网阵地优势，开展适应新时代大学生特点与习惯的学生社区网络党建工作，是高校党建适应融媒体发展必须思考的问题。

三、高校"一站式"学生社区党建工作的路径探索

（一）健全与规范学生社区党建工作制度体系

健全与规范学生社区党建工作制度体系有助于提升学生社区党建工作的实效性，发挥党建引领的政治核心和战斗堡垒作用。一是以党建为中心，打造"党建＋社区"组织体系，建立"校院两级党委—党员教师—党员学生"党建工作育人网格，构建"社区—分楼—分层—宿舍"组织管理框架，夯实社区基层党组织建设，强化党建工作队伍建设，定期召开会议讨论、决策和评估党建工作。二是创建学生社区党建工作考核评估机制，量化考核指标，构建评估体系，如制定《学生社区党建工作章程》《学生社区党委组织机构设置及职责分工》《学生党员考核评价体系》等，明确党组织的形式、职能权限和成员权责。三是对学生社区党建工作建立激励评价机制，实现"被动管理"向"主动服务"的转变。如挂牌"党员先锋岗"等，增强党员的责任感与使命感；将党员参加社区内活动作为评选优秀党员等方面的重要参考，以此提升学生参与社区党建工作的积极性与主动性。

（二）创新学生社区党建工作的内容与形式

新形势下，高校应顺势而为，根据大学生当前的心理特点与时代特征，结合学校、学院和专业特色，创新党建工作的内容与形式。一是创建"党建＋自媒体"，创作微视频，打造"微产品"体系，通过学生喜闻乐见的方式宣传党的思想，传播先进理念，增强党建育人的实效性。二是创建"党建＋"平台，充分利用学生社区党员活动室，实现移动端体验、现场式沉浸、情景式教学和互动式研讨等，提升学生的参与度与满意度，让党建工作"活"起来。三是创建"党建＋专业"，打造"书记工作室""党员名师工作室""老党员工作室""辅导员工作室"等品牌项目，创建一批政治过硬、专业扎实、辐射能力强的工作室，以点带面发挥引领示范作用。通过创新学生社区党建工作的形式与内容，努力提升党组织的凝聚力、向心力和战斗力，推进党建工作在不同空间范围内的柔性转化。

（三）激发学生社区党组织与党建工作的活力

"一站式"背景下，高校学生党建工作社区化的建设发展需要充足的活力作为保障。

一是高校要提升党组织人员的政治素养、党性修养与专业水平，培养师生党员的创新能力，激发基层党组织自身的创造力与活力。二是党建与团建相互融合，在社区内开展丰富多彩的党团建文化活动，如劳动教育、红色文化进社区、传承优秀传统文化、"我为社区做贡献"等，营造社区体育和美育氛围，激发学生参与党团建活动的主动性与积极性，以此提升学生社区党组织建设的活力。三是结合学生的特点，有针对性地开展党建育人工作，发挥学生党员朋辈力量的引领作用，鼓励普通学生向身边的党员榜样不断靠拢，加强学生党员典型在社区的示范力量，深化青年学生对"强国有我，请党放心"的认识与实践。四是坚持以学生为本，以社区学生的满意度作为检验党组织育人成效的根本标准，保障党建育人工作的发展生机与活力。

（四）加强学生社区党建网络文化建设

加强学生社区党建网络文化建设有利于高校主动掌握学生党建工作的话语权。一是成立网络平台运营团队，建立更有效的传播秩序与更广泛的内容覆盖面，让融媒体平台成为学生社区党建工作的有力工具与有效载体。二是利用"智慧党建"、"微党课"、党内培训等云学习开展理论学习，掌握党员的思想动态，提升学生对社区党建工作的认可度，增强学生社区党建工作的影响力。三是开展网络党课建设，积极引导学生自觉做习近平新时代中国特色社会主义思想的践行者、传播者，营造浓厚的学生社区网络学习氛围，扩大党建育人的覆盖面，增强社区网络文化育人的实效性。四是加强学生社区党建网络文化建设的管理和监督，营造健康良好的学生社区党建工作环境，更好发挥学生社区党建育人的功能与作用。

"一站式"背景下，将党组织建设育人工作延伸至学生社区，发挥党建引领功能与影响，这对高校党建工作和大生学思想政治教育工作具有重要的现实意义。新形势下，高校应以发展的眼光和思维不断进行反思总结，结合学校特点与学生特征，探索和创新党建工作社区化的创新路径，助力高校立德树人根本任务的实现。

参考文献

[1] 冯至，李晨杰."一站式"背景下高校学生社区党建工作的路径创新 [J]. 党建理论，2023（7）.

[2] 柴华，王友峰. 书院制下高校学生社区党建工作创新研究与实践 [J]. 河南牧业经济学院学报，2023（2）.

［3］李明玥，苏磊，阿娜日．基于高校"一站式"学生社区建设视域下的党建工作路径探索［J］．内蒙古财经大学学报，2023（4）．

［4］赵静．"一站式"学生社区党组织育人路径探析［J］．党政论坛，2022（4）．

高校基层党组织 "党建＋" 模式创新研究[①]

杨小凤[②]

摘 要：高校基层党建工作既是党的建设的重要组成部分，也是高校党建工作的关键与核心，必须以改革创新的精神全面推进高校基层党建工作的开展。当前，以学生为主体的高校基层党建工作面临着许多新问题、新挑战，需坚持以党建工作为龙头，构建学生思想政治素质养成体系，在传统党建工作模式下，探索高校基层党组织"党建＋"新模式，从而为高等教育事业又好又快发展提供坚强的政治保证和组织保证。

关键词：高校 基层党组织 "党建＋"模式

习近平总书记指示，"培养什么人，是教育的首要问题"。教育的根本目标在于培养德智体美劳全面发展的社会主义建设者和接班人，培养一代又一代拥护中国共产党领导和中国社会主义制度、立志为中国特色社会主义奋斗终身的优秀人才。高等教育是完成这一根本任务的重要一环，而高等学校党的建设就是实现这一目标的基石和保障。中国共产党建党已逾百年，根据中央组织部最新党内统计数据，截至 2022 年年底，全国中

① 本文受四川大学党建研究课题和党建特色项目（项目编号：DJKT23009）、四川大学中央高校基本科研业务费研究专项项目（项目编号：SKSZ202301）资助。
② 杨小凤，四川大学法学院讲师，博士，主要研究方向为法学、思想政治教育。

共党员人数达 9804.1 万人，基层党组织 506.5 万个，其中学生党员 290.1 万人。高校基层党组织作为人才聚集高地和教育培养摇篮，以党建工作为引领，以学校发展目标和战略为核心，以党建保发展、促发展，把学校改革发展的任务落到实处，对于新时代高校基层党建工作的开展有着重要意义。本文试图探索以党建工作为龙头，构建学生思想政治素质养成体系，在传统党建工作模式下，创新高校学生"党建＋"新模式，以期能够为国家培养出更多专业能力强、道德品行好、思想政治素质硬的复合型人才。

一、"党建＋"模式的概念与内涵

"党建＋"模式在党建工作创新研究和实践中属于一个新的概念，其出发点在于围绕中心开展党建工作，通过党建引领促进组织内部工作和中心任务更好推进，对于高校基层党组织而言，"党建＋"模式是指以党建工作为引领，将党建工作与学校发展的目标和任务深度契合，与学科建设、人才培养等工作全面融合，以有效提升党建工作的效能，最终更好地服务于学校发展战略和学生教育培养的工作思路和方法。

"党建＋"新模式的目标是把党的建设融入学生理论学习教育和高素质人才培养的全过程，实现党建工作与学生培养的融合，即把党的建设融入高校学生的政治教育、实践应用、文化传承以及社会服务等使命中，融入教育教学领域的各个环节中。这一模式的研究和探索，已经成为新时期高校基层党建工作创新的一个重要方向，对党的建设工作的质量提升具有重要的现实意义。

二、高校基层党建工作的现状与问题

高校基层党组织建设是党的基层组织建设的重要组成部分，担负着保证党的教育事业健康发展和学校坚持社会主义办学方向，培养有理想、有道德、有纪律、有文化的"四有"新人和社会主义建设者和接班人的重任。高校基层党建工作直接关系到执行党的路线、方针、政策，乃至国家发展振兴的大事。充分认识了解高校基层党建工作现状，高度重视高校基层党建工作，探索和创新改进问题的措施，是新时代加强高校党建工作的一个新课题。

（一）传统党建工作模式重视不够

当前，高校基层党建工作的开展仍以传统模式为主要抓手，但作为党务工作顺利开展与高等学校立德树人的基本保障，现实中，仍有一些高校基层党组织存在"重心偏移"。将内容创新当作全部工作的重点，时刻把创新指标要求摆在首要地位，拿创新成果充当党建工作全部成效，忽略了传统党建工作对于增强学生党员党性意识、道德观念，坚定学生党员理想信念、纪律观念的重要意义，造成了重视创新成效、忽略内在发展等一系列问题。这些问题导致高校基层党建工作开展不规范，师生党员思想政治教育开展滞后，对时事政治、党史理论理解不深刻、不到位，思想上防范和抵御外部风险意识不强，工作中出现懒散拖沓、要求不高的负面情绪，对高校思想政治工作的开展也造成了一定程度上的影响。

（二）党建工作与学科联系不紧密

党的领导是中国特色大学治理体系的根本特征，为学科建设提供了坚实的政治保障。尽管党建工作与学科建设互促互融已然成为新时代高校基层党组织发展的关键路径，但由于教学考核、科研压力等原因，各大高校虽然已搭建起"党建＋学科"新模式的雏形，但重教学、轻党建，一定程度上仍然存在党建工作和学科建设"两张皮"的现象，二者的融合度并不算高。部分高校基层党组织止步于完成基本任务，习惯用老思维、老办法解决问题和推进工作，没有深入思考如何推动实现党建工作守正创新以及如何推动党建工作和学科建设两条线统筹协调，形成合力。关注理论学习教育的同时，却也忽视了专业方向上实践锻炼的重要性，忽视了理论学习对人才培养、调查研究等各项工作的指导作用，未将党建工作与学科建设、专业引导、课程研判等紧密联系起来，缺乏基于专业特色推进党建工作与学科建设融合的观念和意识，不仅未能充分发掘"党建＋学科"工作模式的育人潜力，更是让双方工作开展都不可避免的大打折扣。

（三）党建工作内容形式有待丰富

目前，在校大学生的主体为"00后"，他们正处在接受新鲜事物的最佳时期，无论是创新发展的思维和理论学习的能力都很强。在学生党员教育中，由于教育内容更新不及时、教育形式固化，学生对党的理论知识的学习热情难以激发，也容易产生抵触学习的消极情绪。当下，部分高校党建工作开展的内容和形式不够丰富，缺少创新思维的主导，对学生党员的思想政治教育不够有针对性，在实践中开展党建工作也大多依赖于上级安排，塑造"精品党建"的意识还不够强，导致高校基层党建工作的品牌特色不明晰，支部的引领作用发挥不明显等。支部活动作为开展高校党建育人工作的重要抓手，内涵丰富、形式多样的支部活动能够有效提高学生对党建活动的兴趣，切实提升高校基层党建工作的育人成效。事实上，部分支部活动开展的重点不够突出，缺乏针对性，没能找到独具特色的党建工作开展方向；学生党员教育呈现简单化倾向，组织活动内容形式单一固化，很多仍是以学文件、读心得为主，倾向于学习上级党委下发的文件、会议精神等内容，组织生活制度流于形式，缺乏对专业技术、职业选择、沟通技巧等常态化学习培训，内容枯燥，形式单调，与"三会一课"的制度要求尚有一定差距。

三、高校基层党组织"党建＋"新模式的探索与实践

当下高校基层党组织"党建＋"新模式的探索与实践，就是要以传统党建工作为龙头，理论与实践相结合，考查与激励相结合，线上与线下相结合，以党建带团建、带班风学风、带整体学生工作，构建学生思想政治素质养成体系，通过各类学习教育活动和训练培养平台，在学生中开展学、讲、研、做等特色活动，提高学生党建工作能力和研究能力，提升学生整体素质水平。我们以"党建＋"新模式在法学院的开展为切入点，着重阐述在此过程中如何更好地让党建工作"活起来"，如何找到真正契合高校基层党建工作的创新路径。

（一）持续推进传统的党建工作模式

传统党建工作模式的有效运行是高校基层党组织工作顺利开展的大前提。实现以党建引领为抓手，"党建＋"深度融合聚力育人模式的积极探索，可从这三方面着手。一是以学生党建中心为平台，党支部为抓手，通过让广大学生深入了解党建工作、切实锻炼自己、提升综合能力，整合协调学生党建工作开展，不断培养思想政治素质过硬的政法人才、国家储备干部；二是以班级为依托，利用党员大会、组织生活会等方式，实现集中研讨和自主学习相结合，深入开展思想政治教育学习和理论交流；三是以党员为基础，发挥党员先锋模范带头作用，通过建立"一对一"学习帮扶机制，增强学生党员的服务意识和责任担当。

（二）探索"党建＋实务"的实践发展模式

高校学生课堂上学到的，是最基础、最核心的理论，具体到实务中，还有许多操作和技巧需要琢磨、总结。换言之，即使掌握了理论知识，仍需要在实践中巩固。这样一来，对"党建＋实务"实践发展模式的探索便为此提供了绝佳的契机。以法学院为例，根据法学院理论教学与实务实践相结合的教育教学模式，充分利用校外导师及校友资源，与政法委、法院、检察院、律师事务所等开展党建共建活动，通过开展系列党建活动、专题党课学习、特色志愿服务等，打造"党建＋校企合作"机制，深入推进学院与政、企、律的产学研深度融合，将党建工作与法律实务相结合，将专业知识与法律实践相结合，提升学生思想政治素养和法律实务水平，促进双方在党员队伍建设、人才培养质量提升和实践实习基地建设等方面实现深入合作，培养未来高素质公务员、选调生、政法干部、律师精英，为国家司法队伍输送高素质政法人才。

（三）推动"党建＋特色"的品牌塑造模式

当前，高校基层党组织建设是高校立德树人工作的重中之重，而学生党支部是高校基层党组织中最具活力的群体。高校应当积极利用这一特点，加强支部建设，打造特色品牌党支部，塑造特色品牌学生党员。通过创新支部建设，明确自身定位，做响品牌活动，以全方位、高标准、多角度、新理念构建成熟的支部建设体系，从服务保障、基层治理、志愿服务等多维度落实高校基层党组织的服务功能。以法学院为例，各支部根据自身特色和党员发展的情况，着力打造了学习型、科研型、社会活动型、志愿服务型等品牌支部和明星党员，通过因材施教、因地制宜，塑造起了法学院党建工作的明星品牌特色，开创了学生党建工作新特色、新局面。

（四）推行"党建＋互联网"宣传、教育、培养模式

当下，新媒体技术基于其独特的优势，已经逐渐渗透到社会生产、生活各个层面，其中当然也包括高等教育领域。新媒体技术为高校基层党建工作内容与模式创新提供了拓展空间——高校基层党建工作与新媒体的深度融合，可打破传统党建工作模式的固有思维，发挥新媒体传播快、覆盖广、形式多等优势，从而有效提升高校基层党建工作实效。的确，高校的课程和活动会占用师生大量的时间，即使是同一支部的党员也很难有时间共同参与组织生活，其中一些党员还面临着繁重的科研工作要求，如此一来其参加

组织生活的时间便会被进一步挤压。既然新媒体技术的使用能够拓宽高校基层党组织的宣传、教育、培养渠道，那么便可通过开展移动微党课、在线研讨、组织生活记录、支部考核等智慧党建工作新模式，适应高校学生年轻化、分散化特点，创新立体的党建工作载体、形式，与时俱进，满足新时代高校学生党建工作的新需求。同时，高校还可以通过加强党建宣传、开展文化活动等方法，为广大师生营造浓厚的党建氛围，这也有助于提高高校基层党建工作的参与度和整体效果。

（五）推出"党建＋公益"融合发展模式

高校党建工作与大学生社会主义核心价值观教育有机融合，是对大学生开展价值观培育与公益精神教育的重要载体，将党建工作作为高校价值观教育的创新路径，对大学生价值观培育与公益精神教育具有重要价值。但将价值观培育与公益精神教育融入高校基层党建工作，是一项长远且艰巨的任务，要科学规划与有效实施。以法学院为例，依托法学院特色学生社团、学生工作平台，以法之风志愿服务队、法律援助中心等社团为平台和纽带，与公益机构、社区组织等开展党建共建，进行普法宣传及公益服务，为有需求者提供法律援助，发挥法学生的专业优势，将党建工作与践行社会责任相结合，也让党建工作的内容生动起来。

四、结语

为提高高校基层党建工作的质量，促进师生党员进一步发展，各高校基层党组织应当准确把握当前党建工作的发展特征，了解党建工作的短板，在传统运行模式的基础上开展创新和优化工作，抓住转变工作方式的契机，将高校基层党建工作建设同实务、特色品牌、互联网、公益等方面进行深度融合，助力推进高校基层党建工作的蓬勃有序发展。

参考文献

［1］邓建平，范紫婴. 新时代高校党建工作创新实践路径探索［J］. 中国高等教育，2023（8）.

［2］郝耀武. 论复合型法学人才的培养［J］. 黑龙江高教研究，2009（5）.

［3］李猛，邓秀芸，高平平. 创新高校学生党员教育培训工作的实施途径［J］. 科教导刊（上旬刊），

2015（4）.

［4］毛若. 论新时代推进高校基层党组织建设的策略［J］. 西南科技大学学报（哲学社会科学版），

2019（3）.

［5］舒刚，徐为结. 习近平关于高校党建重要论述的价值意蕴与践行进路［J］. 国家教育行政学院学

报，2023（10）.

［6］谭军锋. 上海市金山区探索新时代"党建＋公益"新模式［J］. 重庆行政，2020（4）.

［7］徐敏华，房建军. 高校院系教工党建质量提升的现实困境与实践策略［J］. 宁波广播电视大学学

报，2020（1）.

［8］张伟琦. 新时代高校党建工作模式的创新与实践——评《高校党建：新时代高校院系党组织党建

育人的探索与创新》［J］. 科技管理研究，2023（17）.

［9］张雪萌，王明生. 数字赋能高校党建高质量发展的实践路径［J］. 中国高等教育，2023（11）.

［10］周良书，杨弟福. 新时代高校党建与高等教育高质量发展研究［J］. 学校党建与思想教育，

2023（23）.

［11］刘晓东，左莉，刘俊民，等. 高校基层党组织的"党建＋"模式研究——大连民族大学国际文

化交流学院落实"三个突出"战略的探索与实践［J］. 大连民族大学学报，2019（3）.

［12］李海洋，郑艳菊，王谦. 地方高校研究生党建育人模式创新与实践——以河北大学为例［J］. 学

位与研究生教育，2023（9）.

高校教职工师德师风评价体系研究

潘园园　卿培亮[①]

摘　要：师德考核是高校教职工考核的重要内容，完善师德考核评价体系是促进教职工提高自身修养、健全师德建设长效机制的重要保障。研究发现，在师德考核评价体系中综合运用定性评价和定量评价相结合的方法可以更全面、客观地评估教职工的师德师风表现，并在师资队伍建设、教学管理、人才培养中起到积极促进作用。本文就如何建立科学、合理的高校教职工师德考核评价体系提出了一些建议，旨在为高校进一步优化育人环境、提升教职工师德师风水平提供借鉴。

关键词：高校教职工　师德考核　评价体系　结果运用

一、师德考核评价的重要性及意义

随着高等教育事业的不断发展，高校教职工的师德师风建设越来越受到关注。在教育部关于高校师德师风建设的重要文件中指出，师德考核是教师考核的首要内容，健全师德考核评价体系是落实师德第一标准，促进教师提高师德修养的重要制度保障。通过

---

① 潘园园，四川大学出版社与期刊社党总支党政办公室主任，研究方向为思想政治教育、师德师风建设。卿培亮，四川大学人事处（教工部、人才办）师德师风建设科科长，研究方向为行政管理、师德师风建设。

师德考核可以及时发现和解决教职工在德育方面的问题，促进教育教学的健康发展；评价教职工的师德师风表现对于优化教育环境和提升学校文化建设具有重要意义。同时，师德考核也是保障师资队伍建设、推动师德师风建设长效机制的重要手段。国内现有文献对师德考核能否量化评价、考核方式、考核程序等进行了一些探讨和研究，本文根据实际工作中总结出的经验和思考，结合高校调研、文献学习等研究，提出优化高校教职工师德考核评价体系的建议。

二、构建全过程师德考核评价体系

师德考核评价贯穿在教职工职业发展全过程，在教职工培养、管理和队伍建设相关制度中，把师德师风表现作为评价教职工素质的第一标准。考核评价体系应充分尊重教师主体地位，将师德考核与业绩考核相结合，并坚持将师德考核放在首要位置，本着公开、公平、公正的原则，确保考核评价的科学性和实效性。综合实际操作、调研及文献研究，本文总结出师德考核评价体系主要由以下几个方面构成。

（一）评价主体

2019 年《关于加强和改进新时代师德师风建设的意见》中提到，"把师德考核摆在教师考核的首要位置，坚持多主体多元评价"。根据相关文献研究，各高校现行的考核评价主体多为师德建设委员会、各二级党组织等，在师德评价的具体事宜中，各二级党组织或成立师德建设与监督工作小组，负责考核工作具体实施，学校师德建设委员会承担师德评价的主要职责。在具体实施中应考虑教职工自我评价、同事评价、学生评价、家长评价等多主体参与评价，全方位进行考核。

（二）评价要素及标准

评价体系需要考察教职工的思想品质、职业道德素养、工作态度、师生关系等各方面的综合素养，以爱国守法、敬业爱生、教书育人、严谨治学、服务社会、为人师表等为评价要素，全面反映教职工师德水平，针对不同评价要素制定相应的评价标准。评价标准应具体或可量化，并能够区分不同层次的教职工表现。标准的制定可以借鉴相关法规和政策文件，也可结合学校或二级单位的实际情况和需求。

（三）评价内容和方法

评价主体可通过线上线下测评、问卷调查、观察访谈、档案材料等方式收集资料，采用定性和定量相结合的方法进行科学分析，充分考虑各类评价要素的权重和分值，得出综合考核评价结果。

（四）反馈和改进

将评价结果及时反馈给被评价的教职工，促使其反思和改进。同时，学校可以根据评价结果制定相应的培训计划和政策措施，提升整体的师德水平。

（五）定期评估和更新

定期对评价体系进行评估和更新，确保其科学、公正、有效。评估可以通过专家评审、问卷调查、调研、座谈等形式定期听取专家和被考核对象的意见，根据评估结果对评价体系进行必要的修订和完善。

需要注意的是，构建师德考核评价体系是一个复杂的过程，需要兼顾科学性、合理性和可操作性。在每个阶段都需要广泛征求各方面的意见和建议，确保评价体系能够真实、全面地反映教职工的师德状况。

三、定性评价与定量评价相结合的必要性

（一）定性评价的优势和不足

定性评价具有全面性、灵活性、深入性、主观能动性等优势，能全方位地评价教职工的师德表现，包括职业态度、职业行为、职业操守等，根据实际情况灵活调整评价标准和方法，适应不同教职工群体的需求，同时对特殊表现进行补充评价。师德定性评价强调教职工内在表现，有助于深入分析行为动机和问题根源，从而有针对性地提出改进措施。不足之处是主观性较强，评价结果可能受评价者的主观偏见、个人经验等因素的影响，导致结果客观性不足，同时操作过程较复杂，难以保证评价结果的准确性和公正性。

（二）定量评价的优势和不足

定量评价采用具体的量化指标来衡量教职工师德表现，使评价结果更加客观、准

确，同时有利于对师德考核结果进行数据分析，为管理和决策提供更清晰的数据支撑。但定量评价过于依赖量化指标，容易忽略教职工的个性化表现和主观能动性，单纯的定量评价可能无法全面反映教职工的真实情况，过于强调分值容易使教职工产生焦虑和功利心态，不利于教职工自身师德水平的实质性提升。

（三）定性评价和定量评价结合的方式

定性评价与定量评价在师德考核中均具有一定的优势和不足，在制定师德考核方案时建议将定性评价与定量评价有机结合，确保考核体系的全面性和客观性。例如，可将师德表现、教学态度、工作纪律等方面作为定性指标，同时将学生满意度、服务对象满意度等方面进行定量指标，对评价结果不以具体分数赋值，可采取分级方式呈现（如分为优秀、合格、基本合格、不合格四个等次）。考核方案需结合实际情况选择合适的评价方法，并进行反复研究和论证，设计出科学、合理、客观的指标，做到全面评价。

四、考核结果的运用

师德考核评价结果运用于教职工管理和其职业发展全过程，主要体现在以下几个方面。

（一）作为年度考核的前置条件

师德考核结果作为教职工年度考核的重要依据。将师德考核优秀作为年度考核优秀的前置条件；师德考核基本合格者年度考核不能评定为合格及以上等次；师德考核不合格者年度考核评定为不合格。

（二）作为教职工职业发展的第一标准

将师德考核结果作为教职工评奖评优、职务晋升、职称评定、岗位聘用、工资晋级、干部选任、申报人才计划、申报科研项目等方面资格审查的第一标准。对师德考核优秀者，在表彰奖励、职务晋升、职称评定、岗位聘任、人才项目申报等时，同等条件下优先考虑。

综上所述，师德考核结果的运用十分重要，它不仅影响教师的个人发展，还对整个教育行业的发展产生了深远影响。

五、高校教职工师德师风评价体系的建议

（一）明确评价目的和原则

在制定评价体系时，应明确评价目的和原则，确保评价工作的方向和价值导向。评价体系应以促进师德师风建设、提高教职工职业道德素质为根本目的，遵循科学性、客观性、导向性、可操作性和动态性等原则。

（二）完善评价指标体系

根据高校教职工的实际情况和教育教学特点，制定科学合理的评价指标体系。指标体系应包括师德表现、教学态度、学术道德、服务社会等方面，并针对不同学科、不同岗位的教职工制定个性化的评价指标。同时，应将定性指标与定量指标相结合，使评价体系更加全面、客观。

（三）建立多元化的评价主体

评价主体应多元化，包括学生、同事、领导、社会等不同利益相关者。学生作为教育服务的直接受益者，应成为评价主体的重要组成部分；同事和领导对教师的专业能力和职业道德有更深入的了解；社会评价则能够反映教师对社会的影响和贡献。通过多元化的评价主体，能够更全面地了解教师的师德师风表现。

（四）制定科学的评价方法

评价方法应科学、客观、公正，可以采用问卷调查、访谈、观察等多种方式进行。同时，应注重定性与定量评价相结合，以便更准确地反映师德师风状况。在评价过程中，应遵循程序公正、过程公开、结果透明的原则，确保评价的公信力和有效性。

（五）强化评价结果运用

评价结果应得到充分运用，作为教职工年度考核、职务评聘、职称评定、岗位聘任、表彰奖励等的重要依据。同时，应根据评价结果进行有针对性的反馈和改进，帮助教职工发现自身不足，提出改进建议。

（六）建立动态监测机制

高校教职工的师德师风是一个动态发展的过程，因此评价体系应具有动态监测机

制。通过对教职工师德师风的持续监测和跟踪评估，及时发现和解决存在的问题，确保师德师风建设的改进和持续提升。

六、结语

建立科学、合理的高校教职工师德师风评价体系，需要从多个方面进行综合考量和实践探索。只有不断优化完善评价体系，合理运用定性评价和定量评价相结合的方式，才能对教职工进行全面准确的师德师风评价，从而更好地完善师德师风建设，有效促进教职工严守师德底线、自觉提升师德修养，提高教育教学质量和人才培养水平，推动高等教育事业的可持续发展。

参考文献

［1］刘志林，陈博旺，曾捷．高校教师师德评价制度的文本检视、困境反思及改进路径［J］．黑龙江高教研究，2023（4）.

［2］周慧梅，班建武，孙益，朱旭东．高校师德考核办法存在的问题及对策建议——基于 BJ 市 59 所高校考核办法的文本分析［J］．教师教育研究，2020（6）.

［3］糜海波．突破师德评价若干困境的思考［J］．教育理论与实践，2019（1）.

［4］吴全华．指向师德师风建设的教师评价改革［J］．当代教育科学，2022（4）.

［5］张罗娜．高校教师师德考核评价体系设计研究［J］．现代职业教育，2023（19）.

信息化背景下高校发文管理存在的问题及对策研究[①]

田　佳　王昌宇　秦文丽[②]

摘　要： 本文提出了信息化背景下做好高校发文管理的现实意义和必要性，从需求、程序、文种、格式、系统等方面分析信息化背景下高校发文管理中存在的主要问题，并以四川大学为例，探讨如何在使用公文管理信息系统的新形势下改进和提升发文水平和质量，从把好发文入口关，规范程序、文种、格式，保障信息安全方面提出对策和建议。

关键词： 信息化　高校发文管理　存在问题　对策研究

公文管理是高校行政部门开展管理和服务工作的一项重要内容，其中，发文管理是高校公文管理的重要环节。随着信息化的快速发展，各高校都根据实际情况和需求开发使用了公文管理信息系统。与传统的纸质公文管理相比，公文管理信息化更有利于协调各部门，提高工作效率，但也存在一些问题亟待规范和解决，以更好地提高文件办理质量，提升高校行政管理效能。

---

① 本文系 2023 年四川大学党政管理服务研究项目课题"信息化背景下加强高校发文管理的对策研究——以四川大学为例"的研究成果，受到四川大学社科研究项目（项目编号：2023DZYJ-15）资助。

② 田佳，四川大学党政办华西校区办公室主任，助理研究员，研究方向为管理研究。王昌宇，四川大学党政办秘书科科长，助理研究员，研究方向为管理研究。秦文丽，四川大学党政办综合科副科长，工程师，研究方向为管理研究。

一、信息化背景下做好高校发文管理的现实意义和必要性

发文管理在高校管理过程中起着承上启下、联系内外的重要纽带作用，发文的质量和效率直接影响行政工作的正常运行。在信息化背景下做好高校的发文管理具有极强的现实意义和必要性。具体而言，主要有以下几方面的意义：一是有利于控制发文数量，二是有利于增强发文时效性，三是有利于提升发文质量，四是有利于实现信息的沟通共享，五是有利于提高决策质量。

二、信息化背景下高校发文管理存在的主要问题

发文管理是一个有着规范程序的系统，以四川大学为例，主要包括起草、核稿、送签、编号、排版、复核、印发、整理归档等程序，每一个环节都不容忽视，必须做到规范、标准。尽管已经有了规范固定的程序，但在各高校使用公文管理信息系统的新形势下，实际发文过程中仍存在以下几方面的问题。

（一）需求方面

近年来，各高校普遍使用公文管理信息系统，有效提高了发文效率，但以学校名义发文数量仍较大。究其原因，一方面是高等教育蓬勃发展带来管理业务增多；另一方面是发文的必要性有待进一步研判和审核。例如有些与机关部处或二级单位业务相关的通知类文件，本应由机关部处或二级单位自行发文，但有时仍通过学校名义发文。

（二）程序方面

公文管理信息化使文件发文办理程序突破时间和空间限制，但发文过程中仍存在程序不合规、不完备的问题。例如有的文件内容涉及人、财、物和任务分工等重要事项，但在报学校发文管理部门审稿前并未完成协商会签环节，有的文件内容涉及全局的重大决策部署，但并未经相关会议审议通过。

（三）文种方面

在信息技术使用的同时，内容上特别是文种的选择使用仍存在不规范的现象。《党

政机关公文处理工作条例》（中办发〔2012〕14号）中规定了我国现行公文种类主要有15种。高校经常使用的公文文种主要包括"决议""决定""通知""报告""请示""函"和"纪要"。文种选择应根据文件内容和行文方向来确定，高校发文过程中容易出现文种的错用。例如出现"请示"和"报告"混用，还有出现"报告"和"函"错用，以及经常把"办法""方案""总结"等作为法定公文文种使用，应使用"通知"这一法定文种。

（四）格式方面

各高校在长期发文过程中，根据学校特点形成了一些约定俗成、简洁好用的专门术语，也形成了一套自己的发文格式，但在拟稿发文过程中，机关部处和二级单位因对格式要求不熟悉或执行不严，容易出现格式不规范的问题。例如标题不规范、发文字号标注不规范、公文层次序号不规范及附件标注不规范等。

（五）系统方面

公文管理信息系统在和发文业务融合推进过程中存在功能设置不完善或缺乏，甚至部分环节存在安全隐患。例如已发文查询检索、保密安全管控和大数据分析等功能有待完善，发文流程各环节人员的权限必须进行严格和科学的划分，以及系统运行本身存在安全漏洞。

四川大学发文管理也不同程度地存在发文必要性有待加强研判、发文程序有待完善、文种和格式规范有待加强、公文管理信息系统功能设置不完善等薄弱环节。

三、信息化背景下做好高校发文管理的对策和建议

（一）加强研判，注重实效，严格把好发文入口关

高校发文管理部门应严格审核发文依据是否充分，确定是否按照上级文件要求发文，是否为贯彻上级文件精神抓好落实而发文，是否为学校重点工作开展而发文，需根据文件的性质、种类和作用等综合研判发文必要性，确保可发可不发的文件一律不发，确保发文不随意升格，从源头上控制发文数量。

（二）规范程序，理顺流程，着力完善管理机制

充分运用信息化手段，发挥公文管理信息系统优势，一方面把好合规行文关，重点

规范文件流转会签程序，杜绝"跨环节、逆环节"流转，进一步改进完善发文管理机制，并结合信息化建设制定新的公文处理实施办法；另一方面对发文程序进行智能化再造，以信息化规范发文，理顺从拟稿，到协商会签、核稿、会签、签发、归档各流程，根据实际情况合理调整或删除中间环节，进一步实现发文管理的规范化、科学化、信息化、智能化。

（三）规范文种，严肃行文，切实保证发文效力

依据《党政机关公文处理工作条例》等规定，严格规范文种的使用，发文核稿要根据文件内容和行文关系确定文种是否使用适当，对错用现象进行及时纠正，加强对拟稿单位相关业务的指导和制度宣传，切实保证高校发文的权威性和严肃性。

（四）规范格式，加强培训，充分保障发文质量

要严格规范发文格式，发文核稿和排版人员要仔细审核每份公文，看格式是否符合要求，确保发文的规范性。同时，加强业务培训，定期开展系统的公文写作处理培训，重点普及公文处理规范和要求，结合发文过程中出现的问题进行指导和交流，从而提高公文写作处理水平，保障发文质量。

（五）持续投入，提升技术，全力保障信息安全

信息技术不断更新换代，需要持续加大软硬件资源投入，进行系统的更新维护和功能的完善升级，并加强监测，定期检查，重视对高校自身网络和公文管理信息系统建设维护力量的培养，提升信息技术应用能力，确保系统信息安全。

四、结语

面对新形势和新任务，要充分发挥信息化建设的作用，进一步规范做好高校发文管理，以促进高校公文管理朝着智能化、数字化发展，实现公文信息资源高度共享，不断提高高校行政管理服务质量，有效助推高校"双一流"建设和高质量发展。

参考文献

刘作权，席继宗. 以规范公文处理为载体提高高校办公室管理水平［J］. 大连大学学报，2013（1）.

高校巡视巡察整改和成果运用的路径研究[①]

李文洋　吴世瑾[②]

摘　要：高校巡视巡察作为巡视在基层党委的延伸，是高校党委落实全面从严治党主体责任的有力举措。巡视巡察整改和成果运用的工作成效，直接决定了巡视巡察工作的权威性和生命力。本文详细阐述了高校巡视巡察整改和成果运用的重要性，分析了当前高校巡视巡察整改和成果运用的制约因素，提出了高校巡视巡察整改和成果运用的可行性路径，旨在充分发挥巡视巡察制度优势，为高校落实立德树人根本任务提供坚强保障。

关键词：高校　巡视巡察整改　成果运用

巡视巡察是我们党进行自我革命的战略性制度安排，作为党内监督体系的重要子系统，高校巡视巡察作为巡视在基层党委的延伸，是高校党委落实全面从严治党主体责任的有力举措。党的二十大从完善党的自我革命制度规范体系的高度，对巡视巡察工作作

---

①　本文系四川大学 2023 年党政管理服务研究项目"高校校内巡视巡察的基本经验研究"（项目编号：2023DZYJ—11）、四川省哲学社会科学重点研究基地纪检监察研究中心、四川省纪检监察学会高校分会 2023 年度项目"新形势下高校巡视巡察与其他监督贯通协调的现状调查及路径探索"（项目编号：SCJ230318）、中央高校基本科研业务费专项资金资助（项目编号：2023XSXC08）研究成果。

②　李文洋，四川大学党委巡视工作办公室科员，助理研究员，研究方向为高教管理研究。吴世瑾，西南财经大学组织人事部科员，研究方向为高教管理研究。

出重大战略部署，提出要"发挥巡视利剑作用，加强巡视整改和成果运用"。巡视巡察整改和成果运用的工作成效，直接决定了巡视巡察工作的权威性和生命力。高校党委落实党中央巡视巡察工作要求，持续加强巡视巡察整改和成果运用，以整改实效彰显利剑作用、促进改革发展，对于贯彻党的全面领导、落实立德树人根本任务、建设高质量治理体系具有重要意义。

一、推动高校巡视巡察整改和成果运用的重要意义

（一）贯彻党的全面领导、保障巡视巡察权威性的必然要求

高校巡视巡察是高校党委对下属二级党组织履行党的领导职能责任的政治监督，根本任务是"两个维护"，根本目的是坚持好、巩固好、维护好党的领导。发现问题是高校巡视巡察的首要职责，但解决问题是最终目的，巡视巡察整改落实不到位会引发"稻草人效应""破窗效应"。只有紧紧盯住"整改责任未尽问题""整改未了的事"和"查处不到位的人"，发挥巡视巡察"利剑"作用，推动巡视巡察整改取得实效，才能确保巡视巡察权威性，为高校贯彻党的全面领导提供强有力的政治保障。

（二）落实全面从严治党、营造风清气正育人环境的必然要求

高校巡视巡察是推动全面从严治党的有效载体，通过巡视巡察整改，高校党委加强管党治校、落实党建工作责任制的压力和责任传导，促进同频共振，持续纵深推进全面从严治党向基层延伸，以巡视巡察整改成效促进全面从严治党成果巩固发展。高校党委对巡视巡察发现的问题线索进行研判，将涉及重要情况、敏感事项且可查性强的问题线索移交纪检监察机构快查快办，通过深化巡视巡察成果运用，持续净化校园政治生态，为高校立德树人营造风清气正的良好环境。

（三）提升高校治理能力、发挥巡视巡察制度优势的必然要求

党的十九届四中全会《中共中央关于坚持和完善中国特色社会主义制度　推进国家治理体系和治理能力现代化若干重大问题的决定》提出，以党内监督为主导，推动各类监督贯通协同。高校巡视巡察监督内容综合、力量整合、方法灵活，推进其与纪检监察监督、审计监督等贯通协调，对高校党委发挥巡视巡察制度优势、提升巡视巡察监督质

效具有重要作用。通过健全高校巡视巡察整改和成果运用机制，被巡视党组织和有关职能部门相互借势、共享资源，有针对性地开展联动整改，破解制约高校高质量发展的系统性、关键性问题，促进巡视巡察监督、整改、治理有机贯通，助推高校治理体系和治理能力现代化。

二、当前高校巡视巡察整改和成果运用制约因素

（一）巡视巡察整改和成果运用的重视程度不够

高校巡视巡察整改和成果运用要强化"一盘棋"思维，被巡视巡察党组织压实整改主体责任，有关职能部门及时跟踪督促，大家各尽其责、相互配合，构建"你中有我，我中有你"的命运共同体，确保整改取得实效。但在当前实践中，相关责任主体对巡视巡察整改和成果运用的重视程度还不够，个别被巡视巡察党组织搞"纸面"整改，把制定整改措施当作"完成整改"，不过问措施的具体落实情况，存在"过关"思想和应付心态；有的职能部门存在"本位主义"，缺乏统筹联动、贯通协调，持续推进巡视巡察整改和成果运用的力度不大。

（二）巡视巡察整改和成果运用的评估办法不多

高校加强巡视巡察整改和成果运用的评估可以提升巡视巡察工作质效。当前实践中，高校巡视巡察整改和成果运用评估主要通过审核被巡视巡察党组织的整改方案和进展情况报告等书面材料，深入一线实地评估的不多，师生满意度测评的覆盖面不够广，缺乏可量化的评估指标体系，评估结果的可靠性和操作性不强。

（三）巡视巡察整改和成果运用缺乏有效机制保障

中共中央《关于加强巡视整改和成果运用的意见》明确了新时期开展好巡视整改和成果运用工作的责任、内容和要求。但在当前实践中，部分高校巡视巡察整改和成果运用仍缺乏切实可行的制度机制，有关职能部门牵头责任和协同配合责任不明确，被巡视巡察党组织从源头上分析问题、推动整改和成果运用的积极性不高，无法推进深层治理和发挥标本兼治的作用。高校党委应根据党中央的部署要求，结合工作实际，建立健全制度机制，保障巡视巡察整改和成果运用工作有章可循。

三、高校巡视巡察整改和成果运用可行性路径

（一）强化系统观念，层层压实责任

被巡视巡察党组织和有关职能部门要自觉增强思想自觉、政治自觉和行动自觉，把整改融入日常工作、融入深化改革、融入全面从严治党、融入班子队伍建设。要加强巡视巡察整改和成果运用的系统性统筹，建立健全巡视巡察与纪监、组织、财会、审计等各类监督全流程协作联动机制，推动整改主体责任、监督责任、协同责任、督促责任同时发力，一体落实，形成从问题到对策、到制度机制、再到治理效能的整改链条。

（二）探索整改评估方法，全面评判工作成效

高校巡视巡察整改和成果运用评估可以采用定性和定量评价相结合的方法，探索建立可量化的分级指标体系，对整改工作成效进行科学、客观、理性、全面评判。一级指标体系内容应包括主体责任落实情况、整改措施落实情况、满意度情况三项，二级指标中可以适当添加激励性指标，例如成果运用的创新做法，作为加分项纳入评估。具体来说，一级指标主体责任落实情况应包含被巡视巡察党组织整改主体责任、党组织主要负责人责任、其他班子成员履行"一岗双责"责任的落实情况；整改完成情况应包含整改措施实施情况、线索核查处理情况、成果运用情况等；满意度情况应包含师生满意度得分情况和有关职能部门评价情况。通过听取汇报、实地走访、问卷调查、个别谈话、民主测评、查阅档案资料等方式，对指标体系进行综合量化评分。最后根据评价结果综合研判，给予优秀、合格、基本合格、不合格四个档次，控制优秀档次比例，纳入年度目标绩效考核和全面从严治党工作考核内容。

（三）完善追责问责机制，强化震慑作用

高校开展巡视巡察整改和成果运用要完善追责问责机制，紧盯集中整改、整改公开、深化整改、成果运用等各个关键环节和时间节点，聚焦问题整改是否到位、线索处置是否精准。对组织领导巡视巡察整改不力，落实巡视巡察整改要求不到位、虚假整改、应付敷衍的，及时进行约谈提醒；对产生恶劣影响或造成严重后果的，依规依纪依法追究责任，做到发现一个、整改一串、警示一片、治理一域，充分发挥反面典型的警

示震慑作用。

参考文献

［1］姚君君，王瓅苑，刘东晓. 高校巡察与其他监督贯通融合路径研究［J］. 国家教育行政学院学报，2022（7）.

［2］孙灿. 把巡视利剑磨得更光更亮［N］. 中国纪检监察报，2024－01－05（001）.

［3］吴文君. 高校巡视巡察与其他监督贯通融合研究［J］. 人民论坛，2022（5）.

［4］黄存金. 健全新时代高校巡察协作配合机制的思考［J］. 中国高等教育，2022（12）.

［5］吕曼. 以党内监督为主导推动健全党和国家监督体系［J］. 人民论坛，2022（24）.

［6］王立峰，周强伟. 政治巡视的制度逻辑、现实问题与完善路径［J］. 理论探索，2023（3）.

［7］董云鹏. 加强巡视整改 强化成果运用 充分发挥监督保障执行促进完善发展作用［J］. 中国纪检监察，2022（10）.

［8］蒲沿洲，葛红. 深化高校巡视巡察成果运用的路径研究［J］. 华北电力大学学报（社会科学版），2024（1）.

依托标杆院系培育孵化基层党组织
党建工作品牌研究[①]

黄禄梁[②]

摘　要：依托标杆院系等培育创建载体，切实解决党建工作品牌培育孵化中的问题与不足，对实现学校高质量发展、办好人民满意教育具有重要意义。本文通过分析当前培育孵化党建工作品牌存在的问题与不足、总结依托培育创建载体培育孵化基层党组织党建工作品牌的先进经验，得出依托创建载体培育孵化基层党组织党建工作品牌的实践启示，以期带动基层党组织党建工作质量的整体提升。

关键词：党建工作品牌　标杆院系　基层党组织

党的二十大报告指出："坚持大抓基层的鲜明导向，把基层党组织建设成为有效实现党的领导的坚强战斗堡垒。"2018 年 7 月起，教育部根据文件要求，在全国开展全国党建工作示范高校、标杆院系、样板支部培育创建工作。全国各省市区、各大高校也同步开展各个层级的培育创建工作，以期带动基层党组织党建工作质量整体提升。如何依托标杆院系等培育创建载体，切实解决党建工作品牌培育孵化中的问题与不足，学习借

---

① 本文受 2023 年四川大学党建研究课题和党建特色项目（项目编号：DJKT23014）资助。

② 黄禄梁，四川大学华西口腔医学院（华西口腔医院）组织科副科长、馆员，主要研究方向为基层党组织建设、公立医院党建。

鉴优秀经验做法，也成为题中应有之义。

一、依托培育创建载体培育孵化基层党组织党建工作品牌的重要意义

（一）强化党建引领作用，提升组织力

通过依托标杆院系培育创建单位等建设载体，可以进一步强化党建在基层党组织中的引领作用，确保基层党组织保持正确的政治方向，更好地团结带领党员在党建工作与事业发展中充分发挥模范带头作用，让党建工作更具引领性。

（二）促进党建工作创新，增强活力

标杆院系培育创建单位等建设载体的引入，为基层党组织党建工作创新提供了坚实保障。通过学习借鉴先进经验与典型做法，在活动形式、内容创新等方面实现突破，进一步增强党员参与党建工作的蓬勃活力，激发提升党建工作质量的内生动力。

（三）树立党建标杆，发挥示范效应

依托标杆院系培育创建单位等建设载体，有助于树立一批党建工作标杆，发挥示范引领作用，带动更多基层党组织在党建工作上取得新成效，推动基层党组织党建工作质量提升，形成一批具有地方特色、行业特点、时代特征的党建品牌。

（四）凝聚党员力量，强化使命感

通过探索凝练基层党组织党建工作品牌，可以有效凝聚党员力量，强化党员的责任感和使命感，使党员更加清晰地认识到自己在组织中的定位和作用，形成党员积极参与、主动作为的良好局面，推动基层党组织党建工作不断取得新成效。

（五）推动全面从严治党向基层延伸

依托标杆院系培育创建单位等建设载体探索凝练基层党组织党建工作品牌，是推动全面从严治党向基层延伸的具体实践。通过品牌建设和凝练过程，可以进一步规范党建工作，确保党的各项制度在基层得到严格执行，构建风清气正的基层政治生态。

二、当前培育孵化党建工作品牌存在的问题与不足

近年来，随着党建工作的不断深入，各基层党组织着眼自身定位，在培育孵化基层党组织党建工作品牌中投入了大量精力，也产出了一些成果，取得了一些成效。但在实际操作中，也暴露出一些问题与不足。

（一）品牌建设认识不足，主动建设意识不强

部分基层党组织在培育孵化党建工作品牌的过程中，对于党建工作品牌创建的内在价值认识不够深入，甚至认为品牌创建孵化只是形式上的工作。这种观念也就导致了基层党组织在品牌建设过程中缺乏足够的投入与精力，一定程度上忽略了党建工作品牌建设的深入思考与系统规划，主动建设的意识还不强，难以形成有影响力的党建工作品牌。

（二）与党组织特色联系不紧密，品牌创建与实际工作脱节

在孵化党建工作品牌时，一些基层党组织并未深入理解和挖掘自身党组织因行业特点、人员构成、历史沿革等不同产生的特色，党建品牌建设缺乏个性化和差异化，将品牌建设视为一项独立的任务或项目，而不是与实际工作相互促进、共同发展的过程。这也使得党建工作品牌难以在实际工作中发挥作用，也难以得到党员和群众的认同和支持。

（三）品牌建设缺乏系统性，呈现零散碎片化

党建工作品牌建设认识不足、与实际工作脱节，也进一步导致了基层党组织在党建工作品牌孵化时，缺乏对党建工作品牌定位、目标和传播的整体规划，品牌建设缺乏方向性和目标性，品牌创建缺乏长期性、连续性与稳定性，形成独具特色、值得推广学习的品牌形象的难度也显著增加。

（四）品牌建设持续性投入不足，缺乏专业支持与人才支撑

在实际工作中，一些基层党组织在品牌建设上投入的人力、物力和财力有限，导致品牌建设难以持续推进。一些基层党组织在品牌建设初期人力、财力投入较大，但随着时间推移，投入逐渐减少。同时，由于缺乏专业的党建品牌建设人才和团队支持，品牌

建设过程中可能出现专业化程度不高、创新性不足等问题。

三、依托培育创建载体培育孵化基层党组织党建工作品牌的先进经验

近年来，依托各级各类培育创建载体，基层党组织进一步优化顶层设计、强化经费投入、培养锻造人才队伍、不断加强宣传推广，在提升自身党组织党建工作显示度的同时，也为其他党组织不断提升党建工作水平提供了有力支撑和经验借鉴。

（一）切实强化顶层设计

习近平总书记在学习贯彻党的二十大精神研讨班开班式上强调，要"正确处理好顶层设计与实践探索的关系"。在党建工作品牌创建中，强化顶层设计能够为其提供明确的方向和目标，确保品牌创建的系统性与连贯性，进一步整合资源优化配置，增强工作合力，赋予党建品牌蓬勃发展的内生动力。例如，华北水利水电大学党委通过着力健全完善党对学校全面领导的组织体系、制度体系和工作机制，制定"铸魂育人""固本强基"等六大工程，总结形成了一批党建特色品牌。四川大学党委以四川省首批党建工作示范高校培育为契机，推出"纳百川"党建工作坊，第一期即围绕"'双带头人'教师党支部党建工作品牌创建"开展研讨，形成推动基层党建示范创建和质量创优的良好氛围。

（二）持续加大投入保障

党建工作经费是党建工作品牌创建的物质基础，是确保各项党建活动得以顺利开展的重要保障，可以为党建工作提供充足的支持，提高党建工作的专业化和精细化水平。各级各类标杆院系等培育载体都为入选院系提供经费支持，与此同时，党组织也通过配套经费、专职工作人员等方式，为党建工作品牌提供坚实的经费保障。例如，同济大学党委划拨专项经费近 200 万元，在全校范围内打造了一批"党员之家"，同时开发了"同济党建 e 家"小程序，进一步强化党建工作信息化水平。北京师范大学党委完善党建经费投入逐年递增机制，在学校"双一流"建设经费中加大党建经费投入力度，每年投入 60 万元，支持基层党组织开展党建理论和实践研究。统筹用好留存党费，用于抓好党员教育管理和基层党务干部培训，支持开展基层组织党建特色工作。

（三）充分挖掘党组织特色

在党建工作品牌创建中，各示范高校、标杆院系和样板党支部也充分挖掘和发挥党组织特色，以形成具有鲜明个性和独特魅力的党建工作品牌，使党建工作更加贴近实际、贴近群众、贴近生活，增强党组织的吸引力和凝聚力。北京师范大学党委发挥心理学学科优势，疫情期间在全国高校率先开通了面向全社会的心理支持热线和网络辅导服务，进行大学生心理应激与应对系列讲座网络直播；发挥家庭在心理抗疫战场中的重要作用，推出《新冠肺炎疫情下的家庭心理自助手册》。四川大学华西临床医学院（华西医院）党委则是充分发挥党组织在重大疾病防治上的学科优势，全力投身抗疫，全方位支援四川省疫情防控，驰援湖北、黑龙江、新疆等地，派出顶级专家支援国际抗疫，科技攻关助力疫情防控，在全社会引发强烈反响，传播了党建引领齐心抗疫的强大正能量。

（四）持续加强宣传力度

有效的宣传报道是扩大党建工作影响力的重要途径。基层党组织以党建工作示范高校、标杆院系、样板支部等培育创建载体培育创建为契机，通过多种形式加强对党建工作及党建工作品牌的宣传报道，示范带动作用。例如，湖州师范学院人文学院中文系学生党支部在培育创建周期内打造"红色典藏"品牌系列活动，被《中国教育报》等主流媒体报道，市级以上各类新闻媒体报道120余篇，被浙江团省委和《湖州日报》官方微博多次点赞、转发。四川大学党委深入挖掘学校红色资源，打造以江姐纪念馆、《江姐在川大》《待放》舞台剧、江姐荣誉班等为重点的红色教育品牌，获《人民日报》、新华社、中央电视台等中央媒体广泛宣传报道。四川大学华西口腔医学院（华西口腔医院）党委打造的"华西口腔党员e家"党建学习平台，在获得《光明日报》、四川大学官网等宣传报道的同时，还入选四川省公立医院党建品牌典型案例，在2023年全省公立医院党委书记示范培训班推广展示。

四、依托创建载体培育孵化基层党组织党建工作品牌的实践启示

依托标杆院系等培育创建载体培育孵化创建基层党组织特色党建工作品牌，就是用

品牌化思路推进基层党建工作，是基层党组织凝心聚力的重要抓手，也是新时代党建工作的必然要求和提升党建工作影响力的客观需要。立足新时代，更需要基层党组织强化党建工作品牌建设，以各级各类培育创建载体为依托，不断提升党建工作水平。

（一）坚持党建引领，强化品牌意识

一方面，通过持续深入学习马克思主义中国化等最新成果，掌握习近平新时代中国特色社会主义思想的核心要义和实践要求，牢牢掌握科学的理论武器，更好地指导实践；另一方面，树立党建工作的品牌意识，进一步强化党组织的引领作用，把党建工作与学科建设、人才培养、科学研究等工作紧密结合起来，推进党建与事业发展同向同行。

（二）突出特色优势，打造个性化品牌

党建工作品牌之所以为"品牌"，除了其先进性、可推广，也应当与基层党组织自身特点紧密结合，既要学习先进党建工作品牌的普适性优点，又要融合自身党建工作的个性化特征。基层党组织应深入挖掘自身的特色优势，结合学科特点、师资力量、校园文化、历史沿革等资源，打造具有个性化的党建品牌，把"融合"落得更实。

（三）注重系统谋划，形成长效机制

应当建立健全品牌建设的长效机制，从品牌定位、打造、传播等方面入手，形成一套完整的品牌建设体系。依托标杆院系的建设，配齐配强品牌建设等软硬件条件，选拔和培养一批具有更高专业素养和过硬党务工作能力的党务工作者，确保品牌建设的持续性和稳定性。

（四）坚持与时俱进，拓展品牌影响力

要充分利用新媒体、网络平台等渠道，探索更加生动、有趣的党建工作形式和内容，增强党建工作的吸引力和感染力。要充分运用新媒体传播速度快、覆盖面广、互动性强等特点，有效提升党建工作的宣传引导功能，增强党员群众对党建工作的认同感和参与感，扩大党建工作的覆盖面和影响力。

参考文献

［1］习近平在学习贯彻党的二十大精神研讨班开班式上发表重要讲话［EB/OL］．（2023－02－07）．
https://www.gov.cn/xinwen/2023－02/07/content_5740520.htm.

［2］党旗始终飘扬在疫情防控斗争第一线 全国党建工作示范高校抗击疫情纪实［EB/OL］．（2020－
06－17）．https://topics.gmw.cn/2020－06/17/content_33919268.htm.

高校纪检监察干部监察监督履职能力建设研究

——基于 19 所高校的实证分析[①]

周立立[②]

摘　要：赋予高校监察权，是实现监督全覆盖，加强党对高校领导的重大改革。在高校监察体制改革背景下，高校纪检监察干部监察监督履职能力是用好监察权的基础和关键。本文基于现有文献与问卷调查，深入剖析监察监督履职能力的内涵与构成要素，梳理高校纪检监察干部监察监督履职能力基础及能力建设实践、存在的问题与不足，提出提升高校纪检监察干部监察监督履职能力的主要举措，以期为高校纪检监察干部监察监督履职能力建设提供一定参考。

关键词：高校纪检监察干部　监察监督　履职能力　能力建设

高校监察体制改革是深化国家监察体制改革的重要一环，是党中央重大战略决策部署的有机组成部分，是实现监督全覆盖，加强党对高校领导的重大改革，对于推进高校全面从严治党、确保党的教育方针和党中央重大决策部署在高校贯彻落实，具有重要意义。2022 年 1 月，中央纪委国家监委印发《关于深化中管高校纪检监察体制改革的意

---

　　① 本文系中国高等教育学会 2022 年度高等教育科学研究规划课题"高校纪检监察干部监察监督履职能力实证研究"（项目编号：22LZ0405）阶段性成果。

　　② 周立立，四川大学纪委、监察专员办公室第二纪检监察室副主任，助理研究员，主要研究方向为党务管理、纪检监察实务。

见》，正式明确中管高校纪检监察机构的职能定位和职责权限并赋予监察权。通过梳理全国各地高校的实践举措，当前高校监察体制改革的路径可明确划分为两大实践模式：一是向高校派驻监察专员的"单派驻"模式，二是派驻纪检监察组的"双派驻"模式。这两种模式在运作机制上各具特色，但在赋予高校监察权后，都共同对高校纪检监察干部的能力素质，特别是对监察监督能力提出了更高标准和更严要求。

一、监察监督履职能力的基本概念与构成要素

监察监督存在狭义与广义之分。狭义上的监察监督，是与监察调查、监察处置相平行的一种监察职责，其也被称为监督职权（权限），即《中华人民共和国监察法实施条例》第十四条所规定的"监察机关依法履行监察监督职责，对公职人员政治品行、行使公权力和道德操守情况进行监督检查，督促有关机关、单位加强对所属公职人员的教育、管理、监督"。广义上的监察监督概念来源于党和国家监督体系，是与党内监督、人大监督、法律监督等相平行的监督方式，具体指监察机关作为国家自我监督专责机关，按照管理权限依法对行使公权力的公职人员进行监督、调查和处置。本文探讨的是广义范畴下的"监察监督"。

监察监督履职能力由"监察监督"和"履职能力"两词组成，强调的是履行监察监督职责所需要的能力。《中华人民共和国监察法》第五十六条对监察人员的能力素质提出了明确要求，即"监察人员必须具有良好的政治素质，熟悉监察业务，具备运用法律、法规、政策和调查取证等能力"。由此可见，监察监督履职能力主要由政治素养、法治思维、专业技能、政策运用能力等多维要素构成。

二、高校纪检监察干部监察监督履职能力基础

赋予高校监察权，对高校纪检监察干部的能力素质尤其是监察监督能力提出了更高要求。通过对19所高校纪检监察干部进行网上问卷调查，有助于进一步了解高校纪检监察干部监察监督履职能力基础及现实状况。

一是学历构成方面。根据样本数据统计，目前高校纪检监察干部均为大学本科以上

学历，其中硕士、博士研究生学历者占比达 87.18％。高比例的高学历构成人员为有效履行监察监督职责提供了专业知识与技能基础。

二是专业构成方面。高校纪检监察干部的专业背景呈现多元化特点，广泛覆盖法学、经济学、历史学、社会学、农学、生物化学与分子、管理学等多个学科。但具有法律、财务、审计、税务、侦查等专业背景的干部相对缺乏，法学学科背景人员仅占 24.79％，这可能在一定程度上限制了监察监督工作的履职效能。

三是年龄构成方面。根据样本数据统计，30 岁以下年轻干部的比例为 5.98％；30 至 40 岁（38.46％）和 40 至 50 岁（35.9％）的青年干部构成了高校纪检监察干部的主体；50 至 60 岁的干部占比达 19.66％。总体上看，高校纪检监察干部的老中青结构相对均衡，但年轻干部比例不足可能在一定程度上影响了干部队伍的活力与创新潜力。

四是任职年限方面。据样本数据统计，有 29.06％的干部从事相关工作未满两年，相比之下，拥有 5 年以上经验的干部比例达 52.99％，其中超过 10 年工作经验的干部占比为 17.95％。这一数据间接表明，高校纪检监察干部队伍存在交流轮岗不足、晋升通道不畅等状况。

三、高校纪检监察干部监察监督履职能力建设的主要做法与不足

为全面提升高校纪检监察干部综合能力素质，高校党委、纪检监察机构以及上级纪检监察机关等责任主体均采取了多项创新举措与有益探索。基于对问卷的深入分析，主要做法可归纳为如下方面。一是高校党委主要从选优配齐学校纪检监察干部队伍、建立完善校内各类监督贯通协同机制、改善谈话场所等办案条件等方面为提升学校纪检监察干部监察监督履职能力提供重要支持。二是高校纪检监察机构加强对纪检监察干部的纪法知识和业务能力培训，坚持以干代训、实战锻炼履职能力，在案件查办工作上积极争取上级纪检监察机关的支持和指导，完善监察监督等系列制度规范。三是上级纪检监察机关将干部培训纳入年度培训方案，加强业务知识培训；抽调干部参与重要案件查办、案件审理和其他专项工作；提供政策咨询，及时答疑解惑，帮助精准把握政策精神；加强对案件工作的指导及办案场地和经费的保障，从多维度为提升高校纪检监察干部监察监督履职能力提供支持和帮助等。

高校纪检监察干部的综合能力素质在不断提升的同时，仍存在一些不足，与高质量履行监察监督职责的要求还存在较大差距，主要表现为四方面。一是高校纪检监察干部队伍力量不足，现有人员的业务知识和技能储备不足。高校监督对象成倍增长，监督人手不足，二级纪委并未被赋予监察权，高校纪检监察干部往往需要承担多项工作任务，工作负荷重。同时，高校纪检监察干部调查涉嫌职务违法、职务犯罪案件时的法律知识储备不足，谈话经验不足，对银行流水、微信转账等信息资源的有效整合运用能力不足等。二是现有高校纪检监察干部培养模式多呈现粗放型特征，培养方案未能紧密结合高校纪检监察工作的实际特点，难以精准对接高校监察监督实际工作需求。三是高校党委对高校纪检监察工作的支持力度还有待加强。部分高校在纪检监察工作的物质资源保障方面（如办公设施、信息化建设等）投入不足；纪检监察干部的考核评价激励机制不够健全，缺乏有效的奖惩措施和职业发展通道，进而导致纪检监察干部在监察监督工作中难以形成持续的工作动力和创新精神。四是上级纪检监察机关领导体制机制不够顺畅，工作衔接、沟通协调等方面还存在不足。高校纪检监察机构与地方纪委监委在开展联合审查调查工作存在信息沟通成本高、沟通协调难度大，联合审查调查的条件和标准不够明确，联合审查调查难以深度融合等难题。

四、加强高校纪检监察干部监察监督履职能力建设的路径探索

加强高校纪检监察干部监察监督履职能力是高校监察体制改革的重大课题。本文在问卷调查基础上，通过梳理借鉴部分高校的有益做法，研究探索提升高校纪检监察干部监察监督履职能力的有效路径。

（一）选优配强高校纪检监察干部队伍

优化高校纪检监察干部结构配置、强化干部监察监督履职能力和本领是当务之急。一方面，进一步拓宽选人用人渠道，为高校纪检监察机构引进补充具有法律、财务、审计等专业背景的干部，并围绕"用其所长"，根据纪检监察干部专业特点和自身特长，安排到合适的纪检监察岗位上，充分激发每位纪检监察干部内在潜能。另一方面，结合高校纪检监察工作的特点，建立健全高校纪检监察干部职业成长的长效机制，进一步明确高校纪检监察干部职业发展规划和晋升路径，通过实行岗位轮换、挂职锻炼、提拔任

用等措施加强干部交流，既保留经验丰富的老同志，又大力引进年轻干部，形成合理的年龄梯队，确保干部队伍的持续发展和创新能力。此外，强化校内考核结果在年终绩效、评奖评优和职级晋升中的作用，通过科学的考核评价机制，进一步消除高校纪检监察干部不敢监督、不愿监督的思想顾虑。

（二）提升高校纪检监察干部学习培训的针对性和实效性

针对高校纪检监察干部法律知识储备不足和职务违法犯罪审查调查实战经验不足等问题，要进一步完善培训制度机制，强化学习培训的针对性、有效性。一是制定教育培训规划，将高校纪检监察干部培训纳入年度培训方案，并结合高校纪检监察工作的实际需要，研发专门课程体系和培训模块。培训内容不仅涵盖党纪法规、政策策略、案例分析等业务知识讲授，还包含监察措施运用、信息资源整合、调查取证标准等业务技能传授。重点培养高校纪检监察干部政治素养、法治思维、政策运用能力，持续做好纪法衔接、法法衔接，确保高校在监察权赋予过程中接得住、用得好。二是搭建高校常态化交流学习平台，定期组织各高校纪检监察干部开展交流分享，介绍监察监督工作的先进经验做法，并就工作面临的难题与困惑加强专题交流研讨，促进相互学习和借鉴。三是抓好实战练兵，有计划地选派高校纪检监察干部参加上级纪检监察机关组织的业务培训、实战锻炼和跟班学习，并与地方纪委监委探索建立联合办案机制，联合办理驻在单位管理范围内公职人员涉嫌严重职务违法犯罪案件，充分发挥高校纪检监察机构善于研究、地方纪委监委善于实战的双方优势，全面提升高校纪检监察干部的专业知识、业务技能和实战能力。

（三）全面优化高校监察监督工作的资源配置

在赋予高校监察权后，由于监察对象数量众多，高校纪检监察机构现有人员规模、能力结构难以适应依法有效行使监察权的实践要求，"小马能不能拉动大车"问题需要重点关注。一是在摸清高校监察监督对象基础上，把敢担当、善作为的优秀干部选配到高校纪检监察干部队伍中，改善高校纪检监察机构办案条件，配备信息化、智能化的办案设施设备，完善办案津贴与补贴制度，确保在人力资源、财务支持及物资保障等方面给予充分投入。二是推动监督专责上下联动，针对高校监督事项点多、面广、线长的特点，将监察权适度赋予到高校二级纪委，推动监督专责向基层一线延伸，切实发挥二级纪委贴近监督的优势，在盯住"关键少数"的同时，着力解决"管好大多数"的问题。三是建立完善校内各类监督贯通协同机制，压实相关职能部门的监督责任，推动校内各个职能监督部门之间的信息共享和协同配合，整合纪律监督、监察监督、巡视监督等各类监督力量，实现监督资源的有效整合与优化配置。

（四）加强对高校监察监督工作的业务指导和领导

与中央和地方各级纪检监察机关相比，高校纪检监察机构办理涉嫌职务违法犯罪的案件较少，执法经验相对欠缺，亟待加强业务领导和指导。一是要着力健全问题线索处置和案件查处工作报告、请示汇报制度机制，进一步明确、规范、精简报告工作的程序和要求，加强对高校纪检监察机构监察监督工作的指导，及时帮助解决工作中遇到的困难和问题。二是要完善联合审查调查机制，明确联合审查调查工作的条件和标准，加速审批流程，强化跨部门沟通协调，推动联合审查工作深度融合取得实效。三是要建立外部联络协调机制，鉴于高校监察监督工作的特殊性和复杂性，地方纪委监委应积极发挥桥梁纽带作用，帮助高校纪检监察机构与公安、检察、法院、司法等部门建立良好的沟通协调机制，进一步提高高校监察监督工作的质量和效率。

参考文献

[1] 中国特色社会主义国家监察制度研究课题组. 国家监察制度学［M］. 北京：中国方正出版社，2021.

[2] 黄紫红. 新时代高校纪检监察组织与队伍建设探研［J］. 思想理论教育，2020（1）.

[3] 关颖雄. 新时代加强高校纪检监察干部队伍建设的思考［J］. 领导科学论坛，2022（6）.

[4] 李佳婧. 法治思维视角下高校纪检监察干部队伍履职能力建设路径［J］. 法制与社会，2020（24）.

[5] 李同义. 高校纪检监察干部依规依纪依法履职能力建设研究［J］. 河北民族师范学院学报，2021（1）.

[6] 宋乐静. 中管高校纪检监察体制改革探究［J］. 学校党建与思想教育，2020（14）.

[7] 卫跃宁，赵伟中. 监察监督职责的类型与规范路径［J］. 吉首大学学报（社会科学版），2024（1）.

[8] 章丹. 高校纪委加强纪检监察队伍建设的研究［J］. 南方论刊，2018（3）.

[9] 庄德水. 持续深化高校纪检监察体制改革［J］. 中国党政干部论坛，2023（3）.

[10] 中国共产党第十九届中央纪律检查委员会第五次全体会议公报［N］. 人民日报，2021-01-25.

［11］中央纪委国家监委办公厅印发意见　加强新时代纪检监察干部监督工作［N］. 中国纪检监察报，2020－12－28.

［12］中央纪委国家监委法规室. 持续深化国家监察体制改革　规范和正确行使国家监察权［N］. 中国纪检监察报，2021－09－23.

［13］中央纪委国家监委印发意见　深化中管高校纪检监察体制改革［N］. 人民日报，2022－01－24.

高质量发展视域下高校内部巡视整改和成果运用促进机制研究[①]

戢觅之　何郁嵩　王　燕　管清贵[②]

摘　要：加强巡视整改和成果运用，是深化新时代巡视工作的核心内容，也是提高巡视监督质效的关键环节。本文通过明确高校内部巡视整改和成果运用的内涵和责任体系，分析高校内部巡视整改和成果运用的实践成效和内在局限，从"统""改""治"三个维度，在压紧压实责任、加强过程管控、强化实施保障三个方面，结合工作实践，提出高质量发展视域下高校内部巡视整改和成果运用的促进机制。

关键词：高校内部巡视　巡视整改　成果运用　促进机制

巡视是党章赋予的重要职责，是推进党的自我革命、全面从严治党的战略性制度安排。巡视工作坚持"发现问题、形成震慑，推动改革、促进发展"的方针。发现问题是巡视工作的"生命线"，解决问题是巡视工作的"落脚点"。问题能否得到彻底整改解

① 本文系 2024 年四川大学党政管理服务研究项目"高校内部巡视整改和成果运用提质增效路径研究"（项目编号：2024DZYJ-10）的成果。

② 戢觅之，四川大学党委巡视工作办公室巡视科副科长，助理研究员，研究方向为高校党政管理服务、巡视理论与实践。何郁嵩，四川大学党委巡视工作办公室巡视科科长，讲师，研究方向为高校党政管理服务、巡视理论与实践。王燕，四川大学党委巡视工作办公室副主任，助理研究员，研究方向为高校党政管理服务、巡视理论与实践。管清贵，四川大学党委巡视工作办公室主任，副研究员，研究方向为高校党政管理服务、高校党建、巡视理论与实践。

决、成果能否得到充分运用，是巡视利剑作用能否彰显的关键所在。积极探索符合高校实际的巡视整改和成果运用促进机制是高校履行管党治党政治责任、提升内部治理效能、实现高质量发展的重要途径。

一、高校内部巡视整改和成果运用的内涵和责任体系

（一）巡视整改和成果运用的内涵

巡视整改是被巡视党组织履行巡视整改主体责任，全面整改、突出重点，建立健全整改工作机制，定期听取巡视整改情况汇报，及时研究解决突出问题，确保整改任务落地见效的全过程。包括组织开展巡视集中整改，对照巡视反馈意见研究制定整改方案，建立问题清单、任务清单、责任清单，明确责任人、整改措施和时限，确保条条整改、件件落实；召开领导班子巡视整改专题民主生活会，剖析原因、明确责任、强化举措，以专题民主生活会成效提升整改力量；报告巡视整改进展情况、公开巡视整改情况、建立整改长效机制。

巡视成果运用是将巡视成果进行分类，反馈给被巡视党组织整改落实，移交给有关部门单位研究处理，共享巡视成果，开展监督检查、严肃追责问责，从而推动改革、促进发展的全过程。结合当前高校内部巡视的实际情况来看，巡视成果是多维度的，主要涉及三个方面，一是高校党委巡视组向被巡视党组织指出的问题；根据巡视了解情况撰写的巡视情况报告、专题报告、谈话情况报告和巡视反馈意见等；巡视组汇总整理的问题底稿、谈话记录、调查问卷、会议记录、信访记录以及其他辅助支撑材料。二是向高校纪检监察机构、组织等有关职能部门和被巡视党组织移交的巡视期间收到的领导干部问题线索和信访材料。三是高校党委和巡视工作领导小组在听取巡视情况、整改进展情况汇报时作出的决策部署、提出的意见建议，分管领导关于巡视情况、整改情况的指示批示等。

（二）巡视整改和成果运用的责任体系

巡视整改和成果运用涉及相关责任主体的五种责任，包括被巡视党组织的巡视整改主体责任，纪检监察机构、组织部门巡视整改监督责任，有关职能部门对巡视成果运用

的责任，巡视机构统筹督促责任，高校党委对巡视整改和成果运用的组织领导责任。

1. 被巡视党组织履行巡视整改主体责任

政治巡视的监督对象是党组织，整改的主体责任必然是被巡视党组织增强抓整改的内在自觉，真正把整改责任担起来，把整改作为管党治党、改进工作的题中应有之义和重要抓手，要建立健全整改工作机制，定期听取整改情况汇报，推动解决巡视发现的问题，确保整改落地见效。被巡视党组织主要负责人履行巡视整改第一责任人责任，对巡视整改负总责，带头领办重点难点问题，督促提醒领导班子其他成员落实整改责任。领导班子其他成员履行"一岗双责"，把整改作为分内之事、应尽之责，履行分管领域整改第一责任人责任，落实分管领域管党治党的政治责任，推动职责范围内的巡视整改任务落到实处。

2. 纪检监察机构、组织部门履行巡视整改监督责任

整改要见效，离不开有力有效的监督。党的十九大后，习近平总书记把巡视整改监督责任明确交给纪检监察机构和组织部门，要求把督促整改作为日常监督的重要任务。对纪检监察机构而言，抓巡视整改监督的关键词是"全面监督"，就是要全方位、全过程、全链条的监督被巡视党组织全面落实巡视整改任务；从抓好自身任务落实、加强巡视整改日常监督、推动巡视整改监督贯通融合等方面履行巡视整改监督责任。对组织部门而言，抓巡视整改监督的关键词是"结合工作职责加强监督"；从抓好自身任务落实、统筹督促选人用人工作专项检查整改、结合职责加强巡视整改日常监督三个方面履行巡视整改监督责任。纪检监察机构、组织部门要盯住被巡视单位领导班子特别是"一把手"的责任落实情况，盯住重要问题整改进展情况，推动整改落实落地。

3. 有关职能部门承担巡视成果运用责任

每轮巡视都会发现一些影响制约被巡视党组织高质量发展的深层次问题，这类问题或具有共性特征，或属于体制机制性问题，有的关乎顶层设计，有的涉及深化改革，需要上级党组织或其他职能部门来统筹解决。发现这类问题是扩大巡视成果的重要方面，是全面贯彻巡视工作方针的重要支点，是实现巡视工作高质量发展的重要要求。对有关职能部门而言，对巡视移交的工作建议，要加强调查研究，提出改进措施，完善制度机制；对巡视通报的共性问题，要认真分析研判，加强日常监管，深化系统治理，促进标

本兼治；对专项检查反馈的问题，要加强整改情况监督，审核专项检查整改进展情况报告，对突出问题组织开展集中整治、专项治理。

4. 巡视机构承担巡视整改和成果运用的统筹督促责任

具体到巡视工作领导小组，重在强化组织领导，加强对巡视整改和成果运用工作的研究和部署；具体到巡视组，重在强化具体实施，向被巡视党组织严肃反馈巡视意见，在新一轮巡视时对整改情况开展监督检查等；具体到巡视工作办公室，重在加强统筹协调，不断完善强化巡视整改和成果运用的工作机制。

5. 高校党委承担巡视整改和成果运用的组织领导责任

派出巡视组的党组织即高校党委，要加强对本级巡视整改和成果运用的领导，督促指导相关责任主体落实责任，定期听取巡视整改和成果运用综合情况汇报，根据工作需要直接听取被巡视党组织、纪检监察机构和组织部门、有关职能部门的整改情况汇报。

二、高校内部巡视整改和成果运用的成效和局限

（一）高校内部巡视整改和成果运用的实践成效

高校开展内部巡视整改和成果运用是优化治理体系和提升治理水平、推进高质量发展的重要抓手。巡视监督是重要的综合监督平台，高校通过汇集纪检监察、组织、宣传、财务、审计、人事等各方监督力量，共享共用监督手段和监督成果，能够有效推动监督、整改、治理有机贯通。高校加强内部巡视整改和成果运用，督促被巡视党组织和有关职能部门强化政治担当，既立足治标，落实落细"当下改"的整改举措，又着眼治本，建立健全"长久立"的工作机制，实现标本兼治；学校党委聚焦巡视发现的共性问题，充分发挥监督贯通协同作用，深刻剖析管党治党办学治校中存在的突出问题和深层原因，全面深化改革，理顺体制机制，优化治理体系、提升治理水平，激发发展活力，增强发展动力，推进高质量发展。

从高校开展内部巡视整改和成果运用的实践来看，通过加强巡视整改和成果运用来提升高校内部治理效能、推进高质量发展主要表现在以下几个方面。一是推动学校进一步全面深化改革，提高教育管理服务水平，优化资源配置，统筹谋划推进学科建设、人

才培养、科学研究、社会服务等各项事业的高质量发展。二是督促学校解决存在的共性问题、完善制度、堵塞漏洞，深化系统治理，促进标本兼治。三是督促院系党组织进一步强化政治功能和组织功能，充分发挥基层党支部战斗堡垒作用和党员先锋模范作用，加强领导班子作风建设，营造良好的政治生态和育人环境。四是推动院系进一步完善议事决策程序，及时公开重要的党务和政务信息，调动师生参与学校和学院民主管理的积极性、主动性，确保学校和院系内部治理更符合师生期待、朝着正确方向发展。五是推动解决师生群众反映强烈的"急难愁盼"问题，进一步增强师生群众的获得感、幸福感、安全感。

（二）高校内部巡视整改和成果运用的内在局限

目前，高校正在积极探索实践巡视工作的"后半篇文章"，全面推进内部巡视整改和成果运用，但仍存在一些问题和困难。一是思想认识不足，责任压得不够紧实。切实增强抓好巡视整改和成果运用的思想自觉、政治自觉、行动自觉是巡视整改和成果运用的首要任务，但不同层级的责任主体对落实巡视整改和成果运用责任的思想认识存在不平衡、不充分的现象。个别被巡视党组织落实整改主体责任不力，对整改工作重视不够，尚未把整改列上重要日程。纪检监察机构、组织部门履行巡视整改监督责任还不到位，纪检监察机构没有做到全方位、全过程、全链条监督被巡视党组织全面落实巡视整改任务情况，未对敷衍应付、虚假整改的进行追责问责；组织部门未结合职责加强巡视整改日常监督。有关职能部门对巡视移交的工作建议不重视，没有加强调查研究、提出改进措施。巡视机构对巡视整改和成果运用的统筹督促作用发挥不够充分，高校党委的组织领导还存在薄弱环节。二是工作机制不全，标本兼治不够深入。巡视整改的关键在于问题解决、制度完善、机制优化；而成果运用既涉及个性问题的具体针对治理，更强调共性问题的上下协同治理，关键是优化治理体系和提升治理水平。巡视整改是否彻底、成果运用是否充分，需要一套完善的工作机制来保障，包括集中整改机制、深化整改机制、整改督导和会商机制、整改公开机制以及成果运用督办机制等。在高校内部巡视整改和成果运用的实践中，不同层级责任主体如何通过完善工作机制、加强过程管控，做到立体推动、规范有序，确保巡视整改和成果运用精准高效，实现系统治理、标本兼治，是目前迫切需要解决的问题。

三、高校内部巡视整改和成果运用的促进机制

巡视整改和成果运用是一项系统工程，涉及问题反馈、整改实施、跟进监督、评估验收、成果运用等诸多方面，仅仅抓其中一环是行不通的，必须聚焦巡视整改和成果运用各阶段、各环节、各方面，逐步构建一套覆盖全周期、全要素、全流程的工作机制体系，强化组织实施，形成工作闭环，才能推动巡视整改和成果运用提质增效。针对高校内部巡视整改和成果运用工作中存在的问题，可以从压紧压实责任、加强过程管控、强化实施保障三个方面同时发力。

（一）压紧压实责任，增强"统"的势能

巡视整改和成果运用涉及多方责任主体，必须建立一套全面覆盖各方的责任体系，明确定位、厘清职责，才能压紧压实各个责任主体的责任。2021年12月，党中央印发《关于加强巡视整改和成果运用的意见》对巡视整改和成果运用责任作出明确规定，为高校开展内部巡视整改和成果运用提供了重要遵循。强化领导统筹、厘清责任分工是抓好巡视整改和成果运用的先决条件，也是关乎巡视整改和成果运用实效的重中之重。高校党委加强组织领导，对内部巡视整改和成果运用工作统筹安排部署，着力构建职责分明、权威高效的责任体系。一是建立领导机制，强化统筹。学校党委要定期听取每轮巡视整改进展情况和成果运用情况汇报，党委书记对重点人重点事提出明确处置意见，分管领导定期调度巡视整改工作，推动跨部门、跨领域的问题整改，协调解决重点、疑难问题。二是建立督促机制，压实责任。巡视工作领导小组加强组织实施，牢牢把握关键节点，持续释放严的主基调，压紧压实各方责任，明确要求巡视工作领导小组成员有关单位要结合职责强化工作落实，纪检监察机构、组织部门等履行好推动巡视整改监督责任，加强巡视整改日常监督，通过系统跟踪督促和专业指导分析，确保巡视整改和成果运用工作按进度压茬推进，形成工作闭环。

（二）加强过程管控，做好"改"的文章

高校党委要建立健全整改和监督的工作机制，明晰整改过程中重点环节的工作程序、标准、要求，全过程精准监督和指导，凝聚监督合力，抓实整改任务。围绕意见反

馈、整改审核、成效评估三个环节，优化方式方法，严格监督检查，充分发挥各环节督促整改的效力，形成立体推动、规范有序的整改工作格局。一是集中反馈压实责任，全面通报传导压力。分管领导要出席分管部门单位巡视反馈会议，对巡视整改提要求，持续传导整改责任压力。召开集中反馈会议，既要通报被巡视党组织的具体问题，又要归纳分析面上的共性问题，巡视意见向被巡视党组织反馈的同时，同步抄送纪检监察机构、组织部门和主管职能部门，推动整改一体研究、一体推进。将巡视发现的普遍性、倾向性问题，汇总移交给主管职能部门，为开展专项治理提供重要参考。二是清单对账强化督办，四方会审严格把关。被巡视党组织根据巡视反馈意见制定问题清单、责任清单、任务清单，确保整改问题的数量一致、标准统一；建立书记点人、点事问题台账，定期跟踪督办、对账销号。发放《巡视整改工作提示》，适时提醒被巡视党组织关注整改落实情况，确保按时保质完成整改。实施巡视整改"四方会审"，纪检监察机构、组织部门、巡视部门和巡视组，按照职责分工对巡视整改方案、整改进展情况报告开展联合审核，综合运用参加反馈会议和专题民主生活会、听取汇报、调研督导、现场检查等方式，加强日常监督，掌握整改进度。三是量化评估提升质效，目标考核督促落实。制定巡视整改成效评估实施办法，明确成效评估由纪检监察机构牵头，组织部门、巡视部门、巡视组和有关职能部门协助配合，被巡视党组织干部职工、管理服务对象、群众代表参与，设置整改责任落实、整改任务推进、长效机制建设、配合监督检查情况等评估指标以及措施落实率、问题整改率、群众满意率等量化指标，全面、客观、公正地评价被巡视党组织的整改成效。安排巡视发现问题较突出或整改不到位的重点部门单位向学校党委汇报整改进展情况，倒逼被巡视党组织抓好整改落实。发挥目标考核"指挥棒"作用，将整改成效评估成果纳入部门单位年度考核、评奖评优等指标。

（三）强化实施保障，提升"治"的效果

高校党委要通过严肃追责问责增强震慑、深化系统治理解决顽疾、开展专题调研促进改革，进一步推动以巡促改、以巡促建、以巡促治。一是严肃追责问责，增强巡视震慑。学校党委委员按照分工对整改不到位问题较为突出的部门和单位开展约谈提醒，主管职能部门加强督导，形成巡视整改闭环管理。对日常监督中发现的被巡视党组织、有关职能部门、负责人等履责不力、拖延整改、虚假整改、整改成效不合格的，按照程序严肃追责问责，抓一批典型案例通报曝光，强化被巡视党组织抓整改的责任心、敬畏心，以真问责推动真整改。二是深化专项治理，解决顽瘴痼疾。梳理巡视发现的共性问题和典型问题，移交给有关主管职能部门开展集中整治、专项治理，有效解决历史遗留、久拖未决等突出问题。三是开展专题调研，促进改革发展。针对巡视发现的体制机制问题，分领域系统梳理，充分开展调查研究，深入查找监督盲区，剖析制度短板，形成决策参考，进一步优化治理体系、提升治理水平，推进高质量发展。

在全面推进高质量发展的时代背景下，高校应坚持问题导向，不断提高巡视监督质效，深入查找高质量发展中的突出问题特别是高校治理体系和治理能力现代化建设的体制机制问题，把加强内部巡视整改和成果运用置于更为重要和突出的位置，坚持把抓巡视整改融入日常工作、融入深化改革、融入全面从严治党、融入班子队伍建设，把解决问题与深化改革、促进发展结合起来，以巡促改、以巡促建、以巡促治，确保巡视成果有效运用、落到实处，推动全面从严治党向纵深发展，以高质量发展的实际行动和成效谱写中国式现代化的高等教育新篇章。

参考文献

［1］蒲沿洲，葛红. 深化高校巡视巡察成果运用的路径研究［J］. 华北电力大学学报（社会科学版），2024（1）.

［2］李东娟. 新时代高校健全完善巡察整改和成果运用工作机制研究［J］. 北京印刷学院学报，2023（11）.

［3］谷笑蓉. 高校巡察整改及成果运用：公共价值、多维成效与深化对策［J］. 温州医科大学学报，2024（2）.

高校思想政治教育

GAOXIAO SIXIANG ZHENGZHI JIAOYU

红色文化教育融入 "大思政" 工作的路径探析

李　欢①

摘　要: 将红色文化教育融入高校"大思政"工作,是培养又红又专时代新人的必然要求,也是保障中国特色社会主义建设事业后继有人的现实需要。高校可从夯实课堂教学、创新教育载体和加强氛围营造三个方面推进红色文化教育,将其有机融入"大思政"工作,增强思想政治教育工作的生动性与实效性,不断擦亮青年学生红的底色,提升人才培养质量。

关键词: 红色文化教育　课堂教学　"大思政"

习近平总书记强调:"共和国是红色的,不能淡化这个颜色。"中国共产党在领导中国人民进行革命、建设和改革的长期历史实践中,创造了兼具引领性、创新性和感染力的红色文化,为高校开展红色文化提供了宝贵的资源。将红色文化融入高校"大思政"工作,是培养又红义专时代新人的必然要求,也是保障中国特色社会主义建设事业后继有人的现实需要,有助于青年坚定理想信念,厚植爱党爱国情怀,进而提升高校思想政治教育工作的生动性与实效性。

---

①　李欢,四川大学党委学生工作部教育科科长,马克思主义学院兼职思想政治理论课教师,副教授,研究方向为思想政治教育。

一、推动红色文化教育融入教学实践

当前，各种主流思想与非主流思想并存，积极因素与消极因素互相交织。课堂教学可以帮助青年系统地获取红色文化知识，增强其抵御错误思潮的能力，使其深刻认识到中国共产党执政的必然性，增强"四个意识"，坚定"四个自信"，做到"两个维护"。具体而言，高校要着力做好以下几个方面。

一是重点建设好"习近平新时代中国特色社会主义思想概论"课程，开设习近平经济思想、习近平法治思想、习近平外交思想等思政类课程，将习近平总书记关于红色文化重要论述融入思想政治理论课教学中，加强"四史"课程建设，讲好思政课中国故事、红色故事，引导学生自觉学习红色文化、传承红色基因。一方面，要全面提升思政课质量，持续打造思政"金课"，保证其政治性与学理性相统一、价值性与知识性相统一，帮助学生全面深刻理解中国共产党为什么能、中国特色社会主义为什么好、马克思主义为什么行的理论逻辑、历史逻辑与实践逻辑。另一方面，坚持思政课的理论性和实践性相统一、主导性和主体性相统一，引导学生深度参与课堂，围绕"传承红色基因""红色家风"等主题举办微视频和微征文比赛，着力打造"红色"课堂，激发青年学生学习红色文化的内生动力。

二是打造精品"课程思政"。深入挖掘各类专业课程及公共选修课程中所蕴含的红色文化元素，在专业课程中厚植爱党爱国情怀。以世界科技史和人类文明史作为通识教育体系两条主动脉，开设"人类演进与社会文明""科学进步与技术革命""中华文化"等课程，在传授知识和培养能力的同时，强化对青年学生的价值引领和品格塑造；不断推进课程育人研究，推进课程思政案例库建设，打造课程思政示范课程以及示范教学团队。通过充分发挥思政课育人主阵地作用以及开展全方位课程思政，构建形成红色文化教育矩阵的重要内核，推动红色文化教育全面融入教学实践。

二、创新红色文化教育的多维度载体

红色文化教育载体指的是在开展红色文化教育过程中，能够承载与传导红色文化教育信息，并促使教育者与教育对象发生互动的介质。互联网信息大爆炸所带来的信息不对称与信息碎片化在一定程度上降低了传统思想政治教育的话语权与影响力，使青年价值观呈现出差异化与多样化的表征。在此背景下，把握青年思想脉搏、创新红色文化教育载体，成为一项亟待解决的问题。对此，高校应着力做好以下几个方面。

一是创新打造红色文化教育的物质载体。各高校应深挖校史中红色教育资源，打造红色教育纪念场馆，通过开展讲解与展陈服务，将红色校史中的人物故事及其潜在的精神品格以物质形式呈现，引导学生增强对红色文化的认同，进而提升教育效果。如四川大学以著名校友江竹筠（红岩烈士江姐）为切入点，在江姐读书时期居住的女生院旧址建设江姐纪念馆及四川大学革命英烈事迹陈列馆，将其作为学校开展红色文化教育的重要场所，并培训青年学生担任纪念馆讲解员，以自身感悟传递红色教育信息，增强教育实效。

二是创新凝练红色文化教育的精神载体。高校可尝试培育红色文化建设突出的班级，将其设立为传承红色基因荣誉班级。通过加大对红色荣誉班级的建设与宣传力度，扩大红色班级在校园的影响力，深度挖掘红色文化的精神内涵，将具象化的班级抽象化为一种红色精神符号，推动红色文化在校园内蔚然成风。如四川大学采取"设立一个、建设一批、带动全体"的选拔与培育方式培育建设江姐班，江姐班成员通过学习宣讲、读书分享、文艺活动、红色实践等方式，带动全校学生学习革命先辈光辉事迹，江姐班现已成为四川大学青年学生学习红色文化、传承红色基因的一张闪亮名片。

三是创新用好红色文化教育的网络载体。用好微信、微博、抖音等网络新媒体，讲好新时代网上"大思政课"。吸纳优秀青年学生骨干，组建网络红色文化工作室，在思政公众号开设"革命英烈故事"等栏目，贴近青年学生，创作图、文、视、音相结合的原创网络红色作品；打造"信仰的力量"等精品思政微课，不断丰富线上红色文化教育内容。通过创新红色文化教育的多维度载体，找准与青年学生思想、认知与情感上的共通点、共识点与共鸣点，推动红色文化教育入脑入心。

三、营造鲜明的校园红色文化氛围

鲜明的红色校园文化氛围在潜移默化的育人过程中发挥着正面与积极作用，有助于塑造出拥有坚定理想信念的个体。但是，校园红色文化无法自发形成，高校管理者要紧紧围绕培育又红又专时代新人的教育目标，精心设计和严密安排，通过组织红色文化育人活动以及打造校园红色建筑等方式营造鲜明的校园红色文化氛围，不断扩大高校主流文化的话语权和影响力，培育青年学生正确的世界观、人生观和价值观，不断增强其对中国特色社会主义制度的认同，自觉为实现中国式现代化努力奋斗。

一是开展日常红色文化教育活动。打造学生理论宣讲团，宣讲团坚持以习近平新时代中国特色社会主义思想为指导，围绕"英烈故事""身边的党史故事"等主题深入学生群体开展宣讲，传播党的创新理论成果，传承红色基因。培育学生艺术团，以红色舞台剧、红色话剧、红歌传唱等方式深入学生展演，以青年学生喜闻乐见的艺术表达传递红色文化教育信息。以主题党团日、主题班会等形式，组织学生阅读红色经典、讲述红色故事，推动学生对马克思主义中国化的理论成果由学理认同升华到价值认同。在清明节、烈士纪念日等重要节日与纪念日，深入持续开展"学习革命先辈崇高精神 争做又红又专时代新人"等主题教育活动，在国庆节开展升国旗仪式活动，营造崇尚英雄、爱党爱国的红色校园文化氛围。

二是持续开展具有学校特色的红色主题社会实践活动，以"青年红色筑梦之旅""永远跟党走，奋进新征程"等为主题，组织师生奔赴全国各地开展红色传承、走访调研、乡村振兴、政务实习等"三下乡"社会实践活动，着力推动思政课小课堂与实践教育大课堂的深度融合。打造红色"一站式"学生社区。在"一站式"综合管理模式试点建设工作中融入红色文化教育，设立红色读书角、党建文化墙等，开展红色经典阅读活动和党建沙龙活动，以红色文化引领学生社区建设。通过开展红色主题教育活动、开展红色社会实践活动以及打造红色学生社区等方式，坚持主流校园文化的政治性和主导性，营造鲜明的校园红色文化氛围，不断增强红色文化教育的感染力和吸引力。

参考文献

共和国是红色的（两会现场观察）[N]. 人民日报，2019−03−05（001）.

高等教育改革视域下高校工会加强思想引领工作的路径研究[①]

张云华　钟蕊霜　黄雯雯　雒田梦[②]

摘　要： 高校工会是高等学校党委领导下的群众组织，是高校治理体系的重要环节，在高等教育改革中加强思想引领是其政治职责，具有组织体系、黏性情感与资源整合的优势。本文在对高校工会在高等教育改革中加强思想引领进行现实审视的基础上，提出了具体推进路径，包括把握政治性，加强思想引领的顶层设计；增加丰富性，完善思想引领的内容体系；加强协同性，健全思想引领的工作格局；提高创新性，拓宽思想引领的方式载体。

关键词： 高校工会　高等教育改革　思想引领

工会是党领导下的群众组织。习近平总书记强调"要坚持党对工会工作的领导，团结动员亿万职工积极建功新时代，加强对职工的思想政治引领"，为新时代工会工作明确了目标、指明了方向。高校工会作为工会系统的子系统，是高校治理体系建设的重要组成部分，通过发挥思想引领的宣传教育职能，为高等教育的发展助力。进入新时代，

① 本文系四川大学 2022 年度工会理论研究课题成果。

② 张云华，四川大学党委组织部科长、助理研究员，主要研究方向为党的建设。钟蕊霜，四川大学党委组织部科员、助理研究员，主要研究方向为党务管理。黄雯雯，四川大学党委组织部副部长、副研究员，主要研究方向为高校党建。雒田梦，四川大学马克思主义学院博士研究生。

面对强国复兴建设的伟大历史使命，加快推进高等教育改革是教育强国建设的重中之重。如何推动高校工会在高等教育改革中加强思想引领，是一个值得研究的课题。

一、高校工会在高等教育改革中加强思想引领的功能定位

高校工会是高校党委领导下的群众组织，是高校治理体系的重要环节。加强思想引领是高校工会的政治职责，高校工会在高等教育改革中加强思想引领具有突出的优势。

（一）高校工会是高校治理体系的重要环节

高校工会自成立起，始终为高校治理服务，是高校治理体系的重要环节之一，在团结凝聚广大教职工推动高校事业发展中发挥了重要的作用。

从历史沿革来看，高校工会始终与高校治理体系改革发展相生相伴。高校工会经历了从无到有，再到逐渐完善的发展历程。新中国成立后，按照党中央提出的工会组织"应建必建"的原则，全国高校先后成立了工会组织。2005 年 7 月，中华全国总工会通过了《关于坚持走中国特色社会主义工会发展道路的决议》，为新形势下"建设什么样的工会，怎样建设工会"确定了工作方针、目标任务、工作重点，高校工会日趋成熟和完善，为高校在服务教育强国战略中发挥了积极的推动作用。

从职能定位来看，高校工会以全心全意为教职工服务为价值追求。《中华人民共和国工会法》（以下简称《工会法》）是根据宪法制定的，自 1992 年公布，历经了 2001 年、2009 年、2021 年三次修正。根据最新规定，"工会是中国共产党领导的职工自愿结合的工人阶级群众组织，是中国共产党联系职工群众的桥梁和纽带。中华全国总工会及其各工会组织代表职工的利益，依法维护职工的合法权益"。从工会的性质、定位、职责要求来看，工会始终坚持以职工为中心。作为全国工会系统的一个重要分支，高校工会必须以服务好教职工、维护教职工合法权益为价值追求和价值引领。

从功能作用来看，高校工会在高校治理体系中发挥着不可或缺的作用。高校工会是高校党委领导下的群众组织，是高校庞大的组织架构体系中的重要组成部分，通过组织开展各类活动，切实发挥着维护、建设、参与、教育的职能，在推动高校改革发展中对团结凝聚教职工、加强民主政治建设、维护教职工合法权益等方面起着重要的作用，是联系学校和教职工的重要桥梁纽带。

（二）加强思想引领是高校工会的政治职责

高校工会具有与其他工会系统相一致的共性特征，也具有基于高校本身较为独有的特征。其中，加强思想引领是工会系统责无旁贷的政治职责。

高校工会作为党委领导下的群众组织具有突出的政治性。习近平总书记指出，"政治性是群团组织的灵魂，是第一位的"。《深化工会改革创新实施方案》也明确提出："要建立具有高度政治觉悟性的工会组织。"工会组织作为群团组织，政治性是其根本属性，高校工会亦是如此。从组织机构人员设置来看，一般由一名中共党员校领导担任主席，加强工会工作的把关定向；设置专职常务副主席、副主席、兼职副主席，负责推进落实高校工会具体工作。在具体工作推进中，高校工会工作作为高校党委的一项长期性、基础性工作，将政治要求融入工作中，加强思想引领、发挥教育职能，承担引导教职工听党话、跟党走的政治任务，把广大教职工最广泛、最紧密地团结在党的周围，为教育强国建设奠定良好基础。

高校工会开展思想引领的对象具有来源广泛性的特征。高校工会加强思想引领的直接对象是教职工，他们主要是由从事教学科研、实验教辅、医疗卫生、党务行政管理、后勤保障服务的一线教师、医护人员、管理干部和工人群众构成，分别履行教书育人、治病救人、管理服务等工作职责，加强对他们的思想引领，可以加强师德师风、医德医风教育，提高管理服务意识，提升教职工的整体思想政治素质，从而更好地推动高校的改革发展。

高校工会开展思想引领工作是发挥教育职能的重要体现。《工会法》第三十二条提出，"工会会同用人单位加强职工的思想政治引领"，要求组织开展群众性活动、学习、培训等。加强思想引领，是高校工会履行和发挥教育职能的具体体现，因此，高校工会在高校教育改革发展中要做好思想引领工作，促进教育职能落地见效。具体来说，要在学校党委的领导下，积极引导教职工坚定理想信念，树立正确的世界观、人生观、价值观，弘扬劳模精神、劳动精神、工匠精神，选树典型、宣传典型，营造良好的思想引领氛围。

（三）高校工会在高等教育改革中加强思想引领的优势

高校工会是高校重要的群众性组织，在高等教育改革中加强教职工思想引领工作，具有一些突出的优势。

一是高校工会的组织体系优势。高校工会在高校党委的统一领导下开展工作。从高校管理体制来看，近年来，高校建立健全党委领导下的校长负责制，从体制上有力保障工会组织的有力推进，充分体现工会组织的政治性。高校工会主席由校领导担任，有利于从学校全局的战略高度系统推进工会工作，并从学校整体层面调动各方力量、各方资源，形成推动工会工作的整体合力。从工会组织体系来看，高校工会建立了"校工会—二级分工会—工会小组"的组织体系，覆盖所有基层单位，畅通工会组织的上下渠道，既能及时传达上级工会的指示和要求，又能及时将下级工会组织和工会会员的意见建议向上反馈。

二是高校工会的黏性情感优势。高校工会的思想引领对象是教职工，高校工会主要关注教职工的身心健康、个人成长、家庭亲子、自身权益、交流互动等，是教职工的"娘家人"、贴心人，情感依附较为明显、人际黏性较强。不同层级的工会组织要充分发挥这种黏性情感优势，结合教职工的工作特点、群体特征、情感需求等，有针对性、多样化地组织开展各类活动，从而达到思想引领的效果。

三是高校工会的资源整合优势。高校工会区别于其他工会，具有一些其他系统、其他领域无法比拟的资源优势。整体而言，高校工会可以调动和整合学校丰富的专家学者资源、来自各行各业的广泛校友资源、各类文化体育活动资源、不同层级组织的建家资源与场地资源、健康医疗保障资源、心理健康辅导资源，图书馆、博物馆、校史馆、体育馆、报告厅等场馆资源，以及由教代会、职代会组成的"双代会"议事制度渠道等。由于高校的资源禀赋特征，因此形成了产学研合作、校地合作、校企合作、校校合作等多元化的社会合作共建方式，通过联合组织开展活动等方式，有利于丰富思想引领的内容形式、创新思想引领的方式载体等。

二、高校工会在高等教育改革中加强思想引领的现实审视

一切从实际出发，是人们想问题、办事情的基本原则。对高校工会在高等教育改革中加强思想引领进行现实审视，为更好地推动高校工会在高等教育改革中加强思想引领明确了思路和方向。

（一）高校工会在高等教育改革中加强思想引领的基本现状

高校工会在高等教育改革中始终坚持以人民为中心的价值理念，通过提供交流沟通平台、组织丰富多彩的活动等，利用数字化工具、社交网络和新媒体，创设良好的工作、学习环境，强化教职工之间平等、有效的沟通，将高校工会的组织体系、黏性情感与资源整合三大优势充分发挥出来。一方面，教职工的自身诉求和想法得以充分表达，保证了教职工在学校民主治理、校务公开、民主评议领导干部等方面的参与权和监督权得以实现，提高了教职工的责任感、认同感和归属感；另一方面，教职工师德师风、政治素养、职业素养得到提升，团结凝聚起一支拥护改革、乐于创新的教职工队伍，汇聚起推动学校发展的强大力量，从而为高等教育改革提供坚实的思想基础和文化支撑。

（二）高校工会在高等教育改革中加强思想引领的现实问题

新时代我国社会主要矛盾发生变化，人民物质生活显著改善，对精神文化有了更高要求，高校工会作为联结学校和教职工的桥梁纽带，发挥思想引领作用的重要性日益凸显。但同时我们也发现，在多元社会思潮不断交织、教育环境日趋复杂的情况下，高校工会在高等教育改革中加强思想引领面临着诸多问题和挑战。

一方面，新兴社交媒介与各类平台的大力建设与广泛应用，使得信息来源多样、真假难辨，容易传播各种不良情绪和观念，对教职工的思想产生冲击，也出现了个别教职工受到不良引导，走向思想误区、出现行为失范的现象。另一方面，高校工会作用发挥还不充分，参与学校人才培养、学科建设等核心工作不够，教职工思想引领作用发挥也不足，同时，工会自身能力也还需加强。

三、高校工会在高等教育改革中加强思想引领的推进路径

在推动高等教育改革的过程中，高校工会的思想引领作用不容忽视。基于目前高校工会在高等教育改革中加强思想引领的实际，应从把握政治性，加强思想引领的顶层设计；增加丰富性，完善思想引领的内容体系；加强协同性，健全思想引领的工作格局；提高创新性，拓宽思想引领的方式载体等方面，持续深入推动高校工会在高等教育改革中加强思想引领。

（一）把握政治性，加强思想引领的顶层设计

《中国共产党章程（修正案）》提出，要加强党对工会在内的群团组织的领导，使它们保持和增强政治性、先进性、群众性，充分发挥自身作用。由此，高校工会要从政治性的高度，坚持和加强党的领导，加强思想引领的顶层设计。

一方面，坚持党的全面领导，以党建带工建。坚持党管工会原则，听党话，跟党走，把党的领导优势转化为高校工会建设的效能。各级工会组织要坚定政治立场，不断提高政治站位，根据各单位实际情况，充分发挥在高等教育改革中加强思想引领的优势，从实际出发，有针对性地组织开展学习教育活动，加强对教职工的教育引导，增强他们的政治意识、大局意识和责任意识，注重树立优秀教职工示范典型，强化榜样教育力量，整体提升教职工思想水平。

另一方面，坚持以人为本原则，全方位保障教职工合法权益。从"全方位育人"出发，引导广大教职工注重提升自身的道德素养，做到以德服人、以德施教。高校工会要主动维护和落实教职工合法权益，拓宽他们参与民主管理的渠道，充分发挥教职工的智慧和力量，引导教职工做学校事业发展的主人。健全和落实教职工代表大会制度，帮助教职工参与学校决策，定期开展教职工专题调研，及时了解教职工思想、科研、教学、生活等各方面关心和迫切需要解决的问题，尽力从工会层面给予帮助或协调处理。

（二）增加丰富性，完善思想引领的内容体系

思想是人通过对外界的感知经过思维活动而形成的，属于理性认识，是行为的基础，规定着行为主体的方向和目标。因此，高校工会加强对教职工的思想引领尤为重要，从内容体系而言，主要包括理论引领、价值塑造、情感认同三个方面。

第一，坚持理论引领，积极发挥以理服人的理论品格优势。一是坚持以党的创新理论为理论引领。恩格斯说："一个民族要想站在科学的最高峰，就一刻也不能没有理论思维。"理想信念之所以坚定、不动摇，是因为思想理论上的清醒坚定。习近平新时代中国特色社会主义思想作为当代马克思主义、21世纪马克思主义，实现了马克思主义中国化新的飞跃，是中国特色社会主义理论体系的重要组成部分。因此，高校工会在高等教育改革中加强思想引领，必须学习贯彻习近平新时代中国特色社会主义思想，让教职工的政治、思想觉悟得以不断提升。二是坚持理论和实际相结合。任何一个理论都不

是凭空产生的，而是从实践中来的，指导着实践的进一步发展，并在实践中不断丰富完善。因此，要以党的创新理论为指引，在广大教职工中传递理论知识、理论方法、理论力量，增强教职工运用马克思主义的立场、观点、方法的能力和水平，并自觉运用到工作生活学习之中。

第二，重视价值塑造，积极引导教职工实现自我价值与社会价值的统一。在日新月异的新时代，对教职工的价值引领，最为重要的是注重引领树立正确的世界观、人生观、价值观，辩证把握个人价值和社会价值的关系，规范教职工在教学科研实践活动中的价值行为。高校工会要积极引导和促进教职工提升政治领悟力、辨别力、执行力，在重大关键时刻、在大是大非问题面前能够坚定信念、端正立场，接受并服从党的领导，为国服务、为民服务。

第三，增强情感认同，实现以情感引领认同、以理性升华担当。情感是促使价值信念转变的重要动力因素之一。高校工会要通过情感教育、以情育人、以情启情，促进教职工内心活动、内心感受、内心体验等发生变化，从而引起情感共鸣、情感递进、情感认同。首先，树立爱国奉献的价值取向，坚持以中国共产党精神谱系为引领，将党的革命历史、典型示范以及身边人身边事等纳入引领内容，不断丰富引领内容体系，不断激发教职工的家国情怀。其次，激发责任担当，以情感温润情感。通过文学、电影、音乐等方式，对教职工情感体验、情感激发、情感渗透、情感交融进行有效引领，拓宽情感教育的渠道方式，促进美好情操和高尚人格的养成，最终转化成为他们的具体行动。最后，以真诚服务增进共识、团结各方。注重加强沟通交流，耐心、真诚听取意见建议，真心诚意帮教职工解难事、办实事、办好事。

（三）加强协同性，健全思想引领的工作格局

高校工会开展思想引领工作，需要发挥联动协同作用，不仅要加强工会自身建设，还要加强与其他部门的配合、协作，健全思想引领工作大格局。

一方面，切实加强工会自身建设。按照党中央的要求，高校工会要坚持以人民为中心，遵循高校发展规律，围绕学校中心工作，明确思路和方向，完善工会组织架构，创新工作方式方法，选优配强专兼职工会干部队伍，充分发挥好女职工委员会、青年委员会以及各专委会的作用。通过增强工会的向心力、凝聚力和创造力，确保工会有序有效运行并稳定发展。

另一方面，有效发挥联动协同优势。工会应当与学校相关职能部门密切合作，在党委统一领导下，统一目标、协同发力、发挥优势、联动配合，共同加强教职工思想政治建设。同时，学校工会应当加强与二级分工会的上下联动，促进不同层级工会组织的相互合作，将基层工会的工作积极性有效激发出来。要从不同岗位、不同专业、不同学科教职工的特点出发，从教职工实际需求出发，开展丰富多彩的文体活动和交流活动，切实发挥好凝心聚力的作用，提升思想引领的成效。

（四）提高创新性，拓宽思想引领的方式载体

高校工会应当紧跟时代步伐，准确把握新形势下工会工作的新要求、新变化，主动学习运用新技术、新手段，拓宽思想引领的方式载体。

通过构建数字化、智能化宣传新格局，提高整体传播能力。高校工会可以借助微博、微信、微视和校园网（"三微一网"），以及传统的橱窗、展板等平台广泛宣传优秀典型，强化媒体协同、坚持"工"字特色，宣传工会政策、工作信息、福利活动等，把教职工关心的事项即时、高效地推送给他们，增进教职工对工会的认识和了解，引导教职工主动关心工会建设发展。推进师德师风宣传工作常态化，弘扬宣传正能量，引导教职工树立正确的世界观、人生观和价值观，引导广大教职工自觉成为先进思想文化的传播者。定期收集教职工的意见和建议，及时反映教职工的呼声，提高工会的服务效能和影响力。以教职工为中心构建智慧工会平台，在充分调研了解教职工需求的基础上，搭建应用场景，做好数字化端口，通过大数据、"互联网＋"技术赋能工会服务高质量发展，有针对性、精准性地开展教职工思想引领工作。

参考文献

［1］中华人民共和国工会法（2021年修正版）［M］. 北京：中国劳动社会保障出版社，2022.

［2］季冰. 谈如何充分发挥高校工会在高校思想政治工作中的作用［J］. 才智，2017（27）.

［3］何艺新，王彬彬，雒田梦. 以人民为中心：新时代高校工会建设的价值引领与实现路径［J］. 邓小平研究，2021（5）.

［4］高喜军. 加强高校教师思想政治引领工作研究——基于工会工作视角［J］. 北京教育（高教），2021（2）.

［5］姚成得. 政治自信：历史逻辑、现实依据和时代价值——基于党的三个历史决议的文本分析［J］.

社科纵横，2022（3）．

［6］黎雪．高校工会加强思想引领路径研究［J］．公关世界，2023（13）．

［7］王万民，孙金玲．高校青年教师思想政治态势与引领研究——基于高校工会工作视野［J］．山东工会论坛，2020（4）．

［8］鲁佳铭，赵娟．高校基层工会加强青年教师思想引领路径探析［J］．高校后勤研究，2023（2）．

高校教师清廉从教全方位融入思想政治教育路径探析

邓丽华　　张英敏①

摘　要： 高校承载着为中国特色社会主义事业培养合格建设者和接班人的重要职责，高校教师是高校人才培养的主要承担者，加强师德师风建设和廉洁教育是高校教师队伍更好履行为党育人、为国育才初心使命的根本保证。文章提出高校教师清廉从教教育的内容、形式和路径，提出以高校教师为主体的廉洁全方位融入教育模式，推动师德师风建设规范化、长效化、全覆盖，从而提升教师高尚品格。

关键词： 廉洁　高校　教育

党的二十大报告指出："教育是国之大计、党之大计。培养什么人、怎样培养人、为谁培养人是教育的根本问题。育人的根本在于立德。全面贯彻党的教育方针，落实立德树人根本任务，培养德智体美劳全面发展的社会主义建设者和接班人。"新时代新征程，高校承载着为中国特色社会主义事业培养合格接班人的重要职责，是为我国社会主义事业建设输送人才的主阵地，而高校教师是高校人才培养的主要承担者，肩负立德树人使命，是与大学生接触最为频繁的群体，是直接促进教育公平环节中最重要的一环，因此，在学生成长成才的过程中，教师队伍的立德修身显得尤为重要，需要高校加强师

---

① 邓丽华，四川大学电气工程学院讲师，研究方向为党政管理。张英敏，四川大学电气工程学院教授，研究方向为电力系统及其自动化、党政管理。

德师风建设，保证高校教师队伍更好地完成为党育人、为国育才的使命。

习近平总书记在同北京大学师生座谈时强调："要坚持教育者先受教育，让教师更好担当起学生健康成长指导者和引路人的责任。"教育者在育人前，需要不断提升自身思想道德修养。特别对于高校新进青年教师，在读博期间，以掌握本学科的基础理论和系统知识、培养独立从事科学研究工作的能力为主要任务。加入高校教师队伍以后，他们的角色和所承担的任务都发生了变化，从学习者、研究者转变为学生学习活动的引导者、促进者、组织者和指导者。这就要求他们不仅具备丰富的学科知识储备、基本的教学能力，还要有良好的师德品行，才能胜任对高校教职工作。

因此，在身份转变后，如何全方位开展师德师风和廉洁教育，在教学活动中公平、公正对待每一位学生，在科研活动中严谨治学，避免学术不端，廉洁自律、廉洁从教、廉洁育人，以身示范，就显得尤为重要。

一、高校教师廉洁教育的内容

廉洁教育的基本内容在多部与教师相关的法律法规中都有明确规定。《中华人民共和国教师法》中对教师的权利和义务、资格和任用、培养和培训、考核、待遇、奖励和法律责任进行了规定。教师应履行的义务包括遵纪守法、遵守规章制度、为人师表、关心爱护学生、对学生进行爱国主义教育等，制止有害于学生的行为或者其他侵犯学生合法权益的行为，批评和抵制有害于学生健康成长的现象，另外应不断提高思想政治觉悟和教育教学业务水平。这些描述从法律上规定了廉洁从教是教师应基本履行的义务。

为了加强师德师风建设，2018 年教育部印发了《新时代高校教师职业行为十项准则》。该准则是高校教师职业行为的基本规范，是为引导广大教师努力成为有理想信念、有道德情操、有扎实学识、有仁爱之心的好老师，着力培养德智体美劳全面发展的社会主义建设者和接班人而制定的十项标准。从坚定政治方向、自觉爱国守法、传播优秀文化、潜心教书育人、关心爱护学生、坚持言行雅正、遵守学术规范、秉持公平诚信、坚守廉洁自律、积极奉献社会等十个方面规定了高校教师应作和不应作的行为，对广大教师落实立德树人根本任务提出新的更高要求，进一步增强教师的责任感、使命感、荣誉感，规范了职业行为，明确了师德底线。因此，准则中关于廉洁自律的内容是廉洁教育中最基本、必不可少的内容。

《教育部关于高校教师师德失范行为处理的指导意见》对师德失范的责任归属、承担、后果、处理原则、机制、问责等进行了规定，明确了对高校教师师德失范行为实行"一票否决"。高校教师出现违反师德行为的，根据情节轻重，给予相应处理或处分。在廉洁教育中，需要逐条深入学习该指导意见，需要教师明确哪些是明令禁止的师德失范行为，一旦触犯，将得到怎样的处分，从而避免触犯师德违规行为。

《研究生导师指导行为准则》是 2020 年教育部印发的，为了加强研究生导师队伍建设，规范研究生导师指导行为，全面落实研究生导师立德树人职责而出台的一个文件。文件中同样是研究生导师指导行为的基本规范，从正确思想引领、公正参与招生、尽心投入指导、履行指导职责、遵守学术规范、把关论文质量、严格经费使用、构建和谐关系八个方面给予详细规定，是新晋博硕士生导师廉洁教育的基本内容。

此外，习近平总书记"三个牢固树立"、"四有"好老师、"四个引路人"、"四个相统一"、"六要"等关于师德师风的重要论述和关于党风廉政建设系列重要讲话精神，"人民教育家"、教育系统"时代楷模"等师德楷模学习，违反教师职业行为十项准则的典型案例的警示教育，以及各学校内部所发师德师风相关文件和通知，也是高校教师廉洁教育中必不可少的环节和内容。

高校需要通过完善廉洁教育的机制，创新教育的内容、形式和路径，实施以教师为主体的廉洁全方位融入教育，推动师德师风建设和廉洁教育的规范化、长效化、全覆盖，强化师德师风典型的示范引领作用；通过长期培训和学习，久久为功，提升教师高尚品格，在先受教育中提高自己的"理想信念、道德情操、扎实学识、仁爱之心"。

二、开展高校教师清廉从教教育的形式和路径

（一）强化顶层设计，建立健全师德师风和廉洁教育机制、激励机制、惩处机制和督查机制

在廉洁教育中，要把师德师风建设放在教师队伍建设与教师管理工作的首位，坚持价值引领、师德为上，坚持实事求是、公平公正、宽严相济、惩戒与教育相结合等原则，建立健全注重宣传教育、示范引领、实践养成相统一，政策保障、制度规范、法律

约束相衔接，以及教育、宣传、考核、监督与奖惩相结合的师德建设工作机制。

要加强师德师风建设和廉洁教育的组织领导，可成立师德建设与监督工作小组，充分发挥组织功能，根据实际情况制定《师德建设与监督工作制度》，负责师德师风建设工作的总体规划和落实。通过开展政治学习、组织生活、入职教育、讲座、老带新、青年教师互相交流等方式开展全方位培训，把师德和廉洁教育作为优秀教师团队培养、骨干教师、学科带头人和学科领军人物培育的重要内容，将师德和廉洁教育贯彻教师成长全过程，推动教育工作规范化、科学化和常态化。充分发挥双代会、学术委员会、教授委员会等组织在师德建设中的作用，加强师德师风建设过程管理。健全激励机制，树立优秀典型，将师德表现作为评奖评优的首要条件，在教师职务职称晋升、岗位聘任、导师遴选、高层次人才选培等工作中，优先考虑师德表现突出的教师。健全惩处机制，依据相关文件，划定师德失范行为，明确"师德红线"，实行严格考核，师德考核不合格者"一票否决"。健全督查体系，通过设置教学督导组、教授委员会、学院信箱、学生评教等机构机制，构建学院、教师、学生多方参与的师德监督体系。

（二）丰富教育内容和形式，建立线上线下、分层分类、宣传模式多样的全方位教育

第一，注重传统集中式讲座教育与采用"互联网＋"手段开展线上学习教育相结合。将师德学习和廉洁教育纳入政治学习、组织生活要求，通过政治学习、组织生活、邀请知名专家和优秀校友开展讲座、观看精品影视作品等方式多渠道组织教职工集中学习师德师风、廉洁廉政相关文件和重要讲话精神，系统和面对面地学习，使全体教师能够快速全面掌握精神内涵和核心要义，激励广大教师坚定理想信念、厚植爱国情怀、涵养高尚师德。但高校教师业务教学科研任务繁重，集中学习时长相对不足，或多或少存在学习场所较难固定、学习人员较难集中、学习时间较难安排、学习资料较难携带的问题，因此，按照国家、学校对教师师德、廉洁知识掌握内容的要求，选取适合教师关于师德学习中"必学、必记"内容，形成练习题库，发挥手机等移动智能终端作用，通过"雨课堂"等教师们常用的教育教学平台，通过打卡学习、专题挑战、线上竞赛等多种网上教育方式开展师德师风廉洁教育，从而调动高校教师学习的积极性和主动性，提高学习的针对性、趣味性和灵活性，切实实现学有所思、学有所悟、学有所得。

第二，注重分层分类将师德师风廉洁教育贯穿于教师成长的全过程。师德师风廉洁

教育的受众是教师，而其中重点人群是新入职的青年教师和新晋博硕士研究生导师。无论他们是从学生到教师身份的转换，或者从以课堂教学为主的教师身份到对硕博士生思想、学习、科研、生活等全方位指导的导师身份的转变，都需要深入学习师德师风和廉洁方面的新规定和新要求，因此需分层分类开展师德师风和廉洁培训。针对所有教职工，可在全院大会上、各单位政治学习、党组织生活中开展师德师风培训和警示教育。此外，可专题开展新入职教师培训、新晋研究生导师培训，例如围绕"行为，规矩，初心，温度"等主题，强调"新时代高校教师职业行为十项准则"、"高等学校教师道德规范'红七条'"、研究生导师指导学生的八项行为规范，培养老师们要"坚守行为规矩，秉承初心温度，立德树人，春风化雨"。此外，可开展校园开放日活动、青年学术沙龙活动，围绕脱贫攻坚、乡村振兴等工作，积极促进老带新、传帮带、青年教师互相学习等，将师德教育贯穿于教师成长的全过程，推动师德廉洁内容入脑入心，教育工作更加规范化、科学化和常态化。

第三，注重根据宣传内容特点采用相适应的形式展示师德师风廉洁内容。通常在培训触及师德师风底线红线的内容、以公开曝光的违反教师职业行为十项准则典型案例和查处的严重师德违规问题为反面教材时，多以集中学习文件、观看警示教育片等较严肃、认真的形式宣讲，引导教师以案为鉴，做到警钟长鸣。在学习宣传教师中的时代楷模、教书育人楷模、优秀特岗教师等师德榜样和先进事迹时，可邀请先进榜样亲自讲述，或采访撰文在官微、官网展示宣传，也可将网络上一些寓意强、内容质量较高的漫画、诗作等简单易懂的廉洁内容制作成师德师风宣传册，作为教师的补充读物，随时提醒教师们要为人师表，行为世范，发扬尊师重教的优良传统，提高教师的团队意识，增强教师的集体荣誉感。通过宣传教育，引导广大教师崇尚学术，淡泊名利，教书育人，为人师表，做学生敬仰爱戴的品行之师、学问之师，做社会主义道德的示范者、诚信风尚的引领者、公平正义的维护者。

（三）鼓励教师在课程中主动融入思政元素，团队、课题组主动开展团队文化建设，选树典型，提升教师育人身份的荣誉感和成就感

现在很多高校都开展了"课程思政"建设和育人文化建设团队和个人评选等活动，可以此类活动为契机，鼓励教师结合专业特点和课程性质开展课程思政的建设，注重在课程中润物细无声地传递正能量，将品行塑造、知识传授和能力培养有机融合；鼓励团

队、课题组负责人主动带领本组师生加强实验室学习、科研、活动等文化氛围的营造，凝练团队育人文化理念，创造良好的团队工作氛围和条件，积极开展有益学生成长、身心健康的活动，形成老带新、互帮互助、积极向上的良好风貌。可利用海报、官网等展示团队的建设情况，将优秀团队带头人和导师的育人成果积极向国家级、省级媒体推荐报道，提升教师育人身份的荣誉感和成就感。

开展廉洁教育，是为了使高校教师教书育人初心、立德树人使命感和责任感不断增强，能爱岗敬业、潜心治学、为人师表、清廉从教，使教师思想政治素质和职业道德水平不断提高。因此，要注重教育和培训实效，不断在内容、形式创新上下功夫，以教师喜闻乐见的形式增强廉洁教育的吸引力、影响力和感染力，营造崇廉尚廉的浓厚氛围，让廉洁种子深植教师心中，使高校教师始终保持高尚精神追求。

参考文献

［1］习近平. 高举中国特色社会主义伟大旗帜　为全面建设社会主义现代化国家而团结奋斗——在中国共产党第二十次全国代表大会上的报告［N］. 人民日报，2022-10-26.

［2］《中华人民共和国教师法》（1993 年 10 月 31 日第八届全国人民代表大会常务委员会第四次会议通过 根据 2009 年 8 月 27 日第十一届全国人民代表大会常务委员会第十次会议《关于修改部分法律的决定》修正）［A］. （2009-08-27）. http://www. moe. gov. cn/jyb_sjzl/sjzl_zcfg/zcfg_jyfl/tnull_1314. html?eqid=8ce82c54000057e200000006642a7d75.

［3］教育部关于印发《新时代高校教师职业行为十项准则》《新时代中小学教师职业行为十项准则》《新时代幼儿园教师职业行为十项准则》的通知（教师〔2018〕16 号）［A］. （2018-11-16）. https://www. gov. cn/xinwen/2018-11-16/content_5341065. htm.

［4］教育部关于高校教师师德失范行为处理的指导意见（教师〔2018〕17 号）［A］. （2018-11-15）. http://www. moe. gov. cn/srcsite/A10/s7002/201811/t20181115_354923. html.

［5］教育部关于印发《研究生导师指导行为准则》的通知（教研〔2020〕12 号）［A］. （2020-11-04）. https://www. gov. cn/gongbao/content/2021/content_5582638. htm.

"互联网+" 视域下研究生课程思政建设与心理健康教育的融合路径研究[①]

郭潇蔓[②]

摘　要：在"互联网+"背景下如何有效开展研究生思想政治工作十分关键和重要。高校课程思政建设与心理健康教育的关注点存在相互融合之处，其同向发展有助于进一步加强和改进研究生思想政治工作，践行"大思政"教育理念并完善"大思政"工作格局。

关键词："互联网+"　研究生课程思政　融合发展

信息技术的快速发展推进多媒体网络技术在教育领域的广泛普及，技术层面的急剧变动，在教育领域形成各种"互联网+"态势。研究生作为高层次人才对经济社会发展有着重要的战略价值，在"互联网+"背景下如何有效开展研究生思想政治教育工作十分关键。课程思政需有效融合其他学科，体现课程思政价值引导与人性化教育意义。其中，课程思政建设与心理健康教育的关注点有相互融合之处，两者的教育目标都是培养德智体美劳全面发展的人，落实立德树人根本任务。其融合发展有利于完善与革新传统

---

①　本文系 2023 年四川大学研究生教育教学改革研究项目"'互联网+'视域下研究生课程思政创新改革的路径探索"（项目编号：GSSCU2023129）研究成果。
②　郭潇蔓，四川大学研究生工作部研究生思想教育及管理科科员，研究方向为思想政治教育。

高校思想政治教育和心理健康教育工作，有助于深入贯彻"大思政"教育理念，加快研究生心理健康教育本土化步伐。目前，高校研究生课程思政建设与心理健康教育的有机融合刚刚起步，教学方式在互联网的加持下得以积极推广改进，让课程思政建设蕴含潜力、面临机遇。因此，探索"互联网＋"视域下研究生课程思政建设与心理健康教育的融合路径具有重要研究价值和意义。

一、研究生课程思政建设与心理健康教育融合发展的必要性

（一）提升研究生思政教育的实效性

研究生群体构成多样化，且由于社会思潮的多元复杂性，不少研究生在目标追求上理想性与功利性并存，世界观、价值观、人生观易受影响。将研究生课程思政建设与心理健康教育融合起来，深入挖掘心理健康教育内容中相关的思政元素，在心理健康教育课堂上润物细无声地塑造研究生的健全人格和道德品质，有助于推动研究生综合素质的全面发展。比如中华优秀传统文化是思想政治教育的重要元素，将其融入心理健康教育，不仅可以提升研究生的文化自信，也有助于增强他们人生目标的理想性与现实性，引导树立正确的世界观、价值观和人生观。因此，研究生课程思政建设和心理健康教育相结合，既是课程思政教学改革的重要着力点，也是提升研究生心理健康水平的有效途径，两者共同助力于提升研究生思想政治教育的实效性、针对性。

（二）优化研究生心理健康教育体系

把研究生培养成有理想、有道德、有文化、有纪律的"四有"新人，是高校创新人才培养的重要目标。引导研究生树立正确的世界观、人生观、价值观，是高校研究生思政教育的核心任务。现阶段高校心理健康教育课程设置较为单一，主要针对如何解决学生的心理问题，涉及如何塑造世界观、人生观、价值观、道德观的教学内容较少，难以从"根"上预防和疗愈研究生的心理健康问题。在研究生心理健康教育中实施课程思政，不仅可以春风化雨地育德，还能潜移默化地育人，从而事半功倍地育心。因此，积极发挥高校课程思政主动性、全面性和预防性的特点，有效渗透到心理健康教学中，可以优化研究生心理健康教育体系，打造更高效、更深层次的心理健康教育新模式，进一

步让研究生的思想政治素养、心理健康品质和科学文化素质协同发展。

（三）夯实研究生群体安全稳定工作

高校既是人才培养的高地，也是安全稳定的阵地。研究生群体科研任务较重，科研压力也相对较大，生活节奏快，主要涉及情绪管理、人际关系、学业压力、生涯规划等方面的心理问题，尤其近年来毕业生延期率逐年提升，毕业季研究生的心理问题尤为突出。同时，研究生处于思维行动活跃的关键期，多极化的生活空间以及多元化的文化价值观使他们的学习、生活面临更多的可能性，容易导致研究生出现心理问题，进而给个人、他人和学校造成困扰，成为影响校园安全稳定的潜在隐患。因此，将研究生课程思政建设与心理健康教育融合起来，从法律知识、制度理念、行动规范、舆论导向、心理健康教育等层面共同推进，精细实施，互动链接，全方位覆盖，制定突发事件预案，可以有效减少心理健康问题引起的突发事件，同时也能对研究生的心理品质起到积极的引导作用，使他们内心平和，情绪稳定，更好地适应研究生阶段的生活学习模式，从而维护校园和谐稳定。

二、"互联网＋"视域下研究生课程思政建设与心理健康教育融合的可行性

（一）国家相关教育政策提供了理论基础

近年来，高等教育政策进行一系列改革。2017 年《关于加强和改进新形势下高校思想政治工作的意见》对课程思政建设提出要求，强调要"以社会主义核心价值观为引领，坚持全员、全过程、全方位育人，把思想价值引领贯穿教育教学全过程和各环节"，同时在思政教育中提出要关注学生的心理健康，"加强人文关怀和心理疏导，促进大学生身心和人格健康发展"。2020 年《高等学校课程思政建设指导纲要》更加明确地指出，要"全面推进高校课程思政建设，发挥好每门课程的育人作用"。在"互联网＋"背景下，要"创新课堂教学模式，推进现代信息技术在课程思政教学中的应用"。可以看出，研究生课程思政建设与心理健康教育实现有效融合发展，需要运用新媒体、新技术作为黏合剂，改变现有育人理念和育人方式，在发挥思想政治教育工作传统优势的基

础上深度融入信息技术，增强思政教育工作的时代感和吸引力。

（二）科学技术发展提供了条件保障

高等教育在"互联网＋"的助力下不断发展进步。"互联网＋"概念不仅是一种全新的思维，也是新兴的模式。高校通过一系列智慧化软件和数字化技术手段高效开展科研创新、资源共享、实践育人等工作，也为高校课程思政建设发展提供了技术土壤。基于此，研究生课程思政与心理健康教育的融合建设可借助"互联网＋"的技术优势，深度整合心理健康的教育资源和思想政治的教育元素。在科学技术的加持下，研究生心理健康知识传授和思想政治教育工作不再受空间和时间的束缚，不仅更加灵活自由，方便实现全方位、全过程育人，而且能够激发研究生学习的自主性，增强学习的体验性和趣味性。此外，还可以集中更多优质的课程资源，保障教育水平的一致化，实现教育内容的公平性，进一步强化价值引领和意识形态育人效果。

（三）高校课程建设发展提供了实践基础

目前，高校心理健康教育管理工作大多基于学生的思想政治教育工作体系。以四川大学为例，学校心理健康教育中心隶属学生工作部，在每个学院设心理二级辅导站，心理专业教师和思政工作者相互配合、共同完成心理辅导工作和心理健康教育相关课程以及思想引导和思政教育等一系列任务。四川大学 2019 年成立了课程思政研究中心，并于 2022 年获批省级课程思政教学研究示范中心，推进学校课程思政的改革建设、质量监控及成果推广。在全国高校率先制订《关于"全课程核心价值观建设"的实施意见》，推动社会主义核心价值观教育贯穿人才培养全过程、全课程。每年投入 1300 余万元专项经费支持课程思政建设落细落实，并建成课程思政优秀案例库，900 余门次案例在平台上线。此外，我国高校的"互联网＋"基础设施建设情况普遍较好，具有在研究生课程中实施"互联网＋"心理健康教育课程思政建设的良好条件，这为"互联网＋课程思政"建设提供了实践支撑。

三、"互联网＋"视域下研究生课程思政建设与
心理健康教育融合的实践路径

（一）挖掘思政资源，促进教学内容优化

心理健康教学不仅要关注和解决研究生的心理问题，更应该培养和塑造他们积极的心理品质和思想道德素质。通过"互联网＋"赋能深度融合思政元素，在"显性"心理健康教学内容中挖掘和渗透"隐性"思政教育元素，提升课程的丰富性和多样性，让研究生不仅可以获得心理健康知识，还可以在无形中接受思政治教育。

第一，融入中华优秀传统文化，将"文化自信"作为课程思政和心理健康教育相融合的载体。中华文化博大精深，在心理健康课程中利用多元信息化方式讲好中国故事，弘扬中华文化，不仅可以增强研究生的爱国情怀，还能培育其自尊自信的完整人格。第二，基于积极心理学的视角，构建心理健康与思政教育相融合的教学内容体系。积极心理学是研究如何科学地获得幸福的学科，"心流"是该学科的核心概念，指的是一个人知行合一、心无旁骛投入目标时的忘我状态，是幸福的最高追求。其中蕴含着丰富的思政教育资源，比如一些英雄、科学家追求革命与科学事业的突出事迹。利用互联网途径以研究生喜闻乐见的教学主题开设课程，引导研究生探索自己感兴趣和能力擅长的领域，培育乐观向上、积极自信的心理品质和获得幸福、追求事业的综合能力，引导他们进一步思考如何把个人的事业追求融入党和国家事业发展的洪流中。第三，进一步挖掘心理健康教育内容中职业理想、道德修养、生命教育等主题，利用互联网技术优化内容供给，精心设计教学主题，探索其与思政教育的最佳结合点，实现如盐入水、潜移默化的育人效果。

（二）突出学生主体，改革教学方法

研究生思想政治教育融入心理健康教育课程，要进一步在教学方法上革新求变，利用"互联网＋"促进信息技术与教育教学的深度融合，为思政元素更加有效地融入心理健康教育课程教学全过程提供便利。

第一，采用线上与线下相结合的模式开展心理健康教育教学，积极探索用"互联网＋"

技术优势不断延伸思想政治教育的边界。在课程开始之前，教师可以将相关的优质网络学习资源进行共享，研究生基于预习的形式开展自主学习。在课堂上，教师除了讲解专业理论知识，还可以设计一些配套的线上课堂活动，唤起学生的情绪体验，强化他们的积极行为，引导核心价值观的塑造。课程结束后，利用互联网信息化优势发布一些巩固性学习资料，引导研究生积极参与线上讨论或小组练习，并将优秀作业进行展阅，通过不断实践和总结，让课堂所学内化于心、外化于行。第二，依托网络技术优势充分调动学生自主性学习的内生动力，积极发挥研究生的主体性作用。教学方式上，尝试基于相关的心理内容和思政元素创新设计教学情境，通过一些体验式的途径活跃课堂氛围、增强学生互动，比如案例研讨、小组讨论、情景模拟、心理测验等。教学方式的多元化可以丰富学生情感体验，增加教学趣味性，提升课堂参与度。第三，善用新媒体资源助力思政元素融入润物无声。多渠道发布与心理健康和思想政治相关的网络资源，比如通过QQ群、微信群、公众号、视频号等转发与中华优秀传统文化、社会主义核心价值观相关的主流文章或视频，鼓励学生交流研讨、评论互动，从而让心理健康教育课程思政的育人效能更高，影响范围更广。

（三）发挥优势资源，加强师资队伍建设

师资力量是课堂教学发挥效果的源动力，师资队伍的教学能力、态度、素质理念都对研究生能否有效接受知识具有显著影响。"互联网＋"时代，各育人主体间要跨界融合、互联互通，通过搭建桥梁聚集优势资源，构建教学模式、共享教学资源、分享教学经验，确保协同育人真正落地。

第一，夯实师资队伍的专业自洽能力。加强教师对思想政治教育、心理健康教育、网络传播等学科知识的学习研究，提升思想政治教育和心理健康教育协同育人能力。在日常备课中，心理健康教育和思想政治教育的教师可基于在线教师工作坊、网络学习空间组建教学研讨共同体，助推思政课教师、心理健康课程教师、研工队伍、团学组织等育人要素的有效集成，强化交流合作、课程共建、资源共享，共同服务研究生的成长成才。第二，提高师资队伍的信息化能力。加强网络信息业务培训，提高教师的信息管理、信息安全防范、信息过滤能力以及使用管理新媒体技术的能力。同时，还要提高教师的信息化话语能力，改变传统话语交流方式，根据研究生的网络话语特点，建立信息化网络话语体系，提高信息化网络话语沟通和交流能力。第三，增强师资队伍的综合心理素养。师资队伍需要跨越两个教育领域，对他们的心理素养和综合能力考验非常大，不仅包括强化教师的政治认知，提升其政治心理素养，还要加强教师对教育内容的认知理解能力、宣讲能力和传播能力，提高其宣讲心理素养。同时，还需加强教师的网络道德、职业道德以及信息获取、信息监测、信息跟踪的伦理道德，提升师资队伍的品德心理素养。

（四）聚焦立德树人，加快构建管理体系

心理健康教育和思想政治教育的育人目标都是立德树人，为党和国家培育新时代德智体美劳全面发展的综合性人才。落实好这一根本任务，需要高校在顶层设计上将价值塑造、知识传授和能力培养三者融为一体，一体化统筹安排和科学推进，不断加强研究生管理体系构建，在领导和执行两个层面统一认识和行动。

第一，定期组织召开相关会议，探讨如何在"互联网＋"时代推进心理健康教育课程思政建设，以保证内容的有效融合和技术的广泛应用。同时要及时召开工作推进会，为课程思政建设工作的顺利开展提供物质条件和技术保障。第二，逐渐引入线上课程思政教育资源，建设丰富多元的网络学习资源库。统一建设教学平台，规范管理网络课程设置和师生互动交流过程，并基于实际情况，不断完善优化网络教学平台的课程内容和服务功能，为提升教学育人效果提供支持保障。第三，引进在线开放课程并纳入培养方案、开展混合式教学并打造成课程改革的新常态，建立研究生修读在线课程学分认定以及转换制度，让丰富的网络教学资源既为教学设计和内容实施提供灵活的选择，也为研究生的自主学习提供强大支持。第四，加强校际间的合作交流，共享平台资源，共谋建设规划，共建科学评价。在"互联网＋"开放生态理念的影响下，共同反思和改进课程中的思政教育切入点，将思政教育拓展到研究生生活中的方方面面，推动研究生教育改革创新，努力构建研究生"三全育人"工作新格局。

高校思政社团育人功能的发展路径研究[①]

陈体佳[②]

摘　要：思政社团是开展大学生思想政治教育的重要载体，具有政治性、时代性、正规性和平等性等特点。然而，当前思政社团在阵地建设、资源挖掘、思想把握、宣传效果等方面面临挑战。本文简述了高校思政社团的发展，剖析了思政社团发展所面临的困难，总结了增强思政社团育人实效的提升路径，为更好地发挥高校学生组织的思想引领作用，完善高校思想政治工作体系，构建全面落实时代新人培育保障体系提供参考。

关键词：思政社团　育人功能　发展路径

习近平总书记在全国高校思想政治工作会议上发表重要讲话，特别强调要"以文化人，以文育人"，通过各类形式多样、积极健康、格调高雅的校园文化活动和社会实践活动建设文明校园。在高校开展的各类校园文化活动主体中，思政社团是"德育类"活动的载体之一。思政社团是指对思政学习与实践感兴趣的学生，在教师指导下，依据有关社团组建规定而结合在一起的学生课外活动团体，对于引导学生成长成才有着不容忽

① 本文系四川大学青年教师科研启动基金（思政教师专项）"以高校学生思政社团为载体的红色文化传播创新路径研究"（项目编号：sksz202323）成果。
② 陈体佳，四川大学党委学生工作部（处）教育科副科长，讲师，博士，研究方向为思想政治教育。

视的作用。近年来，高校通过政策支持、制度建设、活动指导、经费保障等进一步规范高校学生社团管理，对于深化高校思政社团的育人功能、促进社团的健康发展具有十分重要的意义。通过参与思政社团的活动，学生可以更好地了解国家政策、社会发展，增强自己的政治素养和社会责任感。高校思政社团已成为开展大学生思想政治教育的重要载体，但在当前学生组织众多的情况下，如何让更多学生了解并选择思政社团，帮助思政社团解决发展困境，更好发挥思政社团育人功能是当前研究者们关注的焦点。

一、思政社团在高校中的发展概述

四川大学作为"四川进步势力的大本营"，早期也有许多以党团员为核心的进步社团，如李正恩、钱芳祥等组织的国立成都大学"社会科学研究社"，龚堪慎组织的公立四川大学"共进社"等，进步社团组织青年开展学习和研究马克思主义。随着新时代的到来，高校学生社团的发展迎来了新的机遇，在高校全面落实"五育并举"、提高学生综合素质方面逐渐成为不可或缺的力量。以总学生人数在 1.5 万人以上的某省高校为例，在调查的 6 所高校内，学生社团的建设规模较大，其中学生社团平均数量达 67 个，社团成员数量约占学校学生总人数的 26.4％。2016 年，共青团中央、教育部、全国学联印发的《高校学生社团管理暂行办法》中高校学生社团分类首要的类别便是思想政治类。2020 年，中共教育部党组和共青团中央联合印发《高校学生社团建设管理办法》，进一步强调了学生社团育人的要求。在一项针对"学生社团建设思政教育总体评价"的调研中发现，60.4％的同学选择"很好"，20.7％的同学选择"较好"，表明同学们的肯定态度，这体现了思政社团在高校第二课堂思政教育中发挥着重要的育人作用。

二、思政社团发挥育人功能所面临的挑战

（一）团阵地建设不充分

思政社团主要通过学习、研讨等形式开展思想政治教育活动，相比于其他类型社团活动形式较为单一，对同学们的吸引力较弱。此外，由于参与同学的理论知识不够扎实，日常学习研讨更多还是以讲授为主，或者过分依赖传统的教育方式和内容，研讨氛

围不够活跃，难以达到思维碰撞的目的，久而久之造成学生参与度低、积极性不高的现象。阵地建设不充分是当下思政社团面临的主要挑战。

（二）资源挖掘不深入

思政社团开展教育活动以教材资源和网络教育资源为主要支持，各类书籍、教学视频、论文、研究报告等为社团开展思政教育活动提供了内容支撑。但社团开展学习的深度和频率不足以消化如此多的内容，容易造成理论学习的碎片化和不连续性。此外，这些资源同时也是思政课程的主要来源，对学生而言新颖性不够。充分挖掘多种教育资源对于思政社团的良性发展有积极作用。

（三）对当代大学生思想特征把握准确度还有待提升

当代社会变化快速，年轻人的价值观更为开放和多元化。不仅指导老师和当代"00后"大学生可能存在年龄、文化背景以及生活经验等方面的差异，社团学生之间也存在性别、背景和兴趣爱好之间的差异。因此，教师在指导社团开展活动时，如果不能及时根据大学生的思想特征和需要制定符合学生实际情况的活动计划和方案，也会导致社团成员之间的交流不够深入，影响社团的发展。

（四）宣传效果渗透力有限

在宣传内容上，内容过于理论化，导致与学生的距离感过大，难以引起共鸣。在宣传渠道上，媒体宣传渠道拓展不足。或者即使建立了微信公众号，但由于受众有限，关注量和影响力较低。此外，部分社团并没有建立有效的宣传反馈机制，对于学生的意见和建议不能收集并加以改进，影响宣传效果。

三、增强思政社团育人功能的路径探析

（一）提高政治站位，强化社团成员理论知识水平

由于其政治性和思想性，我们对思政社团的认识不应只基于学生组织，学校党委和团委都应积极指导思政社团的活动。同时，思政社团成员的理论知识水平也影响社团日常活动的开展。社团成员除了要深入学习党的创新理论成果，还要积极关注国内外时事政治，了解党和国家的最新政策和动态，将党的重要理论和国家实际联系起来学习讨

论，推动思政教育的开展。

（二）增强育人合力，多资源助力社团发展

在人力资源方面，高素质的教师队伍能更好地助力思政社团的育人作用。要充分利用学校构建的"六位一体"思政工作队伍体系，包括思政课教师、辅导员、教导员、班主任、学术导师、组织员等，思政力量的加入为社团的发展提供更专业的指导。在平台资源方面，当前各高校都在严格贯彻落实教育部关于"一站式"学生社区的工作要求，思政社团可以借助"一站式"学生社区开展的主题党日、主题团日以及理论宣讲活动等深入学生群体，推动思政社团与学生成长的深度融合。

（三）创新活动形式，坚持理论与实践相结合

在针对本科新生的调研中发现，学生更愿意以社会实践或主题调研活动（占比70%）、文体类活动（占比58%）、理论学习和主题宣讲的形式（占比57%）参与主题教育学习。社会实践活动对于塑造学生艰苦奋斗品质、培养学生奉献精神和社会责任感有积极作用。例如，四川大学江姐纪念馆暨四川大学革命英烈事迹陈列馆自建成以来，已成为传承弘扬红色文化及革命传统的实践活动基地，不少党团支部、班团组织都在这里开展实践活动。因此，思政社团也要培养自己的创新意识，并结合理论学习开展有特色的实践活动，充分挖掘当地红色资源，将思政"小课堂"和社会"大课堂"有机融合。

（四）筑牢宣传阵地，提升思政社团影响力

内容上，需要集中资源打造品牌活动，将活动策划得更具有延续性。积极与其他学生组织或高校思政社团进行合作，共享资源指并开展经验交流，扩大影响范围。渠道上，需持续建设社团官方新媒体账号，也需借助学校其他媒体资源，将思政社团的活动成果传播给更广泛的人群，提高社团的影响力。在反馈机制上，通过调研、访谈等方式收集反馈，建立评价机制，对社团活动的效果进行科学评估，通过反馈情况和评价结果指导后续活动的改进。

参考文献

［1］李国政. 早期学生社团发展特征及其对独立学院学生社团发展的启示［J］. 学校党建与思想教

育，2013（3）.

［2］团中央教育部全国学联联合印发《高校学生社团管理暂行办法》出台［EB/OL］.（2016－01－13）. http://www.moe.gov.cn/jyb_xwfb/s5147/201601/t20160113_227746.html.

［3］郑康. 提升高职院校学生社团思政教育实效性研究［J］. 品位·经典，2023（22）.

［4］王亮，张洪榛. 新时代高校思想政治类学生社团建设路径探究［J］. 北京教育（德育），2023（9）.

［5］胡龙宇，徐玉婷. 新时期高校学生社团建设路径的理性探析［J］. 江西电力职业技术学院学报，2022（10）.

［6］张敏，马春海. 新时代大学生思政类社团建设的几点思考［J］. 潍坊学院学报，2022（3）.

高校离退休干部党员在学生思想政治工作中的作用探析

胡佳玲①

摘　要： 高校离退休干部党员在教育领域经验丰富，是我国教育事业发展的重要见证者，是做好学生思想政治工作的宝贵资源，发挥高校离退休干部党员在学生思想政治工作中的优势作用具有重要意义。近年来许多高校将发挥离退休干部党员优势作用与学生思想政治工作进行深度融合，取得了一定成效，但同时也存在诸多困境。本文对离退休干部党员在学生思想政治工作中的优势作用进行了探索，以期更好地为学生思想政治工作提供有益指导和经验借鉴。

关键词： 高校　离退休干部党员　思想政治工作　优势作用　党建融合

学生思想政治工作是一项把立德树人作为根本任务，把培养合格的建设者和接班人作为目标，把加强学生对马克思主义理论、党的理论等方面知识的学习作为思想政治工作开展的重要内容的实践活动，关乎国家和民族未来。高校要切实增强做好学生思想政治工作的使命感和责任感，充分发挥离退休干部党员的优势作用，引导广大青年做有理想、敢担当、能吃苦、肯奋斗的新时代好青年。习近平总书记曾在中国人民大学考察、

---

① 胡佳玲，四川大学老干部党总支办公室科员，研究方向为老干部党建工作、离退休工作。

庆祝中国共产主义青年团成立100周年大会等重要场合多次寄语青年，在党的二十大报告中专门提出全党要把青年工作作为战略性工作来抓。高校青年学生普遍处在人生价值形成的关键时期，迫切需要人生价值引导，渴望得到"信仰什么、追求什么"的正确回答。高校离退休干部党员接受了革命精神洗礼，普遍高知、高觉悟，肩负着传播革命精神和红色基因的光荣使命，是帮助高校青年树立正确世界观、人生观、价值观，助力推进学生思想政治工作的宝贵财富。

截至目前，已有不少研究者就该议题做了相关研究。例如，郝东认为可以聘任离退休老同志为兼职组织员，对学生思想政治工作进行指导、监督；丁媛媛认为可以发挥离退休党员在学生思想政治教育中的政治优势、经验优势、声望优势和工作热情，积极动员、组织和支持他们参与青年思想政治建设。总体来看，既往研究对离退休干部党员在学生思想政治工作中的优势作用还缺乏系统分析，研究较为碎片化。鉴于此，本文对高校离退休干部党员在学生思想政治工作中的优势作用进行探析，不仅可以为分析高校离退休干部党员优势与学生思想政治工作开展二者间的关系提供一个清晰框架，也能为进一步做好学生思想政治工作提供参考。

一、在学生思想政治工作中发挥离退休干部党员优势作用的意义

（一）做好新时代青年工作的现实需要

新时代青年工作面临新要求、新特点和新趋势，充分认识离退休干部党员在学生思想政治工作中的优势作用，对更好地服务高校立德树人中心任务具有重要现实意义。目前已经有不少高校专门针对做好青年人思想政治工作组建了离退休干部党员团队，并取得了一定成果。例如，由老干部、老专家、老教授、老模范组成的武汉大学学习"四史"珞珈银龄宣讲团，由老干部、老专家、老教师、老教授组成的四川大学银龄宣讲团等，这些宣讲团的成员作为党的建设、国家建设的见证者、亲历者、奋斗者，充分发挥其优势和作用，为青年思想政治教育注入了"银晖"力量。

（二）高校思想政治工作的迫切需要

离退休干部党员优势作用属于党员优势作用的一种，这种优势作用主要是指在围绕

坚持党的全面领导、弘扬伟大建党精神、讲好党的百年奋斗重大成就和历史经验的故事、推动高质量发展、加强基层治理、践行社会主义核心价值观、践行关心下一代工作等方面，离退休干部党员相对于其他群体更为突出的优势和特点。相对于其他领域，高校离退休干部党员优势作用的产生和形成不仅与高校立德树人的中心任务紧密相关，更与高校离退休干部党员自身的优势和特点紧密相关，是高校提高学生思想政治素质和道德素质的重要途径。因此，如何在高校学生思想政治工作中发挥离退休干部党员的优势作用，已经成为高校教育发展中的重要议题。

（三）离退休干部党员退休生活的客观需要

首先，离退休干部党员退休后仍然对教育事业满怀热忱，组织引导离退休干部党员在学生思想政治工作中发挥正能量，也是离退休干部党员彰显自身价值、实现"老有所为"的客观需要。其次，离退休干部党员在发挥优势作用的同时，能结识许多志同道合的朋友，在与朋友一起奉献的同时，还能获得积极的社会评价，增强身心满足感。因此，组织离退休干部党员在学生思想政治工作中发挥优势作用也是实现"老有所乐"的客观需要。最后，新时代学生思想政治工作是信息化、数字化的，离退休干部党员要在学生思想政治工作中发挥优势作用，需要不断掌握新的理论知识，学习使用智能设备，这也是离退休干部党员实现"老有所学"的客观需要。

二、离退休干部党员在学生思想政治工作中的优势作用分析

离退休干部党员是离退休干部队伍中的骨干力量，他们政治强、觉悟高、党性好，有着丰富的经验智慧和人生阅历，在学生思想政治工作中具有独特的优势和特点。

（一）政治优势明确，政治信仰的坚定守护者

高校离退休干部党员在学生思想政治工作中具有"政治信仰守护"功能，发挥高校离退休干部党员政治优势是在青年群体中阐释党的创新理论的有效途径。他们理论造诣深、革命建设经历丰富，能够原汁原味地讲清楚党的理论的核心要义、丰富内涵和实践要求，将党的重大理论观点和战略思想讲透彻，为做好高校思想政治教育工作提供有力襄助。同时，离退休干部党员政治立场坚定、政治站位高、政治头脑清醒，是做好青年

思想政治工作可靠的政治力量，通过讲党课、入党谈话、帮扶结对子等方式把离退休干部党员的政治优势融入思想政治教育，形成新时代富有特色的"大思政课"。

（二）经验优势明显，红色基因的忠实赓续者

高校离退休干部党员是红色历史的亲历者，是红色文化的重要载体，发挥高校离退休干部党员经验优势是在青年学生中传承红色基因的重要手段。高校离退休干部党员是高校的宝贵财富，他们理想信念坚定、经历阅历丰富、专业造诣深厚、师德师风高尚、经验足、热情高，在讲好中国共产党的故事、中国特色社会主义的故事、新时代的故事，讲好党的百年奋斗重大成就和历史经验上具有不可比拟的优势。具体而言，一是能够继续在学校立德树人工作中发挥言传身教、价值引领、以德化人的作用；二是能够继续在弘扬光荣传统、传承红色基因、赓续红色血脉中发挥优势作用；三是能够以中国共产党人精神谱系教育青年学生，促进青年学生健康成长，培养德智体美劳全面发展的社会主义建设者和接班人。

（三）威望优势显著，理论知识的有力传播者

高校离退休干部党员道德品质良好、禀赋优良传统、富有人格魅力，是青年学生认为值得尊重、值得学习的人。他们在职时为国家发展和社会进步做出了贡献，为教育事业进步奉献了精力，贡献了智慧，对理论的学习有生动独到的见解，在青年学生中有较强的引领和带动效应。同时，高校离退休干部党员理论功底深厚，是思想政治工作中重要的"理论知识传播者"，充分利用离退休干部党员的威望优势是增加青年学生思想政治教育理论性的重要方式。

（四）时空优势突出，人才队伍的重要补充者

高校学生思想政治教育工作量大、工作烦琐，讲责任、需付出，这些特点影响了思政人才队伍的稳定。部分高校存在兼职辅导员，不利于工作队伍专业化建设。高校老干部党员离退休后，工作负担相对减少，超越了指标考核，打破了功利束缚，个人的时间安排和空间安排更为灵活，能够长时间与学生保持联系，跟踪学生心理动态，是学生思想政治工作中的"人才队伍补充者"。因此，充分利用离退休干部党员的时空优势是弥补青年学生思想政治教育人才队伍的重要措施。

三、在高校学生思想政治工作中发挥离退休干部党员优势作用的对策建议

高校离退休干部党员是广大党员的重要组成部分，进一步发挥离退休干部党员的优势和先锋模范作用，鼓励他们继续为社会发展和教育进步做出新贡献，具有十分重要的意义。在学生思想政治工作中发挥离退休干部党员的优势作用，其实就是要做到与其他业务工作特别是党政中心工作的紧密结合、相互促进，推动高校的中心工作按照政治建设的要求来谋划、执行，培养一流人才。

（一）加强宣传引导，营造优势作用发挥的浓厚氛围

一是要积极宣传挖掘离退休干部党员的优势作用。随着国际形势的不断变化，青年学生思想政治工作面临新的挑战和问题，原有的思想政治工作模式已经难以满足新时代思想政治工作要求。思想政治工作要突破现有瓶颈，就必须找到新的思路。离退休干部党员在思想政治教育中具有不可替代的优势，高校要积极组织引导离退休干部党员以实际行动为青年学生思想政治教育增添正能量。二是要加大对离退休干部党员的引导。部分干部党员离退休后思想觉悟有所放松，要加强对他们的信念教育，凝聚起离退休干部党员的思想，引导离退休干部党员充分认识到"退休不褪色，离岗不离党"，牢记为党育人、为国育才的使命，为青年学生思想政治教育发挥余热。三是要加强宣传带动，可充分利用校园网站、宣传橱窗、校园电视台等，及时宣传和报道离退休干部党员发挥优势作用的典型案例，扩大离退休干部党员发挥正能量的知晓度和影响力，大力弘扬"银晖"风采。

（二）强化功能保障，完善优势作用发挥的体制机制

一是完善组织体系，增强组织凝聚力。高校思想政治工作要将发挥离退休干部党员优势作用纳入工作方案，加强组织体系建设和工作指导，定期听取工作安排，强化部署，做到关心关爱老同志，重视老同志工作表率作用发挥的体系建设，为发挥离退休干部党员在思想政治工作中的优势作用提供强有力的组织保障。二是优化服务保障体系，做好后勤保障。高校职能部门尤其是离退休工作部门和思想政治工作部门要与老同志加

强沟通交流，对老同志予以精神慰问和情感关怀。同时，运用好各种政策，将离退休干部党员的各项待遇落到实处，切实做好为老服务，让广大离退休干部党员能安心从事思想政治教育。三是选树典型，加大激励力度。要深度挖掘和宣传离退休干部党员发挥优势作用的典型，展现新时期离退休干部党员风采，加强先进事迹的搜集、报道，宣传好离退休干部党员的先进事迹，鼓舞人心。此外，加强先进个人表彰，鼓励引导在学生思想政治教育中表现突出的离退休干部党员做经验分享、成果报告，并予以奖励，最大限度地调动他们的积极性和主动性。

（三）搭建平台载体，拓宽优势作用发挥的空间场域

一是加强阵地建设，不断挖掘离退休干部党员潜力。离退休干部党员阵地建设主要是指吸引、汇聚离退休干部党员，并激励其发挥一定作用的场所。高校可以充分利用学工平台和离退休工作平台，发挥二者"同频共振"效应，将离退休干部党员紧紧聚集在以学生为中心的各项工作周围，将为党育人、为国育才的价值取向全面贯穿到各种老年文化活动中，充分挖掘离退休干部党员潜力，让其真正成为学生思想政治工作的"推进器"。二是加强平台建设，为发挥优势作用提供空间。在高校，离退休干部党员发挥优势作用的平台建设主要包括思想凝聚平台、主题活动平台和建言献策平台。借助三大平台建设，把离退休干部党员对党忠诚、对教育用心的昂扬精神风貌，通过各种主题宣传、研讨等活动进行集中展示，充分发挥离退休干部党员在学生思想政治工作中的独特优势。同时，还可以通过召开校情通报会、时政专题座谈会等，汇集离退休干部党员关于学生思想政治工作的净言良策。三是加强衍生场域建设，在离退休干部党员身体条件允许的前提下注重实践体验，扎实做好思想政治实践课堂。结合当前青年学生普遍关心的问题，在实践中发现问题，总结经验，强化理性思考，创新思想政治工作方式方法，将思想政治课堂以青年学生喜闻乐见的形式进行深入浅出的讲解。只有走出学校、走出课堂，开阔思想政治工作视野，优化思想政治工作思路，及时借鉴其他高校有益经验，不断考察、总结，将理论宣讲融于城镇田野、化于鲜活案例，方能将离退休干部党员优势作用真正运用于学生"大思政课堂"建设。

四、结语

离退休干部党员是党、国家和学校的宝贵财富，青年学生是党、国家和民族的未来，充分发挥其在学生思想政治工作中的"银晖效应"，当好青年学生成人成才的引路人，是离退休干部党员优势作用的重要体现。目前离退休干部党员优势作用发挥还不充分，因此要加强宣传引导，通过提供功能保障和搭建多元平台，让广大离退休干部党员继续在为党育人、为国育才的伟业中发挥余热。

参考文献

[1] 孙玲玲. 习近平新时代高校思想政治工作重要论述研究 [C]. 长春：长春师范大学，2022.

[2] 郝东. 对新时期高校大学生党员助理组织员队伍建设的思考 [J]. 河北科技师范学院学报（社会科学版），2020（2）.

[3] 丁媛媛. 在创先争优中创新高校学生党建工作的思考——以南京信息工程大学应用气象学院为例 [J]. 边疆经济与文化，2013（4）.

[4] 于俊波. 浅议新时期如何发挥离退休干部正能量 [J]. 中国集体经济，2020（32）.

[5] 陈刘杰，赵领. "双一流"建设背景下高校机关党的政治建设探赜 [J]. 领导科学论坛，2022（3）.

基于职业生涯规划教育的高校劳动教育创新路径研究

陈家姝[①]

摘　要：新时代背景下，高校要以职业生涯规划教育为抓手，创新劳动教育方式，激发大学生对劳动的热爱和内驱力，引导大学生树立崇高的人生追求和事业目标，提升劳动教育实效，培养堪当民族复兴大任的时代新人。

关键词：劳动教育　职业规划　实习实践

2020年3月，中共中央、国务院印发的《关于全面加强新时代大中小学劳动教育的意见》指出：高等院校要把劳动教育纳入人才培养全过程，紧密结合经济社会发展变化和学生生活实际，积极开展社会实践、志愿活动、勤工俭学。劳动是推动人类社会进步的根本力量，引导大学生树立正确的劳动观是帮助其顺利走上职场、步入社会的基础。随着社会发展和科技进步，劳动具体形式不断拓展、劳动主体的知识结构不断改变、个体体验感不断升华，高校劳动教育要与时俱进，与职业生涯规划教育有机结合，走更专业化、职业化的道路。本文从当前高校劳动教育现状入手，借鉴职业生涯规划教育的经验与优势，为创新新时代高校劳动教育提供实现路径。

---

① 陈家姝，四川大学就业指导中心科长，助理研究员，研究方向为大学生职业规划、就业市场、就业趋势等。

一、高校职业生涯规划教育促进劳动教育的可行性理论基础

（一）高校职业生涯规划教育和劳动教育内涵辨析

2007 年教育部办公厅发布的《大学生职业发展与就业指导课程教学要求》中明确指出：职业发展与就业指导课程建设是高校人才培养工作和毕业生就业工作的重要组成部分，并要求列入教学计划。职业生涯规划教育开始纳入各高校的就业工作日程。高校职业生涯规划教育包括一系列的职业生涯和就业指导活动及课程，目的是激发大学生职业生涯发展的自主意识，提高就业能力和生涯管理能力，明确职业发展目标。

2018 年召开的全国教育大会上，强调要把劳动教育纳入培养社会主义建设者和接班人的总体要求之中，明确提出构建德智体美劳全面培养的教育体系。2020 年 3 月国务院《关于全面加强新时代大中小学劳动教育的意见》要求：普通高等学校要明确劳动教育主要依托课程，其中本科阶段不少于 32 学时。除劳动教育必修课程外，其他课程结合学科、专业特点，有机融入劳动教育内容。劳动教育纳入高校思政教育的重要组成部分。

（二）两者的共性与特点分析

两者都具备育人功能：劳动教育鼓励大学生参加劳动、尊重劳动者；职业生涯规划教育引导大学生探索自我、探索职场世界，激发学生自主规划人生，是高校就业工作的重要组成部分。两者目的都是让大学生毕业后顺利转变为新时代高素质的社会劳动者。

两者教育形式又各有特点：劳动教育以劳动实践为主；职业生涯规划教育以就业指导理论为主，其实践部分主要靠学生课后自行完成。

（三）目前存在的问题分析

部分高校简单地把劳动教育等同于体力劳动，教育方式单一枯燥、课程设置落后，与学生专业学习和社会需求脱节，育人成效不足。从高校毕业生就业现状看，一些大学生不愿从基层工作做起，出现"有业不就"的现象，加剧了就业结构性矛盾，加大了高校就业工作难度，其症结正是大学生劳动观的缺失导致就业观出现偏差，而职业观教育实际收效甚微。两者都有表面化、形式化的痛点。

（四）两者结合可行性分析

职业规划教育能丰富劳动教育的教育模式，劳动教育又能促进学生的职业规划践行到实处，两者结合能有效互补。特别是职业规划教育有利于强化大学生专业素养、增强职业能力，既能实现个体目标的有效探索，践行新型劳动价值观，又能深入贯彻落实新时代立德树人的根本要求，对高校劳动教育提供有效补充，有利于高质量人才的培养。

二、基于职业生涯规划教育创新高校劳动教育的具体路径

我国职业生涯规划教育的发展经历了从简单的职业指导到系统的职业教育体系的转变，现在的职业生涯规划教育是通过对整合教育资源和多种形式的实践活动，帮助学生更好地了解职业市场和职业发展，提高自身职业能力和素质的教育体系，包括职业规划课程、职业咨询和信息提供、就业指导服务等一系列教育活动，基本具备了完整的理论体系、多元化课程构架和较丰富的社会资源库，有利于高校劳动教育的落地和开展。

（一）以职业生涯规划教育的循序渐进规律创新劳动课程设置

职业生涯规划教育的探索过程和循序渐进的引导规律对劳动教育课程设置形式有很大的启发，高校对不同阶段学生的劳动课重点有所不同。对大一新生的职业生涯规划教育重心在引导学生对自身的兴趣、性格、能力、价值观等进行全面分析，并初步认识外界环境。此阶段的劳动教育课程可以是包括生活劳动和社会生产劳动在内的多种形式的参与体验活动，带领学生初步探索劳动世界和职业世界；大二、大三是职业的探索期，此时的劳动教育重在专业实习实践，提升学生的专业技能，培养学生的基本劳动素养，逐渐聚焦职业方向；大四是职业冲刺期，此时的劳动实践要与未来的正式工作密切相关，帮助学生获得更多职业机会，准备成为合格的正式劳动者。

（二）以职业生涯规划教育的内外驱动原理创新劳动教育规划

职业生涯规划理论是从兴趣、能力、价值观等个人特质上让学生进行自我分析，强调挖掘和激发行动主体的内驱力。个人探索的方法除了借助职业生涯规划领域的各种专业量表和测评，还包括通过实践行动帮助学生快速锚定热爱且擅长的领域。职业生涯规划理论认为：兴趣爱好有助于提高个人能力，而能力的展示能带来自我价值的实现，从

而又正向强化兴趣爱好的发展，由此产生内驱动力并推动学生职业探索发展。职业生涯规划教育的外在成长驱动是指生涯成功事件的正向反馈和经历失败后对规划的动态调整。外驱动力更多的是从物质上和精神上体现社会对劳动者的评价和认可。内外驱动共同作用形成了职业生涯规划和管理的生态调节机制。

劳动教育规划可结合职业生涯规划内外驱动原理，引导学生通过对自我特点和需求的分析制定劳动规划，在劳动实践中根据外部世界的反馈不断调整自身偏差，走出虚拟网络世界，破除不切实际的人生幻想，提升劳动技能，加强劳动精神和劳动品质培养，切身感受到自我成长和突破，明确劳动实践的目标和意义，收获劳动带来的成就感和幸福感。

（三）以职业生涯规划教育的专业职业特色创新劳动实践模式

高校职业生涯教育的目的是促进大学生高质量充分就业，各类职业咨询和就业指导活动都是以学生所学专业或希望从事的行业为研究对象而开展的。同理，劳动教育要引起学生的重视和关注，就要回应学生对未来发展的诉求，紧密联系学生的专业学习，打造具有学科特色的劳动课程，让劳动实践更接地气、更有实用性、更具吸引力。高校可结合学科特点，有机嵌入劳动教育课程要素，指导学生通过新知识、新技术、新方法的应用创造性地解决专业难题，甚至带领学生走进专业实验室开展科技前沿性劳动实践，培养专业兴趣、提高专业技能、积累劳动经验，获得专业认同感，提升就业创业能力，成为专业领域的优秀人才。例如，给医学生开展医疗服务劳动实践课，给机电专业学生布置机器人制作作业，带领法学生开展法律援助活动，等等。

（四）以职业生涯规划教育的社会资源整合劳动教育合作渠道

人具有社会属性，大学生毕业后终将走向社会。劳动教育需加强学校教育与社会教育的联合共通，而以高校就业工作为强大支撑的职业生涯规划教育，有着广泛的校地校企合作优势，能协助建立劳动教育领域的校地校企合作机制，让劳动教育与真实工作世界无缝连接，解决学生在实际生活中遇到的困惑和问题，保障劳动教育的落地生根、顺利开展。

一是劳动教育走进校企实习实践基地、校企人才培养基地。企业实践基地是连接课堂教学和企业生产的桥梁，是大学生了解企业运作和深化自我认知的重要平台，也是丰富高校劳动教育形式、让劳动教育融入社会的载体。大学生在企业积累工作经验、增强职业认识，了解自身与社会要求的差距，明确学习目标，能更高效地进入下一阶段学习，实现"学习—实践劳动—就业—学习"的上升式循环。

二是劳动教育融入社会服务，夯实大学生发展根基。高校和高校毕业生都肩负着服务地方、服务社会的责任。很多高校与地方政府有共建关系或人才引进合作基础，在开展劳动教育时可充分利用已有的校地合作资源，开发具有地域特色和本校特色的劳动实践课程，组织学生参与地方建设、基层服务，提高学生的社会服务意识和社会责任感，提升精神追求，树立正确的劳动观和价值观。

（五）以职业生涯规划教育的动态调整理念创新劳动教育反馈机制

职业生涯规划是长期行为，是行为主体随着自身能力和外部需求的变化而持续调整的动态过程，是对自身和社会不断加深认识的过程，是在劳动探索实践与外部反馈评估之间的互动中发展变化的过程，更是行为主体的劳动观念、劳动能力、劳动精神、劳动品质不断充实和提升的过程。

目前，高校劳动教育还没有明确的评价标准和考核办法，无法真正体现劳动教育的成效。因此，要运用职业生涯规划的动态调整理念，结合实习单位反馈、专业教师评价、学生自我评估等建立反馈机制，对学生劳动计划的实施过程、劳动教育成果、课程体系设计进行全方位评价。如此，不仅能优化和改进劳动教育考核方案，还能让学生自主调整劳动计划和方向，保持劳动积极性，与社会发展共同进步。

三、结语

高校在开展劳动教育时，要牢牢抓住新时代社会发展对人才需求的导向，从当前人才培养及未来人才就业两个方面明确劳动教育体系设计的总体目标和具体实践要求，把培养综合性人才作为育人主要目的，并将劳动教育纳入人才全面培养的细则。高校劳动教育只有同当前的劳动形态和社会用人需求保持一致，才能培养出堪当民族复兴重任的新时代青年。因此，高校要在研究劳动力市场发展趋势的基础上开展对劳动教育规律的研究，结合职业生涯规划教育，在充分考虑和尊重大学生个性化差异的基础上融入就业实践，在专业课程中挖掘和融入劳动教育元素，在职业生涯规划教学中渗透劳动价值观，因人而异地制定常态化劳动教育方案，同时引入社会评价，形成协同育人效应，构建高质量的劳动教育实施体系，这样才能有效引导和全面推动大学生劳动教育落到实处、见到实效，为党和国家培养造就一大批胸怀祖国、服务人民的高层次创新人才。

参考文献

[1] 罗映芳. 劳动教育融入大学生职业生涯规划教育的路径研究 [J]. 北大荒文化，2023（5）.

[2] 徐云龙. 职业生涯规划教育体系构建与探索 [J]. 滁州职业技术学院学报，2023（1）.

[3] 林志锋. 新时代高校劳动教育内涵及其实践形态创新研究 [J]. 北京城市学院学报，2021（5）.

网络流行语泛化下高校思想政治教育创新路径探析①

杨旭静　刘有军②

摘　要：网络流行语作为信息时代的一种文化现象，以其独特的方式反映了社会的变迁、文化的演进以及人们思维方式和价值观念的转变。网络流行语的广泛流行，对网民群体日常语言、社交、信息获取和生活方式产生深刻影响，并逐步打破圈层局限实现全社会覆盖式传播，推动我国步入文化快餐时代，这为高校思想政治教育工作带来新的机遇和挑战。高校思想政治教育工作者应转变话语理念、扩展教育场域、丰富教育内容及创新话语表达和传播方式，实现与网络流行语的有效结合，从而更好地适应信息时代的教育需求，为培养具有时代责任感和创新精神的高素质人才提供支持。

关键词：网络流行语　思想政治教育　创新路径

随着信息技术的飞速发展，网络流行语作为一种新兴的语言现象，已经深入渗透大学生的日常生活和学习。这一现象不仅反映了当代大学生的思维方式和价值观念，也对高校思想政治教育提出了新的机遇和挑战。因此，研究网络流行语对高校思想政治教育

①　本文系四川大学中央高校基本科研业务费项目（项目编号：SQ2023－MY06）、四川大学新进教师教学研修项目（项目编号：MYXJ202310）的研究成果。

②　杨旭静，四川大学马克思主义学院硕士研究生。刘有军，四川大学马克思主义学院讲师，博士，主要研究方向为马克思主义中国化、基层治理。

的影响，并探索如何有效利用网络流行语对高校思想政治教育进行创新，具有重要的理论意义和实践价值。

一、网络流行语与高校思想政治教育的互增耦合

"入耳、入脑、入心"作为思想政治教育的教育目标受到广大思政教育工作者的推崇，但其是否能真正实现，关键在于话语是否能得到学生的接受和认同。大学生是互联网最活跃的群体，是网络流行语的创作和使用主体。不仅如此，当代大学生的话语喜好以及心理需求都通过网络流行语呈现出来，赋予网络流行语更多的社会内涵。

（一）网络流行语折射出大学生普遍的心理需求

语言是一种表达方式，是个体心理活动的直接展示载体。因此，网络流行语作为一种语言表达形式，是使用者个体情感的直接反映，同时也浓缩了整个社会的某种倾向。如果某种网络流行语被大学生广泛使用，受到大学生的认可，说明该网络流行语已经成为大学生的某种价值倾向、心理诉求的重要载体。

首先，娱乐宣泄的心理需求。大学生在完成网络空间身份转换之后，最基本的心理需求是娱乐需求，大学生通过网络交际，和其他人进行交流和互动，通过使用网络流行语，可以营造一种轻松愉悦的氛围，从而促进更好的交流，这和大学生群体的心理诉求相关。大学生学业压力较大，对未来发展可能迷茫，容易焦虑和紧张，进入网络空间之后，他们能够尽可能地释放自身压力，舒缓心理郁结，将不满在网络空间进行宣泄。所以在某种意义上，网络流行语是窥视大学生心理动态的重要窗口。

其次，猎奇求异的心理需求。处于青年时期的大学生，价值观依然处于不稳定的状态，容易受到外界事物的影响，且普遍具有较高的好奇心，对新鲜事物总是持有一种探索的心态。而这一标新立异、猎奇心态与网络流行语的内核高度契合，从而导致大学生成为网络流行语的创作主体和使用主体。

再次，寻求认同的心理需求。网络流行语的产生具有偶然性，但同时也有其内在规律，除了本身具有打破常规的趣味性，还蕴含着创造者以及使用者的某种寻求认同的心态，是一种网络空间的归属感表现。大学生使用网络流行语所反映的从众现象，本质上是通过使用某个群体共同使用的符号标志而融入该群体的过程。可见，网络流行语在很

大程度上反映了当代青年群体渴望得到关注、寻求认同的内心诉求。

最后，争取话语权的心理需求。"00后"已经成为大学校园的主体，在学校，他们摆脱了地域和家庭因素的限制，渴望通过获得话语权来进行自我表达。网络空间则为大学生发声提供了新渠道和新载体，所以，网络流行语在很大程度上反映了大学生对当下社会的看法和个体情感。

（二）网络流行语映照出大学生喜好的话语特点

随着线上、线下界限的日益模糊，网络流行语虽起源于网络，但一旦被使用者引入现实生活或工作场景中，它们便完成了从线上到线下的跨越，成为日常交际中不可或缺的表达方式。这一转变尤其凸显了大学生群体的话语特点。

首先，简洁高效的话语特点。网络流行语是一种基于经济原则而创作的语言方式，常用简短的文字或者少量的符号来表达大量的含义。通过对网络流行语形式特征进行分析，发现其具有简洁且高效的基本特征，而这种特征会深刻影响使用者的思维方式，潜移默化地改变使用者的语言能力。在互联网高度普及下，大学生通过网络流行语可以便捷沟通，交流的成本和门槛降低，因此，这种话语表达方式在大学生群体中被广泛延用。

其次，娱乐幽默的话语特点。大学生群体活泼、富有活力，因此，大学生在网络流行语使用过程中，会赋予网络流行语一定的娱乐性。例如"女汉子""躺平"等自我吐槽的网络流行语，正在成为网络常用语；"我太难了""佛系"等成为网民对自身所处状态的吐槽和自我嘲讽；"高富帅""白富美"看似对他人的描述，实则是对社会的讥讽。又如"蓝瘦香菇（难受想哭）"等，源自一些方言或者咬字不清的发音，初次看到往往不知所谓，了解其含义之后却令人忍俊不禁，产生一种特有的滑稽感，是典型的个性化表达。

再次，解构重塑的话语特点。大学生崇尚个性，愿意打破传统。正因为如此，很多网络流行语突破传统汉语的常见规则，不符合基本的使用规范，甚至是刻意打破原有结构，被赋予新的表达内涵。部分网络用语在原有词汇的基础上，对其所表达的含义进行重新解构，被赋予新的内涵，具有明显的时代特征。例如"土豪"，土地革命时期被打击的"土豪"，摇身一变成为表达对方豪爽的意思。网络流行语具有的重构属性，与大学生本身个性化表达倾向更加契合。

最后，观照现实的话语特点。网络世界和现实世界看似对立，但其实互为表里、互为映射，在现实中发生的事件会通过网络世界酝酿，而引发社会大众的关注，而人们也通过网络世界表达自己的观点和看法。所以，很多网络流行语并非凭空而来，而是源自现实生活，其创造和使用本质上是寻找相同社会属性的过程，即通过网络达到共鸣，融入具有归属感的群体。如，"宅男宅女""压力山大"等词汇，在一种自嘲式的调侃之间，实际上则是完成了社会身份的归属，让使用者产生共鸣。网络流行语看似随意，却切中事件的社会关注点。简洁明了的网络流行语也会驱使网民去关注现实世界，形成对社会热点事件的助力，进一步提升热点事件的网络关注度。

二、网络流行语泛化下高校思想政治教育创新路径

鉴于网络流行语契合时代风尚、反映当前社会热点，将其作为推进和拓展高校思想政治教育工作的突破口和切入点显得尤为重要。思政教育工作者应深刻认识到网络流行语对思政教育的挑战，理性思考应对策略。

（一）推动高校思想政治教育话语理念转变

在时代的洪流中，任何的停滞不前和故步自封都终将被时间淘汰。习近平总书记多次强调了创新的重要性，尤其强调宣传思想工作，一定要从工作理念、工作方式手段和基层工作等方面推进创新。对于高校思想政治工作来说亦是如此，首要创新就是在话语层面实现突破，将传统的思想政治教育话语理念进行更新。

首先，高校思想政治教育中的话语主体要转变态度。摒弃以往忽视网络流行语的观念，积极主动拥抱时代变化，把握网络流行语的发展态势，并且高度关注大学生如何利用网络流行语，总结其使用特征和规律，发挥其话语指导作用，善用网络流行语引领大学生的话语发展方向。当然，思政教育工作者运用网络流行语也要注意甄别其内容，可以将具有进取、健康、正能量意蕴的流行词直接移植于思政教育话语中，实现教育理念的创新与突破。网络上的资源丰富，思政教育工作者应当识别、整合其中具有教育意义并且能够适用于思想政治教育实践的优质内容，扩充传统的教学内容，用新的话语表达方式进行知识信息的传递。如此一来，在高校思想政治教育实践中，大学生处于一个更加喜爱和青睐的话语氛围中，从而激发大学生对思想政治教育内容的学习主动性和积

极性。

其次，增强从"独语"到"对话"的话语理念。以往，教育者的话语具有较强的决定性与权威性，他们基本扮演着主导者的角色。网络的出现，则为全体民众提供了展示个性、观点交流、理念碰撞的虚拟平台，大学生在此也获得了前所未有的话语表达机会，这对高校思想政治教育来说，教育话语的表达场域不仅在课堂，还存在于网络空间。对此，思政教育工作者与学生交流时要注意以下几方面。其一，思政教育工作者塑造新观念并转变心态，以开放平和的姿态倾听学生表达，尊重并理解他们的话语。其二，思政教育工作者要扮演好"引路人"角色，激发学生潜能，为大学生焕发自主创新意识并提升独立思考能力营造良好的话语环境。在思政教育课堂中，要激发学生敢于表达、乐于表达的态度，尊重学生的言论权和新奇观点，在教学方式上进行大胆变革，将"一言堂"式转变为讨论式、探究式、启发式，并且在此交流过程中循循善诱，向学生传递主流观点并呈现权威结论，意图引导他们的接纳、理解与认同。

最后，增强情感渗透的话语理念。高校思想政治教育的话语多为理性阐述，而大学生内心还较为敏感，对情感的需求仍旧强烈，多数情况下更渴望在人际交流中受到重视并感知到外界的人文关怀。一方面，思政教育工作者在交流过程中应当积极展现亲和力。对于目前的大学生来说，网络流行语是可以表达他们内心情感和价值诉求的沟通工具，形成了大学生所喜爱和适应的交流风格。因此，思政教育工作者需主动接受并融入大学生的日常语境，从中深入剖析网络流行语得到大学生青睐的原因，以及其背后蕴含的情感需求和心理内涵，从而更好地走进大学生的内心。另一方面，思政教育工作者可以将网络流行语有效融入课堂教学，使之更贴近学生的生活实际，提高学生对思政教育的接受度。

（二）推进高校思想政治教育场域拓展

随着社会的不断演进和网络文化的不断普及，积极拓展话语的应用领域并推动其创新发展，显得尤为重要。

首先，开拓网络场域。网络空间的出现打破了传统的空间限制，为人们提供了更加平等、开放和包容的交流平台。思政教育工作者的首要任务就是要坚定树立阵地意识，积极地宣扬主流意识形态，时刻保持警惕，及时过滤不良信息，做好网络信息的"把关人"。与此同时，思政教育工作者要理性看待网络流行语这一新兴事物，分析其优势并把握特征。网络流行语生动且富有趣味性，学生容易接受，在高校思政教育话语中融入网络话语能够于无形之中向学生传递主流价值观。

其次，把握生活场域。"教育源自生活，最终也必须要回到生活中去。这是高校思想政治教育的理论旨趣和价值旨归。"思政教育工作者需要突破既有思路，结合大学生所面临的实际情况，走进他们的生活，知学生之所知，想学生之所想，明确大学生当下面临的困惑点、焦虑点，并考察其背后隐藏的深刻原因，借用生活化、通俗易懂的语言帮助大学生走出迷雾。

最后，创新教学场域。在课堂教学中，思政教育工作者应紧密结合大学生的实际生活和心理需求，挖掘与他们息息相关的真实议题。此外，思政教育工作者要及时调整话语表达方式，运用新兴、前沿的多媒体技术，使思政教育话语符合时代风尚潮流且更具生动性、趣味性。

（三）丰富高校思想政治教育话语内容

网络为高校思想政治教育提供丰富话语资源的同时，也给传统话语带来巨大冲击，因此当下高校思想政治教育工作者需要审时度势，把握住网络流行语的风口，对高校思想政治教育话语进行充实与革新，在坚持价值导向的同时，注重与时俱进。

首先，继承优秀传统文化中的生动话语。我国优秀传统文化经过上千年的沉淀与传承，为高校思想政治教育话语体系提供了深厚的语言文化基础。一方面，思政教育工作者应勇担使命，立足于中华优秀传统文化和主流价值观，发挥引导和宣传作用；另一方面，思政教育工作者要对传统的话语内容加以"扬弃"。对于博大精深的中华传统文化，要在传承的基础上对其加以筛选和辨别，有选择地进行应用，借用现代科技手段和平台，赋予优秀传统文化新时代的外衣，增加趣味性和现代化的色彩，使传统文化更加生动、形象地呈现在学生面前。

其次，吸收网络流行话语优质资源。网络流行语因其趣味性和新奇性的特点受到大学生的喜爱并得到广泛应用，面对网络流行语泛化的现状，高校思想政治教育应取其精华、去其糟粕，与正向网络流行语有机结合，实现思想政治教育话语体系革新。一方面，思政教育工作者应积极吸纳正向网络文化。要正确看待网络流行语，深挖并吸收其中的正面内容，使之与思想政治教育的内容有效结合，为其增添趣味性的色彩，提高学生对思政话语的接受度。另一方面，针对一些低俗、有悖于主流价值观的网络流行语，思政教育工作者要善于甄别、做出判断，将其作为反面案例融入课堂教学中，增强警示教育的启发意义。

最后，挖掘网络群体性事件话语资源。近年来，具有争议的群体社会性事件频发，并且在网络上引发广泛讨论，大学生作为当代年轻网民的代表，多积极使用相关网络流行语参与社会热点事件的讨论，这在一定程度上反映了大学生对于社会热点和民众情绪的看法和认同度。由此可见，网络群体性事件中蕴含着丰富的思想政治教育话语资源，从网络热点事件中获取并运用这些话语资源，是提升思政教育效果的途径之一。

（四）创新高校思想政治教育话语表达与传播方式

话语表达与传播方式在思想政治教育话题革新中扮演着至关重要的角色。思想政治教育话语表达与传播方式的创新，不仅关系到思想政治教育工作的效果，更直接影响到大学生思想观念的形成与发展。

一方面，转变教学表达方式。首先要善于将书面话语生活化。思政教育工作者可以采用生动、形象的表达方式，将抽象的概念和理论转化为具体的实例和故事，使学生能够更加直观地理解和接受。同时还可以借鉴日常生活中的语言习惯和表达方式，使话语更加贴近学生的生活实际，增强话语的亲和力和感染力。例如，可以将教育内容融入校园文化建设中，通过举办各种形式的文化活动，让学生在参与中感受思想政治教育的魅力；还可以利用新媒体等现代传播手段，将教育内容以更加生动、形象的方式呈现给学生，增强教育的吸引力和感染力。

另一方面，善用现代传播方式。第一，要主动开发与建设高校思想政治教育专门平台。在当前信息化社会背景下，互联网已成为大学生进行交流互动的主要阵地。因此，开发和建设高校思想政治教育专题网站，对于推动高校思想政治教育工作的创新发展尤为重要。第二，要合理利用现代媒体创新话语的传播方式。在现代社会，随着信息技术的迅猛发展，现代媒体在信息传播中扮演着越来越重要的角色。特别是在高校思想政治教育领域，合理利用现代媒体创新话语的传播方式，对于提升话语传播效果、增强思想政治教育的影响力具有重要意义。

三、结语

随着新时代的加速演进，网络流行语的内涵外延、使用场域和影响范围愈加广泛，对高校思想政治教育工作带来新的机遇和挑战。高校思想政治教育工作者必须积极回应、主动应对，适应和走近受网络流行语影响的年轻一代大学生，贴近、吸收、融入网络流行语并善知、善学、善用其正面功能，开展好思政教育，回答好时代之问、学生之问，开创高校思想政治教育的新格局。

参考文献

[1] 王莉. 网络时代高校思想政治教育的新特点与新要求——评《网络时代高校思政教育教学创新实践探索》[J]. 中国教育学刊，2024（5）.

[2] 韩敏，卢松岩. 回到中国文化的对抗认同：网络流行语"躺平"的话语脱逸与共识反哺 [J]. 当代青年研究，2023（5）.

[3] 蒋春燕，孙祺. 新时代高校网络思想政治教育的现实困境及发展路径 [J]. 学校党建与思想教育，2021（12）.

[4] 骆正林. 网络流行语背后的青年社会心态 [J]. 人民论坛，2022（10）.

[5] 罗仲尤，田宇星. 高校思想政治教育有效融入生活空间的价值意蕴、主要障碍与路径优化 [J]. 大学教育科学，2024（2）.

高校校园文化建设

GAOXIAO XIAOYUAN WENHUA JIANSHE

校园安全文化建设与传播路径研究

——以四川大学灾后管理学院为例

曹　丽　任小春①

摘　要：校园安全是学生健康成长、全面发展的前提和保障。四川大学灾后重建与管理学院以校园安全文化建设与传播项目为依托，深入贯彻习近平总书记安全发展理念，充分发挥自身学科优势，积极整合平台资源，不断丰富防灾减灾宣传内容、创新宣传形式，在实践中丰富校园安全文化，牢固树立全校师生综合减灾意识，提升防灾减灾技能。

关键词：校园安全　文化建设与传播　防灾减灾教育

校园安全是学生健康成长、全面发展的前提和保障。四川大学灾后重建与管理学院深入贯彻习近平总书记安全发展理念，利用多学科交叉融合优势，依托学院建设的四川大学安全与应急技能综合训练中心、全国青少年防灾减灾教育基地等培育灾后重建与管理学院校园安全文化建设与传播项目，并不断丰富防灾减灾宣传内容、创新宣传形式，结合安全生产月、国际减灾日等时间点开展各类防灾减灾教育活动，在实践中丰富校园安全文化，牢固树立全校师生综合减灾意识，助力提升防灾减灾技能。

---

①　曹丽，四川大学灾后重建与管理学院党政办主任，研究方向为防灾减灾教育。任小春，四川大学文学与新闻学院硕士研究生，研究方向为出版。

一、自觉肩负开展防灾减灾教育服务使命

四川大学灾后重建与管理学院在建院之初，就肩负起开展防灾减灾教育服务的使命。历经多年的积累，学院培植出灾后重建与管理学院校园安全文化建设与传播项目，以开展校园安全文化建设与传播活动。该项目贯彻习近平总书记"人民至上，生命至上"的理念，通过不断丰富防灾减灾宣传内容、创新宣传形式，在国家防灾减灾日暨防灾减灾宣传周、国际减灾日以及安全生产月等与灾害、安全相关的时间点开展各类防灾减灾教育活动，在实践中丰富校园安全文化，牢固树立全校师生综合减灾意识，提升师生防灾减灾技能。

为充分发挥学院的人才优势和资源优势，该项目组成立了防灾减灾教育与科普志愿服务队，并将其作为服务社会的重要突破口和彰显学院特色的重要着力点。通过持续性的培训、考核，形成了一支专业素质过硬、能进能出的党员志愿服务队，为学院充分发挥校园安全文化建设功能提供了保障。

二、构建常态化实施机制，擦亮安全教育响亮名片

（一）依托学院优势，整合平台资源

灾后重建与管理学院具备多学科交叉融合优势，依托四川大学安全与应急技能综合训练中心、全国青少年防灾减灾教育基地、四川大学防灾减灾教育科普基地等开展具体活动。例如，依托学院与四川大学安全应急技能训练中心开设的"实验室安全与环境保护""应急技能与救灾""减灾服务学习"等课程，设立了应急准备、初期火灾处置、医学急救等技能训练项目，在保障宣传内容准确性的同时，让知识更具掌握性。同时，学院抓住防灾减灾服务型党支部建设契机，将"为民办实事———增加群众防灾减灾意识与能力"这一重点项目深化、落实，不断提升群众在防灾减灾方面的参与感、获得感。

（二）开展志愿宣传活动，织密安全防范网络

项目组在科技活动周主会场举办"初期火灾处置体验"活动，项目成员就最常见、

最普遍威胁公众安全的火灾问题，向青少年学生和广大市民进行科普服务。活动中，项目组向青少年科普了 119 报警电话的拨打方式、5kg 干粉灭火器的使用方法等，服务了约 1800 人次，切实丰富了参与者的防灾减灾知识。以党建为引领，项目组还开展"不忘初心、牢记使命"防灾减灾宣传志愿服务活动。志愿者们在学校望江、江安、华西三大校区开展"不忘初心、牢记使命"防灾减灾宣传志愿服务活动，积极为老师和同学们讲解防灾减灾小知识，发放 1000 余份"逃生与自救"安全手册，得到了大家的一致好评。

（三）创新活动组织形式，切实提高活动质量

为丰富校园安全传播形式，增强活动吸引力，项目组结合每年国家减灾日、国际减灾日的主题，因时制宜地开展不同活动，增强受众的参与性。通过 VR 体验、海报设计大赛、知识竞答、科普讲解大赛、宣传展、移动安全营等多种形式，不断提升参与人员积极性。项目组以国际减灾日为契机，开展防灾减灾知识竞答活动，设计了一系列贴近生活、生动有趣的问答，吸引了大量同学参与，增长了同学们的安全知识，丰富了同学们的校园文化生活，掀起学校师生积极学习防灾减灾知识的热潮。同时，还通过举行防灾减灾海报设计比赛等形式，充分发挥参赛人员的专业性和创造性，形成一批知识与趣味相得益彰、极具感染力的优秀作品。此外，项目组积极探索宣传工作新路子，让参与者从安全知识的接收者转变为安全文化的传播者。举办防灾减灾科普讲解大赛，吸引全校多名学生参加，为热心参与防灾减灾事业的学生提供平台。

三、延伸教育宣传触角，推动安全教育进校、进区、进村

只有更多的人参与防灾减火安全教育，才能更好地实现"教育一个学生、带动一个家庭、影响整个社会"的目标。因此，项目组在夯实校园安全文化建设的基础上，不断拓宽安全教育传播覆盖面，将目光放在成都市各中小学、社区、村落上，为构建更丰富的校园防灾减灾文化凝心聚力。

首先，在中小学及高校举办"科普进学校"系列活动。例如，结合全国科普日主题，推出"灾害防范与垃圾分类"科普活动。该活动入选成都市科技局、成都市科学技术服务中心、成都市科普教育基地联合会举办的"科学第一课 走进校园"活动。同时，

组织成员赴成都市鼓楼小学、成都市双语实验学校等开展科普活动，增强了小学生们的防灾减灾意识。

其次，积极联合成都市各社区开展防灾减灾科普进社区活动。联合武侯区永兴社区开展"创新蓉城科普社区行——防灾减灾科普进社区活动"，助力"活力永兴"安全营工作开展；与锦江区国槐路社区合作开展"平安社区新模式，百日攻坚放大招"移动安全营防灾减灾科普教育活动。这些活动有力加强了社区的安全能力建设，提升了社区组织能力、居民应急能力，为校社联动找到了更精准的切入点，为探索基于校社协同服务学习和资源共享的、亲民长效的社区建设新模式提供了新思路。

最后，赴成都市郫都区唐昌镇战旗村开展走进乡村防灾减灾宣传教育服务活动，以最直观的"视觉语言"向群众介绍地震、洪水、泥石流等常见自然灾害的形成机理和应对方法。在 VR 模拟逃生体验中，参与者利用 VR 设备模拟防震演练和应急避险、合理配置应急物品、制定逃生路线等。此外，还通过"减灾文创博物馆"等形式向群众展示更多有关灾害应对的知识技能，激发人们对各类灾害的关注度，使村民掌握基本的防灾减灾知识和灾害应急对策。教育部官网以《高科技助力防灾减灾教育进乡村》为题报道了这一活动，彰显了四川大学灾后重建与管理学院师生助力防灾减灾教育宣传事业的使命担当和青春风采。

"双一流"背景下高校国际传播矩阵构建
与影响力提升研究

龙　莉①

　　摘　要：高校开展国际传播、提高国际传播力，不仅是建设世界一流大学的内在需要，而且是服务国家对外战略的必然要求。我国高校在国际传播方面存在国际传播意识不强、传播主体和传播内容相对单一、传播渠道不通畅、话语方式适配度不高、传播效果有待提升等问题。我国高校要加强国际传播、提高国际竞争力，就要建设多元国际传播人才梯队，发挥不同传播主体的能动性；拓宽国际传播渠道，形成多媒体协作联动机制；优化传播内容和方式，提升国际传播效能。

　　关键词：国际传播　传播矩阵　传播效能　国际影响力

　　党的十八大以来，以习近平同志为核心的党中央高度重视教育、科技、文化事业的发展。2015 年，国务院印发《统筹推进世界一流大学和一流学科建设总体方案》，要求按照"四个全面"战略布局和党中央、国务院决策部署，坚持以中国特色、世界一流为核心，以立德树人为根本，以支撑创新驱动发展战略、服务经济社会发展为导向，坚持"以一流为目标、以学科为基础、以绩效为杠杆、以改革为动力"的基本原则，加快建

---

　　①　龙莉，四川大学党委宣传部宣传科副科长，讲师，研究方向为新闻传播、文化产业。

成一批世界一流大学和一流学科。这就要求我国高校在不断提高人才培养、科学研究等核心竞争力的同时，还要加快构建强大的国际传播矩阵，不断提升中国高校在世界高等教育中的话语权，提高国际传播力，树立良好的品牌形象，提升全球影响力。

一、高校国际传播的定义

广义的国际传播是指不同的国家和地区通过多种方式进行信息交流互动的行为。它既包括借助大众媒体进行的大众传播，也包括基于个人互动的人际传播。狭义的国际传播主要指以国家或地区为基本单位，通过大众传播媒介开展的以提升国家或地区形象、加强跨文化交流合作为目的的大众传播行为。本文讨论的高校国际传播主要是指高校作为传播主体，借助互联网络、广播电视、报纸杂志等大众传播媒介进行的信息交流和传播活动。

高校开展国际传播、提高国际传播力，不仅是建设世界一流大学的内在需要，也是服务国家对外战略的必然要求。首先，加强国际传播，可以吸引更多的优秀人才来华学习和工作，加强国内高校与国际一流大学的交流合作，有助于提高国内高校办学治校的国际化水平。其次，高校是文化传播的重要窗口，加强国际传播，有助于促进全球青年人的互学互鉴，推进世界不同文明间的交流互鉴，更加生动地讲好中国故事、传播中国声音、展示中国形象。

二、我国高校国际传播现状及问题

目前，我国高校在国际传播方面存在国际传播意识不强、传播主体和传播内容相对单一、传播渠道不通畅、话语方式适配度不高、传播效果有待提升等问题。在传播意识方面，部分高校国际传播意识不强，缺乏专门的国际传播机构进行系统谋划，单纯依赖专业媒体机构进行传播，在传播议程设置和传播内容制作方面缺乏主动性。在传播主体方面，一些高校在进行国际传播时更多依赖学校宣传部、国际处等官方机构，未能充分发挥专家学者、在校学生，特别是留学生、广大校友等传播主体的积极性，传播主体结构单一。在传播内容方面，我国高校的国际传播内容主要集中在校园重要新闻事件、重大科研成果等硬新闻报道，缺乏针对海外受众群体的内容策划，传播内容的可读性不强。在传播渠道方面，当前我国高校进行国际传播的主要渠道包括英文版的官方网页、Twitter 和 Facebook 等社交媒体平台、专业媒体机构等，但有的高校在渠道建设过程中存在英文网站更新不及时，社交媒体平台活跃度低、互动性差，外文专业媒体新闻报道量少等问题。在传播效果方面，相比于欧美顶尖名校，我国高校国际传播内容对于用户的曝光度和触达率都有很大提升空间，这主要体现在正面新闻的整体数量不足，单条新闻的点击播放量、转载量、搜索量等偏低，信息触达人群规模小。同时，由于传播内容单一、吸引力不强，传播话语方式适配度不高，官方社交媒体平台不活跃，传播者和受众互动不足，很难形成二次传播和多次传播，很难实现传播红利裂变增长的效果，从而造成全媒体语境下我国高校的美誉度和国际影响力等"软实力"与人才培养、科学研究等"硬实力"之间存在一定差距。因此，我国高校要实现建设中国特色、世界一流大学的目标，就必须加快构建国际传播矩阵，提高国际传播力，扩大国际影响力，在世界高等教育领域发出中国声音。

三、构建国际传播矩阵，提升国际影响力

（一）建设多元国际传播人才梯队，充分发挥不同传播主体的能动性

我国高校要组建专业的国际传播团队，做强核心传播主体。高校的国际传播团队首先要政治过硬、信仰坚定。在波谲云诡的国际局势下，在复杂严峻的意识形态斗争中，始终站稳中国立场，坚持发出中国声音，展示中国高校良好形象。其次要有优秀的专业能力。不仅要有出类拔萃的新闻专业能力，还要熟练掌握外语。再次要有强大的学习能力。巨变的时代要求专业传播工作者必须具备快速学习的能力，要能够不断地进行自我知识和技能的更新迭代，不断适应各种环境的变化。最后要有深厚的人文底蕴。不仅要对中华优秀传播文化有深厚的理解和认识，也要熟悉传播对象国的历史和文化，掌握跨文化传播技巧。要培养强大的意见领袖群体，充分发挥知识精英的传播影响力。万物互联时代，现代传播呈现出传播主体多元化、去中心化的特点，传统意见领袖的话语权在多点化、平权化的网络环境下被削弱，基于自身专业权威性、社会影响力、观点输出能力、媒体运营技巧成长起来的网络大 V 已然成为重要的意见领袖。高校的专家学者在

权威性、影响力和观点输出能力等方面具有得天独厚的优势，高校要善于在他们中发现和培养知识精英型意见领袖，充分发挥他们的传播力与影响力。要充分调动师生和校友参与国际传播的积极性，形成多点位、多链条、多层级传播，释放规模效应。

（二）拓宽国际传播渠道，形成多媒体协作联动机制

我国高校要建强官方英文网站，及时发布权威信息。官方英文网站是高校对外宣传、发布信息、吸引人才、展示形象的最权威窗口，其建设运行情况直接影响海外受众对学校的认知和学校的国际形象。然而，目前我国部分高校并没有充分重视英文官网的建设，存在网站设计老旧、内容呆板、更新不及时等问题。

要提高国际传播力，一是要建设一流的英文官网，优化版面设计，丰富网站内容，增强互动体验。要根据受众需求和形象展示需要，及时发布和更新关于学校的人才培养成绩、科学研究成果、国际交流项目、专家学者团队、教学教学情况、专业和课程设置等重要信息，发挥英文官网的核心作用。二是要建好海外社交媒体平台的官方账号，与海外受众充分互动。社交媒体是公众获取信息、发表观点、交流意见的重要平台，Twitter、Facebook、TikTok 等拥有海量用户的知名社交媒体具有强大的社会影响力，高校要提升国际知名度和影响力，就必须高度重视社交媒体的作用，运营好海外社交媒体平台的官方账号，将其作为提高国际传播力的突破点。改变"传者本位"单向传播的惯性，根据海外用户特点，结合不同平台特性，加强硬新闻与软新闻相结合、宏大叙事与个体叙事相结合，增加对师生典型人物和校园趣味故事的报道，推出系列短小精悍、交互性强的传播精品。突破图文传播的单一模式，综合运用现场直播、短视频、连线互动、动漫 flash 等传播手段，增强传播内容的可读性和互动性，提高传受双方的黏合度，提升传播效果。同时用好社交媒体平台的主页推广服务，提高传播精准度。三是要加强与海外专业媒体机构的合作，提升在海外专业媒体中的曝光度和美誉度。相较于社交媒体，专业的媒体机构是人们获取信息、建立认知的最重要渠道，具有不可替代的权威性和影响力。我国高校要提高国际影响力，就必须加强与海外专业媒体机构的联系与合作，不仅要加强与英美等发达国家媒体机构的合作，也要加强与"一带一路"沿线国家媒体的交流互动，服务国家对外战略。围绕办学治校的中心工作加强与海外主流媒体的合作，及时发布学校人才培养的亮点成绩、科研工作的重大突破、国际学术论坛的成功举办等重要信息。同时，邀请海外主流媒体，共同围绕典型人物、科技成果、重大活

动、校园话题等进行报道策划，形成传播合力。四是要发挥好外文学术期刊的作用。高校创办的外文学术期刊不仅是学校科研实力的体现，更是进行对外学术交流，提高学术影响力和话语权的重要平台。高校应该从服务国家科技强国战略出发，围绕世界一流学科建设，结合本校学科特色，建设提升一批高水国际期刊，提高学科竞争力。

（三）优化传播内容和方式，提升国际传播效能

高校开展国际传播，要深入理解内外传播的异同和跨文化传播的特点，把握好本土化和全球性的辩证关系，主动设置议题，加强受众分析，实现精准传播。要将服务国家战略与提高学校国际竞争力相结合，在传播主题设置方面，将构建人类命运共同体和建设世界一流大学相结合，围绕国际传播热点设置相关议题，充分体现中国高校在消除贫困、绿色低碳、文明互鉴、和平发展等方面的贡献。将传播中华优秀传统文化与展示校园独特魅力相结合，设置相关文化议题，彰显中国高校的文化魅力，做好跨文化交流的桥梁与纽带。在传播内容方面，将展现学校硬实力与宣传学校软文化的内容相结合，既要重点宣传学校各项事业发展成就，更要生动讲述学校的人文故事，将宏大叙述与个人故事相结合，提高传播内容的可读性和鲜活度。在传播方式方面，要坚持细分受众，结合不同媒体平台的特点和跨文化传播要求，构建"新旧融合、一次采集、多种生成、多渠道传播"的新闻信息生产与传播机制，形成同一内容多次传播的叠加效应，实现传播资源利用最大化、传播效果最优化，最大限度地提高受众满意度和黏合度，全面提升国际传播效能。

高校是人才培养的摇篮、科技创新的高地、文明互鉴的窗口，面对百年未有之大变局，我国高校要肩负起历史使命，发挥人才、技术、平台、文化等优势，加强国际传播，提高国际影响力，向世界展示蓬勃向上的中国青年形象，介绍熠熠生辉的中国科技发展成就，讲述源远流长的中华文明故事，展现可信、可爱、可敬的中国形象。

参考文献

［1］国务院印发《统筹推进世界一流大学和一流学科建设总体方案》［EB/OL］.（2015－11－05）. https://www.gov.cn/xinwen/2015－11/05/content_5005001.htm.

［2］李敏，何佳文. 发展传播学视域下高校国际传播理念及策略创新［J］. 浙江大学学报（人文社会科学版），2022（5）.

新媒体时代高校工会做好新闻宣传工作的路径研究①

邱 超 蔚 钰②

摘 要：新媒体时代，高校工会承担着传递信息、沟通内外、维护权益、塑造形象等重要职能。高校工会的新闻宣传工作有利于提高政策和活动的信息传播效率，增强工会与教职工的互动交流，促进教职工权益保障，构建工会及学校积极形象，增强工会组织动员和危机管理能力。为了提升新闻宣传工作，高校工会应明确宣传定位，创新传播形式，构建多元互动平台，提升内容质量，并强化品牌意识，以此适应信息化发展趋势，提升工会服务质量和内涵。

关键词：高校工会 新媒体 新闻宣传工作

高校工会作为教职工的代表组织，在新闻宣传方面承担着传达信息、沟通内外、维护权益、塑造形象等重要职能。2018 年，习近平总书记在同全国总工会新一届领导班子成员集体谈话时强调，要把网上工作作为工会联系职工、服务职工的重要平台，增强传播力、引导力、影响力。新媒体时代，传播速度快、覆盖面广、交互性强的交流环境更有利于提高高校工会相关政策和活动的信息传播效率，加强工会与教职工沟通互动，

① 本文系四川大学工会 2022 年度工会理论研究课题"新媒体时代高校工会做好新闻宣传工作的路径分析"（项目编号：SCUGH2022-033）研究成果。

② 邱超，四川大学党委宣传部综合科科长。蔚钰，四川大学党委宣传部教育电视台台长，讲师。

促进教职工权益保障，构建工会正面形象，增强工会组织动员能力和危机管理能力等。高校工会做好新闻宣传工作是适应信息化发展趋势、提升服务质量和内涵的必然选择。高校作为人才高地，应创新工会新闻宣传模式，探索工会新媒体建设。

一、高校工会新闻宣传工作研究现状

近年来，学界对高校工会的新闻宣传工作关注点多聚焦在新媒体的运用、宣传策略和内容创新等方面。从论文发表数量来看，以"高校、工会、新媒体"和"高校、工会、新闻宣传"为主题词在中国知网 CNKI 中文数据库进行检索，从 2010 年至 2023 年共筛选出 80 篇相关主题研究论文。数据显示，从 2015 年起关于高校工会新媒体的论文发表量逐步攀升，而 2015 年也是中共中央先后发布关于加强工会网上工作系列政策的一年，可见全国高校工会在近几年才逐渐有了互联网意识。这些研究注重如何利用新媒体技术提高宣传效果，拓展宣传渠道，以及如何通过宣传活动增强工会组织的凝聚力和影响力。一方面，关注高校工会宣传对学校建设的促进作用，包括如何通过高校工会宣传工作促进师德师风建设、提升教师职业素养、推动"三全育人"、加强校园文化建设等；另一方面，基于对高校工会宣传工作现状的研究，讨论工会机制优化策略，如构建智慧工会、探索党工共建工作模式、提升校内资源协作等。尽管如此，高校工会新闻宣传工作在学术研究中仍属于较新的研究领域，需要更多的学术关注和深入研究，以促进理论与实践的紧密结合，不断增强高校工会凝聚力和吸引力。

二、四川大学校工会做好新闻宣传工作的相关经验

以四川大学校工会为例，我们可以从多个层面深入探讨如何通过新媒体塑造其形象，并有效传达其使命与价值。以下概述四川大学校工会如何利用新媒体强化引领作用，建设教职员工的温暖之家，并通过规范化、多层次、广覆盖的宣传策略提升阵地建设的新质效。

（一）明确的宣传定位与核心价值的传达

新媒体时代，四川大学工会通过明确的宣传定位，成功传达了其核心价值观，即

"服务教职工、维护权益、促进和谐、展示成果"。这一策略的制定充分体现了工会在高校生态中的角色和使命。通过深入分析其受众的需求和期望，工会能够制订具有针对性的宣传计划，不仅满足了教职工的实际需求，也促进了校园文化的和谐发展。例如，工会在处理教职工权益保护案例时，不仅提供法律援助，还通过案例分析会议和新媒体平台分享，教育和引导全体教职工正确理解和维护自身权益。此外，四川大学工会通过宣传教职工的成就和贡献，有效提升了教职工的职业荣誉感和归属感。这种宣传方式不仅增强了工会的凝聚力，也提升了工会在校园内外的影响力。通过有目的的宣传活动和精心设计的信息传播，四川大学工会确保了其宣传策略的实效性和影响力，从而在新媒体时代为其核心价值观的传播奠定了坚实基础。

（二）创新的传播形式与故事化内容

四川大学工会在新闻宣传中采用了创新的传播形式，显著提升了信息的吸引力和传播效率。工会不仅利用传统的新闻稿件和通讯报道，更是积极探索使用微电影、H5页面、微博、微信、短视频等多样化的新媒体工具，这些方式更加符合当前受众的偏好。特别是微电影和H5页面，利用故事化的内容传达有效抓住了教职工的情感需求，延展了信息的传播深度。比如，工会制作的微电影《师者之心》通过讲述一位资深教师的日常生活和教学情景，深刻展现了教师的教育情怀和职业责任，引发了广大教职工的共鸣，促进了师德师风的建设。此外，通过微博和微信平台的互动功能，工会及时收集教职工的反馈和建议，进一步优化宣传内容和形式，使其更加贴近教职工的实际需求。

（三）构建多元互动平台

四川大学工会通过创立多元化的互动平台，显著提高了信息传播的效率和教职工的参与度。实施此策略涵盖了工会官网、微信公众号、微博及其他数字媒体平台的系统管理与内容更新。例如，工会官网定期更新，发布工会动态和重要通知，确保所有教职工都能即时访问相关信息。微信公众号通过推送实时活动信息、福利政策和健康科普文章，有效服务于教职工的日常需求。具体到互动实践，四川大学工会在"五一""七一"和"十一"等重要节日推出的思政专题推文，累计浏览量近4万次。这些专题推文不仅关注国家时政和学校的中心工作，还突出了主题教育的重点任务，有效增强了教职工对国家政策和学校发展方向的理解与支持。这种定期且目标明确的内容更新，提升了教职工的信息获得感和参与感，促进了工会与教职工之间的沟通和互动。

（四）强化工会作为桥梁与纽带的角色

四川大学工会在强化其作为校方与教职工之间桥梁和纽带的角色上，做了大量工作。工会不仅传达教职工的需求与建议，更是参与学校决策过程，确保教职工的声音被听见和考虑。工会通过组织职工大会，让教职工代表直接向校方表达意见和提出需求，这种直接的交流方式显著提高了问题解决的效率和准确性。工会还通过官微发布了 980 余篇工会分会工作动态和 300 余篇节日祝福及福利信息，累计阅读量超 30 万次。这些信息的广泛传播不仅增强了教职工对工会活动的了解，还加深了他们对工会作为支持和保障机构的信任。特别是在节日和特殊时期，工会能够及时发布关怀信息，将温暖和关心直接深入每一位教职工心中，体现了工会在凝聚教职工、增强组织力量方面的核心作用。

在追求宣传工作质量的同时，四川大学工会始终注重实效，确保每一次宣传都能抓住重点，增加亮点。这种策略确保了宣传的实效性和持续性，使得工会的宣传水平不断攀升。

三、新媒体时代高校工会做好新闻宣传工作的路径建议

为更好地通过新媒体传播高校工会声音、讲好高校工会故事、塑造高校工会形象，高校工会可从以下几方面着手。

第一，明确宣传定位。工会需要明确在高校中的角色定位，围绕服务教职工、维护权益、促进和谐、展示成果等方面进行宣传。

第二，创新传播形式。除了传统的新闻稿件、通讯报道等形式，工会应积极探索微电影、H5 页面、微博及微信互动、短视频等新媒体传播形式，通过故事化、场景化的传播，以更为灵活、生动的方式吸引教职工的关注。

第三，构建多元互动平台。高校工会应当利用新媒体技术，建立起微博、微信公众号、网络论坛等互动平台，实现多渠道、全方位的信息传播，促进师生员工的参与感和互动性。同时，与学校宣传部门、学生组织以及其他教职工团体等建立协同合作机制，形成宣传工作的合力。

第四，提升内容质量。内容是宣传的核心。工会应注重新闻宣传内容的专业性和深度，通过问卷调查、评论互动、线上线下座谈会等形式，加强与教职工的互动交流，了解他们的需求和意见，从而提炼出有价值、有深度、有温度的宣传内容。工会可以通过新媒体平台发布政策解读、工作动态、教职工风采、权益保障等多方面内容，充分展示工会工作的成效与价值。同时，应结合学校工作节奏和教职工生活规律，合理规划宣传活动的时间表和内容周期，保证信息的及时性和有效性。并且定期对工会工作人员进行新媒体运营、新闻写作、舆情应对等方面的培训，提升团队的整体素质。通过专业、积极、正面的新闻宣传，构建并维护工会及所在高校的品牌形象。

第五，强化品牌意识。高校工会应建立自身的品牌形象，通过标志性的视觉元素和统一的传播语言，形成独特的品牌识别系统。例如，工会围绕学校特色、文化传承、教育理念等方面，提炼出具有辨识度的宣传主题。通过主题的设定，将工会的活动和新闻与学校特色紧密结合。值得注意的是，新媒体传播速度快，要确保信息的准确性和权威性。高校工会要注重信息的真实性和时效性，及时准确地反映师生员工的声音和需求，确保信息传播的质量。

综上所述，新媒体时代高校工会做好新闻宣传工作，需要与时俱进，充分发挥新媒体的平台优势，不断创新传播内容和形式，同时保障信息质量，强化品牌意识。通过这样的路径，可以有效地将工会工作推向前进，更好地服务于教职工和学生，增强高校的凝聚力和影响力，提升学校整体知名度和影响力。

参考文献

[1] 学习贯彻习近平总书记关于工人阶级和工会工作的重要论述 扎实推进智慧工会建设 [EB/OL].
(2019-12-03). http://acftu.people.com.cn/n1/2019/1203/c120901-31487884.html.

[2] 李耸. 隐喻视角下高校工会新媒体形象建构研究 [J]. 传媒, 2023 (17).

新时代高校廉洁文化建设路径探析

祁　骁①

摘　要：加强高校廉洁文化建设是落实全面从严治党战略部署的重要内容，是实现高校社会功能、促进社会精神文明进步的重大课题，是加强师生思想政治教育的应有之举，是高校落实立德树人根本任务的重要保障，培育以廉洁文化为基础的优良校园文化意义重大。当前高校廉洁文化建设存在体制机制不健全、内容体系单一等的问题，亟须在实践中加以解决。

关键词：高校校园文化　廉洁文化　廉洁教育　反腐败

高校是廉洁文化建设的重要阵地，是培养具有清廉品格的高素质社会主义建设者和接班人的重要主体，是廉洁教育资源的重要贡献者。习近平总书记在二十届中央纪委三次全会上指出"要加强新时代廉洁文化建设。深入开展党性党风党纪教育，传承党的光荣传统和优良作风，激发共产党员崇高理想追求，把以权谋私、贪污腐败看成是极大的耻辱。要注重家庭家教家风，督促领导干部从严管好亲属子女。积极宣传廉洁理念、廉洁典型，营造崇廉拒腐的良好风尚"，明确了廉洁文化建设的总体思路，为加强新时期高校廉洁文化建设指明了方向。

---

① 祁骁，四川大学纪委、监察专员办公室副主任，助理研究员，研究方向为高校党政管理、纪检监察工作实务与研究。

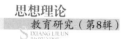

一、高校廉洁文化的内涵和外延

加强高校廉洁文化建设，首先必须从基本概念着手，厘清高校廉洁文化的内涵和外延，才能结合现状进一步分析问题症结，提出应对之策。

（一）文化范畴下的校园文化

人因时空交汇聚集而组成人群，进而构成社会，并在相互作用中形成基本的、统一的思想认知和共同认可的行为规范。社会中又存在着很多细分群体，不同群体往往有着不同的信仰和价值观，因此形成不同的文化群体，进而出现主流文化和各种亚文化共生现象。高校是一个小型社会，同样拥有一套文化体系，校园文化是价值取向、道德观念、行为习惯、管理理念、制度规范的总和，具有较强的时代性、继承性、融合性等特征。其中，以马克思主义世界观、方法论和习近平新时代中国特色社会主义思想为核心，以校风、校训为主要内容的价值观念和行为取向代表主流文化，承担着价值导向和引领作用；教师、专家学者、学生、管理服务人员等不同群体，因角色身份和利益关系不同，形成若干亚文化，既有正向的，也有负面的。同时，高校作为独立圈层，并非完全孤立隔绝，在与外界交流互动中，与社会文化相互吸收融合，通过文化输出和价值引领则实现高校文化功能。

（二）高校廉洁文化的内涵及外延

本文认为高校廉洁文化是以清廉、正直、纯洁等优良品质为价值追求，以"亲""清"关系为基本互动规则的普遍认同及行为规范的集合。从外延上看，校园廉洁文化包括廉洁思想与廉洁理念、廉洁制度与行为规范、廉洁氛围与廉洁形象，既有对个体的要求，也有对群属的约束，融合在校园文化中，渗透在教学、科研、管理、服务等各个领域。在廉洁文化的约束和引导下，从思想意识来看，广大党员干部党性原则强，纪律规矩意识强，清正廉洁拒腐防变；从个体层面来看，教师专心授业，学生全心学习，科研人员潜心专研，管理服务人员用心服务保障；从制度规范来看，学校规章制度健全完备，制度执行有保障，并能被广大师生接受认同；从环境氛围来看，校园生态文明和谐，人际关系融洽，权力透明，贪腐、"四风"等现象鲜有发生。

（三）廉洁文化建设的目标与任务

校园文化的融合性特征决定了同一所校园内部往往主流文化和多种非主流文化共生，其中，主流文化表现出外在一致性，非主流文化的相互碰撞则体现了大学校园的包容性和多样性。廉洁文化作为校园文化的一部分，是广大师生对正常人际关系、利益关系、规则意识等基本认知的总和，是校园文化的基石。高校是一个"象牙塔"，被社会看作道德和文化的制高点，腐败问题往往只是个别现象，但从社会文化中渗透的隐形腐败、微腐败等却有赖于生存的土壤，并形成一定的亚文化，潜藏在部分群体的认知中。只有廉洁文化成为高校主流文化的一部分，廉洁的观念深入人心并被践行，才能强有力地支撑和保障校园文化风清气正，并在传承延续中良性健康发展。

二、加强高校廉洁文化建设的重要意义

（一）加强党对高校领导的重要举措

习近平总书记指出："加强党对高校的领导，加强和改进高校党的建设，是办好中国特色社会主义大学的根本保证。"坚持和加强党对高校的全面领导，要求将全面从严治党的战略方针落实到高校党的建设和办学治校的全方位、全过程，做到以政治建设为统领，全面加强党的思想建设、组织建设、纪律建设、作风建设和纪律建设。廉洁文化的核心内涵是以清廉、正直、纯洁等优良品质为价值追求，以"亲""清"关系为基本互动规则，涵盖了思想、组织、纪律、作风、制度等各方面。培育廉洁文化是坚持党对高校的全面领导的必然要求，是推进高校全面从严治党向纵深发展的重要举措。

（二）落实立德树人根本任务的重要保障

高校在实施教育教学、科研创新、人才培养等过程中，必须始终围绕"培养什么人"这一核心命题。五育并举，德育为先。落实立德树人根本任务，首先在"立德"，即培养品德高尚、德行兼备的高素质人才。为人师者先必有德，做学生的榜样和楷模，进而教化学生养成良好的品行和作风，严格自律，拒腐防变。学生有德，理想信念坚定，价值取向端正，人生目标坚定，才能担当起社会主义建设者和接班人的重任。加强高校廉洁文化建设，构建风清气正的校园生态，铲除腐败滋生的土壤，是培养高素质人

才、产出高水平科研成果、引领社会主义先进文化的重要保障，是实现教育强国、文化强国的重要力量。

（三）引领社会文化的重要力量

高校廉洁文化建设不仅是净化校园风气的重要保障，同时也是传播正能量、构筑廉洁环境的重要力量。通过教师、学生向家庭、社会传递廉洁从业的理念、公平正义的法治意识、杜绝奢靡的价值取向等，实现高校廉洁文化社会功能，共同助力营造崇廉拒腐的社会风尚。

三、当前高校廉洁文化建设存在的主要问题

（一）廉洁文化建设主体身份意识不强

文化是由人与人交往和相互作用产生的，其社会属性决定了每个个体既是共同思维方式和行为习惯的遵从者，又是话语体系、行为规则的缔造者。因此，文化系统内每个个体或群体都是文化建设的主体。高校廉洁文化建设主体应该包括全体师生，具体可分为五类：一是党群部门，包括高校党委、纪检监察组织、团委等，主要负责组织开展廉洁教育；二是职能部门，如人事、财务等具有一定管理权力和服务属性的机构，是廉洁文化建设的重要环节；三是院系，是人才培养、教学科研活动的组织者和实施者；四是负责教学科研工作的教师，是传道受业解惑的第一人，是学生成长成才的引路人，要以身作则做好廉洁示范；五是学生，既是廉洁教育的对象，又是廉洁教育的参与者，是廉洁理念和廉洁文化的重要传播者。当前，高校习惯性按照管理科学的思维，通过党群部门—院系/职能部门—教师—学生的线性模式开展廉洁教育和廉洁文化建设，忽视了廉洁文化建设作为一个系统工程，每一类主体都应发挥建设主体功能。廉洁文化建设不只是党群部门的职责使命，职能部门、院系、教师、学生都应该是建设主体，既是受动者，也是施动者。

（二）忽视制度约束和规则意识的重要性

从客体上看，当前校园廉洁文化建设主要在理想信念教育、思想引导、意识培养等方面用力，对制度机制建设和师生规则意识培养重视不够。健全完善的制度机制有助于

明确底线、红线，是加强约束、强化治理的前提。而制度得到充分执行，师生规则意识强烈，自觉按程序规则办事，才是形成有效治理的关键。结合实际来看，在小事上区别对待、不按程序办事等现象仍然存在，虽然这种现象还不足以构成违纪违法，但本质上仍是对制度刚性的威胁和破坏，不利于师生纪律规矩意识的培养。

（三）廉洁教育的文化属性未充分体现

文化分有形文化和无形文化，物质文化就是有形的，思想文化、行为文化、制度文化等则是无形的。无形文化难以被观测和度量，因而容易被忽视。当前高校廉洁文化建设形式各异，内容丰富多彩，大多以有形文化呈现，而廉洁的理念、正直的秉性、高雅的追求、"亲""清"的关系、遵规的意识等无形文化难以完全呈现。廉洁文化建设要求所有文化建设主体"致广大而尽精微"，注重从小处着眼，从小事做起，从日常言行和细微之处守住道德的底线，使肃清腐朽、杜绝奢靡、弘扬清廉浸润到校园文化中，成为潜移默化的规则和约定俗成的警戒线。

四、加强新时代高校廉洁文化建设的路径探析

（一）完善校园廉洁文化建设体制和机制

一是坚持党建引领，强化顶层设计，学校党委强化组织领导，推动廉洁文化建设与学科建设、学术科研、师资队伍、人才培养、管理服务等全方位融合。二是做好系统谋划，探索建立学校党委统一领导、纪检监察机构协助、各职能部门有效配合、院系具体实施的立体模式，纪检监察机构强化警示震慑、纪律约束，组织人事部门加强师德师风建设，宣传部门加强理论学习安排和宣传引导，院系细化工作方案、强化责任落实，形成多层次的廉洁文化建设格局。三是加强师生理论学习机制、课程体系、活动体系、奖惩体系、制度体系等系统化建设，通过学校主导、社会资源、家校协同、心理教育和法制教育相结合，教师做好遵纪守法的带头人和尚荣知耻的"引路人"，学生积极成为廉洁文化建设的参与者和廉洁理念的践行者。

（二）完善高校廉洁文化建设体系

一是完善廉洁文化内容体系，丰富廉洁教育资源，采取线上、线下途径打造廉洁文

化教育资源库，强化反腐败相关的理论知识、党和国家法规以及学校规则制度、实际典型案例学习教育，发挥廉洁教育的正面引导和反面警示作用。二是完善廉洁文化教育体系，以马克思主义世界观、方法论和习近平新时代中国特色社会主义思想为根本指引，以社会主义核心价值观为核心内容，将一体推进"三不腐"的思路贯穿始终，强化师生思想政治教育，发挥社会主义先进文化和优秀传统文化的引领作用，促进广大师生深刻认识腐败问题及产生原因，形成良好的道德修养和严于律己的作风，涵养师生纪律规矩意识、法治观、道德观、荣辱观、学术观。

（三）促进廉洁文化与校园文化结合融合

推动廉洁文化融入大学文化底蕴之中，让遵规守纪、拒腐防变成为基本的认知底线，让科研诚信、公私分明成为共同的价值取向，营造风清气朗、健康和谐、积极向上的校园文化氛围，践行大学之道。

以伟大建党精神引领新时代大学生价值观教育

张　宇①

摘　要： 伟大建党精神蕴含着催人奋进的精神力量和育人功能，为新时代大学生价值观教育提供了丰富的教育资源和科学的行动指南。面对新形势，在以伟大建党精神引领新时代大学生价值观教育的进程中受到了国内社会矛盾、西方意识形态、教育引导策略等多方面因素的影响，高校教育工作者要在加强"学理化"阐释、拓展"数字化"建设以及推进"情景化"进程等方面下功夫，切实提高大学生价值观教育和思想政治教育工作的科学性和吸引力。

关键词： 伟大建党精神　新时代大学生　价值观教育

习近平总书记在庆祝中国共产党成立 100 周年大会上总结提炼了伟大建党精神：坚持真理、坚守理想，践行初心、担当使命，不怕牺牲、英勇斗争，对党忠诚、不负人民。党的二十大把弘扬伟大建党精神写进大会主题，并载入新修改的《中国共产党章程》，充分彰显了新时代弘扬伟大建党精神的重大现实意义和时代意义。中国特色社会主义进入新时代，我国正处于百年未有之大变局的加速调整期。新形势下，我国的发展面临新的战略机遇和挑战。全球经济一体化和信息技术的快速发展，也加速了西方资本

---

①　张宇，四川大学商学院专职辅导员，博士，讲师，主要研究方向为思想政治教育。

主义国家社会思潮和价值观念在我国的渗透。大学生作为青年群体中的中坚力量，思想活跃、富有创新精神、乐于接受新事物和新思想，是新时代实现中华民族伟大复兴的主力，但由于青年大学生缺乏对当前复杂国际形势的洞察力和敏感性，在受到多元价值观念冲击时很难保持理性思考和辩证判断，易引发其对社会主义核心价值观的困惑、评判、甚至是质疑。因此，高校教育工作者要把大学生价值观教育作为前沿性和紧迫性问题加以对待，对大学生价值观进行积极的教育引导。伟大建党精神是对党在各个时期与人民团结奋斗英勇事迹的高度概括、凝练与升华，蕴含着催人奋进的精神力量和育人功能，为新时代大学生价值观教育提供了丰富的教育资源和科学的行动指南。

一、以伟大建党精神引领新时代大学生价值观教育的理论意蕴

作为中国共产党人精神谱系的源头，伟大建党精神孕育于一代又一代中国共产党人忠诚践行初心使命的奋斗实践中，承载于中国共产党团结带领全国各族人民争取民族独立和人民解放、实现国家富强和人民幸福的百年征程中，根植于中华民族的精神血脉，高校要以伟大建党精神的思想优势、政治优势、精神优势和道德优势，引导新时代大学生将人生价值融入国家和民族事业中，做有理想、敢担当、能吃苦、肯奋斗的新时代好青年，朝着强国建设、民族复兴宏伟目标奋勇前进。

（一）发挥伟大建党精神的思想优势，夯实新时代大学生的价值取向

"坚持真理、坚守理想"，展现了党的强大思想优势。高校要引导大学生自觉为共产主义远大理想和中国特色社会主义共同理想而奋斗，首要任务是夯实新时代大学生的价值取向，助其树立起崇高的理想信念。习近平总书记强调："理想信念是共产党人精神上的'钙'，共产党人如果没有理想信念，精神上就会'缺钙'，就会得'软骨病'。"历史和实践也证明了理想信念要想更恒久、更有价值意义，就要把正确的价值取向和坚定的理想信念作为立身之本，把青春奋斗融入党和国家的事业，努力成长为党、国家和人民所期盼的有志青年。

（二）发挥伟大建党精神的政治优势，强化新时代大学生的责任担当

"践行初心、担当使命"，展现了党的强大政治优势。中国共产党是引领民族复兴的

马克思主义使命型政党，自成立之日就肩负起实现中华民族伟大复兴的历史使命。习近平总书记指出，"不忘初心、牢记使命不是一阵子的事，而是一辈子的事"，大学生要把不忘初心、牢记使命作为终身课题。新时代大学生要从伟大建党精神中汲取砥砺前行的力量，把初心使命转化为担当作为、干事创业的实际行动，为实现中华民族伟大复兴汇聚强大力量，切实肩负起新时代、新征程党赋予的使命任务。

（三）发挥伟大建党精神的精神优势，打造新时代大学生的优良作风

"不怕牺牲、英勇斗争"，展现了党的强大精神优势。在一百多年的奋斗历程中，在伟大建党精神的激励下，一代又一代中国共产党人前赴后继、不懈奋斗，在防范化解各种重大风险挑战时都发挥了先锋模范作用。在新征程上，大学生要继续做优良作风的传承人，要始终保持和发扬革命战争年代共产党人一往无前的奋斗姿态和义无反顾的战斗姿态。面对当前社会存在的"躺平""摆烂""内卷"等消极和不良文化，新时代大学生应以伟大建党精神为行动指南，以饱满的热情、坚韧的勇气，昂扬青年之精神，挺起中国之脊梁。

（四）发挥伟大建党精神的道德优势，涵养新时代大学生的为民情怀

"对党忠诚、不负人民"，展现了党的强大道德优势。将伟大建党精神融入价值观教育，就要以伟大建党精神体现的"为民精神"和崇高的价值追求来引导大学生处理好"小我"与"大我"的关系问题。回望伟大征程，是共产党员的"为民精神"砥砺着我们党坚毅前行。一个人只有忠于党、忠于人民，投身于中国特色社会主义伟大事业，才能不断提高自身的价值，因此要引导新时代的大学生以忠诚诠释初心，用奋斗践行使命，将个人的理想追求对接国家和人民的需求，在新征程上做出无负时代、无负历史、无负人民的业绩。

二、以伟大建党精神引领新时代大学生价值观教育的现实审视

以伟大建党精神引领新时代大学生价值观教育对于全面贯彻党的教育方针、培养堪当民族复兴重任的时代新人具有重要意义，但毫无疑问也会受到国内社会矛盾、西方意识形态、教育引导策略等多方面因素的影响。

（一）国内社会矛盾的客观性和复杂性影响

党的二十大报告进一步强调，我国将深入推进改革创新，坚定不移扩大开放。伴随改革开放的持续推进，我国的社会转型和经济变革也会持续加快。经济社会发展中产生的各种社会矛盾诸如贫富差距、社会保障、贪污腐败等现实性问题对社会群体价值观念造成了一定的冲击，而这其中最易受到影响的群体就是年轻的大学生。同时随着我国高等教育的大众化、普及化，大学生的就业和深造竞争日益激烈，加之价值多元化的时代背景，都直接或间接地影响到他们的价值目标、价值取向和价值判断。而且，新时代大学生少有艰苦生活的经历，所接受的生活磨炼较少，加之短视频、直播等产业快速发展而引发泛娱乐化问题等，这些都一定程度上影响了大学生对于伟大建党精神的理解。

（二）西方意识形态的渗透

在实现中华民族伟大复兴的进程中，我国不可避免地面临着各类风险挑战，其中西方意识形态的渗透问题较为紧迫。全球化和信息化的不断加快促使西方文化价值观向我国涌入和渗透，甚至妄图通过互联网散布有害信息、传播错误思想，阻挠身心尚未成熟的青年大学生树立正确的价值观。伟大建党精神是进行伟大斗争的思想武器，也是西方敌对势力企图瓦解的红色文化。大学生思维活跃，但思想成熟度欠缺，面对一些不良文化的强势渗透和潜移默化的影响，易产生迷茫和困惑，从而在价值取向上表现出矛盾性。

（三）大学生价值观教育引导体系有待完善

党的二十大报告强调"育人的根本在于立德"，要求"全面贯彻党的教育方针，落实立德树人根本任务"。我们党始终把德育、思想政治教育放在首位，大学生价值观教育是高校思想政治教育的重要内容。以伟大建党精神引领大学生价值观教育的理论和实践，能进一步推进培养践行社会主义核心价值观的实效性，推动思政教育有效发展。目前高校普遍对大学生的价值观教育和伟大建党精神的重视程度较高，但也存在教育内容上的空泛性、组织上的零散性和方法上的单一性等问题，还需探索紧跟时代发展的教育引导路径。

三、以伟大建党精神引领新时代大学生价值观教育的实施路径

新形势下，以伟大建党精神引领新时代大学生价值观教育，需要转变思维、更新观念，可在加强"学理化"阐释、拓展"数字化"建设以及推进"情景化"进程等方面下功夫，在实践中弘扬伟大建党精神，以伟大建党精神蕴藏的"红色"力量推动大学生在新时代实现全面成长、更好成才，切实提高大学生价值观教育和思想政治教育工作的科学性和吸引力。

（一）加强"学理化"阐释

在以伟大建党精神引领大学生价值观教育的实施中，高校教育工作者需进一步深刻把握伟大建党精神引领大学生价值观教育的内在逻辑，加强"学理化"阐释。首先应加强对新时代大学生价值观的深入剖析、深度调查和系统探讨，从多视域、多角度、多层面把握大学生价值观的形成规律和教育规律；进而通过聚焦新时代大学生价值观的特征、问题及成因，发挥伟大建党精神在引领大学生价值观建设方面的作用。应始终坚持以马克思主义的理论指导为根本，结合社会学、教育学和心理学等多学科理论进行研究方法的创新，从学理层面加强系统探索和理论视野，为从伟大建党精神中汲取强大的引导力奠定坚实的理论基础，拓展"大学生价值观教育引导"研究的解读框架和研究深度。

（二）拓展"数字化"建设

伟大建党精神需要有符合新时代的话语体系建设。发挥数字技术的优势，适应大学生网络话语特征，拓展教育"数字化"建设，在以伟大建党精神融入大学生价值观教育的实践中已是必然趋势。一方面，在未来研究中，高校教育工作者可以充分挖掘思政课程和专业课程所蕴含的伟大建党精神的教育元素，利用互联网、AR技术、VR技术等数字化技术手段，创新教学方法，善用故事教学，提升课堂学习的沉浸式和互动式体验，从课堂思考中内生出价值认同和自我塑造，站稳、守好教学主阵地；另一方面，高校教育工作者要借助融媒体平台的构建，深挖、活用红色资源，深度联动打造弘扬伟大建党精神的线上线下混合传播模式，同时通过大数据、人工智能等前沿性技术精准反馈

大学生在接受价值观教育过程中的学习情况、思想动态及发展需求。

（三）推进"情景化"进程

习近平总书记指出："要注意把社会主义核心价值观日常化、具体化、形象化、生活化，使每个人都能感知它、领悟它，内化为精神追求，外化为实际行动。"在推进以伟大建党精神引领大学生价值观教育"情景化"的进程中，高校教育工作者应紧密结合大学生的学科专业，强化特色实践服务，构建具有自身品牌和时代精神的校园文化。高校只有将伟大建党精神融入实际的校园情境和社会实践中，其中的价值精神才能得以生动体现，也才能切实提高大学生价值观教育的科学性和实效性。

此外，高校也可积极拓展校外实践教育基地，加强课堂与实践教学的一体化设计，探索校地融合新模式，强化社会实践联动，引导大学生走向社会、认识社会，在社会情景和实践中感受新时代伟大成绩、传承伟大建党精神。

参考文献

[1] 习近平. 在庆祝中国共产党成立100周年大会上的讲话 [N]. 人民日报，2021-07-02.

[2] 习近平. 高举中国特色社会主义伟大旗帜 为全面建设社会主义现代化国家而团结奋斗——在中国共产党第二十次全国代表大会上的报告 [N]. 人民日报，2022-10-26.

[3] 王夏杰，商继政. 论伟大建党精神的高校思想政治教育价值 [J]. 学校党建与思想教育，2022（2）.

[4] 刘建军. 伟大建党精神的理论解读 [J]. 思想理论教育，2021（8）.

[5] 刘嘉圣，刘晞平. 大数据时代思想政治教育质量评价研究 [J]. 学校党建与思想教育，2023（7）.

四川历史文化特色村镇培育研究[①]

曾怡园[②]

摘　要：为探研培育历史文化特色村镇的有效途径，更好地弘扬区域文化和传统文化，推动经济强省和文化强省融合发展，为治蜀兴川注入文化力量，提供精神支撑，本文对四川历史文化特色村镇培育的价值类型和面临的问题进行系统分析，并提出对策建议。四川历史文化特色村镇的培育面临人才较为匮乏、创新能力不足、融资渠道不畅等问题，应通过实施人才战略、提升文化创意、优化融资渠道、加强法治保障、开拓海外市场等途径激发活力，彰显时代价值。

关键词：历史文化　特色村镇　村镇培育　治蜀兴川

历史文化村镇是人类文化和记忆的"活化石"，其一砖一瓦、一椽一木，都凝聚着社会变迁的历史印记，镌刻着最质朴的民俗民风。"历史文化村镇经过长期的物质和文化积淀，往往形成了独特的空间结构和人文环境"，成为乡土文明的空间载体和文化遗产的重要组成部分。然而，在经济全球化发展和现代化建设的浪潮中，由于一些地方保护意识欠缺，在加快城镇化、美丽乡村、新农村建设的步伐中"急功近利"，历史文化

---

　　① 本文系四川省高校哲学社会科学重点研究基地四川新农村乡风文明建设研究中心重点课题"特色文化村镇培育研究"（项目编号：SCXN2019-001）的成果。

　　② 曾怡园，成都纺织高等专科学校艺术设计与创意学院副教授，四川大学工程设计院访问学者，研究方向为乡村文化与景观规划等。

村镇的衰落破败愈加严重。联合国人居署发布的《2022 世界城市状况报告》显示，2050 年全球城镇人口的占比将有望从 2021 年的 56％上升至 68％。但仅从 2000 年到 2010 年的 10 年期间，我国的古村落数量就从 360 万个减少到 270 万个，消失了 90 万个，相当于每天消失 300 个。"在快速推进的城镇化和鲜明的城乡二元隔绝体制的双重压力下，乡土中国无疑是脆弱的，历史文化村镇面临着严峻的生存危机"，如果不对其加以保护，可以设想，未来古村镇将在中国消失殆尽。

党的二十大报告强调"全面推进乡村振兴"，"扎实推动乡村产业、人才、文化、生态、组织振兴"。挖掘并发展历史文化村镇的特色，培育历史文化特色村镇，是全面推进乡村振兴的有效途径之一，同时也在弘扬区域文化和传统文化中发挥着积极作用。四川自古以来就享有"天府之国"的美誉，拥有众多的历史文化名镇，而且这些名镇以其丰富的自然景观、历史遗址、地方特色民居和与之不可分割的民风民俗等历史文化资源，成为中国甚至世界乡村古镇景观中不可替代和不可复制的一个重要组成部分。本文以四川历史文化特色村镇为考察对象，系统分析四川历史文化特色村镇培育的价值类型和面临的问题，并提出对策建议，以期有效回应乡村振兴的时代主题。

一、四川历史文化特色村镇培育的价值类型

（一）旅游发展型

旅游发展型是一种综合性很强的历史文化特色村镇价值类型，在发掘古村镇旅游价值的同时，也能整合多方资源，不仅能直接带动当地餐饮、住宿、商业、交通等多个行业水平的提升，还能间接带动与之相关的农业、工业、文化产业的建设发展，从而优化产业结构，加快经济增长，减轻就业压力，促进社会稳定。旅游发展型是四川历史文化特色村镇普遍采用的培育模式，并且具有较大的培育潜力。以 2023 年春节期间为例，中国旅游研究院专项数据监测显示，春节期间四川共接待游客 5387.59 万人次，居全国第一。

（二）革命历史型

四川历史文化特色村镇红色底蕴深厚，如南充市仪陇县马鞍镇已经发展成为缅怀朱

德同志丰功伟绩和对广大干部群众进行爱国主义教育、革命传统教育的红色旅游景区；巴中市通江县沙溪镇王坪村的川陕革命根据地红军烈士陵园现为中国最大、最早的红军烈士陵园，也是全国 30 条红色旅游精品线路推荐景区之一；还有两河口会议遗址所在地阿坝藏族羌族自治州小金县两河口镇、流传着"飞夺泸定桥"故事的甘孜藏族自治州泸定县泸桥镇、长征街和长征大桥等以"长征"命名的建筑随处可见的泸州市古蔺县太平镇等，都是革命历史型的历史文化特色村镇价值类型。

（三）传统建筑型

四川村镇传统建筑是古代巴蜀建筑文化的重要组成部分，在独特封闭的自然环境中，其建筑风格极富地方特色。而在悠久的历史演变发展过程中，四川又与外界各地有着丰富的文化交流，因此四川村镇传统建筑也表现出与中原及其他地区建筑文化相互影响、相互交融的多样性特征。如雅安市雨城区上里古镇五家村清代道光年间的四合院古建筑群，既有京城官宦人家的建筑风格，又兼具川西民居特色，极具建筑史学和审美艺术价值；成都市双流区黄龙溪古镇是川西保存最为完好的古镇，其以老式木建筑为主的民居最具川西民居代表性；还有成都市大邑县的安仁古镇、阿坝藏族羌族自治州理县的桃坪羌寨等，其传统建筑都具有很高的历史文化价值。

（四）工艺技术型

自古以来，具有悠久历史的古村镇文化与源远流长的传统手工艺技术可谓是交织并融。一方面，具有地方特色的传统手工艺是古村镇文化的重要组成部分，折射出了古村镇独特的文化魅力；另一方面，古村镇的文化繁荣也促进了传统手工艺的传承和发展。四川在保护和弘扬传统文化当中，形成了各具特色的古村镇文化，孕育了蜀绣、蜀锦、漆器、竹编器等品种繁多的传统手工艺品。这些传统手工艺品不仅是巴蜀文明的承载者、巴蜀文化的见证者，更是珍贵的国家非物质文化遗产。如成都市郫都区安靖镇作为蜀绣的发源地之一，素有"蜀绣之乡"的美称；还有德阳市绵竹市孝德镇年画村，以生产和加工充满浓郁乡土气息和鲜明年代感的年画而闻名遐迩。

（五）民间艺术表演型

四川民风民俗浓郁，民间艺术表演繁荣发展，形成了独特的巴蜀民间艺术表演文化，与古村镇悠久的历史文化相得益彰。如"川剧之乡"海窝子古镇是 2008 年

"5·12"特大地震以后成都市彭州市新培育的以川剧艺术表演为主要特色的历史文化村镇，这里也是古蜀王国开国中心之一，与三星堆、金沙遗址一脉同源，历史文化底蕴深厚；还有成都市双流区黄龙溪镇的"火龙灯舞"表演、巴中市南江县杨坝镇的"南江民歌"表演等都各具特色，让当地历史文化村镇走出了一条民间艺术表演的特色发展道路。

二、四川历史文化特色村镇培育面临的问题

（一）人才较为匮乏

四川历史文化特色村镇培育过程中主要面临三个方面的问题：一是缺乏专业性的经营管理人才。产业化和企业化是未来四川历史文化特色村镇培育的主要方向，而缺乏专业的经营管理人才则在一定程度上阻碍了历史文化村镇的可持续性发展；二是传统技艺的传承断裂。一些优秀的传统技艺由于无人传承而被迫消失，特别是一些古村落青壮劳力大量外流，成了地道的"空心村"；三是培育人员的个人素质不高。当前培育历史文化特色村镇的人员准入门槛较低、缺乏专业的从业培训，从而带来产品、服务、经营等无法向纵深发展的问题。

（二）创新能力不足

文化产业的发展依托于其精神属性，创新性是文化产业发展的内生动力。历史文化特色村镇的培育要因地制宜，在发挥当地传统文化优势的基础上充分追求创新性和创造性，将自然资源、文化资源与现代化社会有机融合，才能避免"千村一面"的现象。当前，四川一些历史文化特色村镇的培育缺乏对传统文化、人文底蕴的有效挖掘，面临创新性不足的问题。这些村镇的培育虽然有一定的创新之处，但缺乏长效的发展规划。

（三）融资渠道不畅

培育历史文化特色村镇，第一步就是进行古建筑的修复、村镇风貌的整治和基础设施的完善，前期需要大量的资金投入，这超出大多数村集体、个人或企业的承受能力。所以，经费短缺是长期困扰和制约历史文化特色村镇的培育的重要因素。四川城市化进程的加速和人们生活方式的改变，再加上对古建筑的保护意识淡薄，导致一些古建筑逐

年被拆除。而且古建筑多为木结构，易损坏，修缮费用较大，现存的一些古建筑也因为保护经费不足和管理缺失而岌岌可危。当前，四川历史文化特色村镇培育的资金大多依靠各级政府出资，资金来源较为单一。

三、四川历史文化特色村镇培育的对策建议

（一）实施人才战略

历史文化特色村镇的培育，离不开高素质的人才队伍。一是要充分激活村镇内部剩余劳动力，根据村镇培育的要求和对人才素质的需求，提高从业人员准入门槛，并对选拔的从业人员加强业务培训；二是科学谋划人才引进，可以通过职称待遇、住房保障等有力政策吸引综合素质较高的人才加入村镇培育的工作中；三是与高校建立合作机制，在高校设置文化产业相关专业，培养历史文化产业未来所需要的人才，特别是为面临消失风险的传统文化技艺的继承和发展寻找合适的人才。

（二）提升文化创意

培育历史文化特色村镇的重点在于凸显特色，因此必须立足于自身的地域性历史文化资源，提升文化创意，形成独具特色的历史文化产品和服务。一方面，要建立文化创意机制，在充分挖掘当地历史文化的基础上，丰富文化产品和服务的形式及内容，提高其吸引力和附加值；另一方面，要建立市场反馈机制，根据市场需求进行文化产品和服务的创新，增强与消费者之间的良性互动，将消费者发展成为村镇优秀历史文化的宣传者。

（二）优化融资渠道

要实现历史文化特色村镇的可持续发展，必须拓宽资金的来源。一方面，政府要继续加大资金投入力度，通过建立专项资金、贷款补贴、降低税收等方式鼓励和支持历史文化特色村镇的培育；另一方面，要建立多元化的投融资平台，对于投资金额大、收益周期长的项目，可以采用 PPP 融资模式，引入民间资本。在投融资比例上，政府配套资金所占的比例应大于社会资本和工商资本所占的比例，以避免企业的短期逐利性导致对农民的"挤出效应"以及政府话语权的缺失。

（四）加强法治保障

2008 年 4 月，国务院颁布了《历史文化名城名镇名村保护条例》。2020 年 11 月，四川省人大常委会也结合实际，制定了《四川省传统村落保护条例》。但四川历史文化特色村镇的法治保障，还需要进一步加强。第一，各地方权力机关也要制定各自的历史文化名镇名村和传统村落保护条例，使相关资金的筹集使用、名镇名村及传统村落的发展规划等有法可依；第二，完善四川历史文化名镇名村及传统村落的考核评价体系，并依此构建动态化的监管信息系统，防止"重申报、轻保护"现象的发生；第三，对经过实践证明确有保护实效的乡规民约进行保留，让其继续发挥功能，体现法律框架下历史文化名镇名村及传统村落保护自治规则的补充性。

（五）开拓海外市场

历史文化是我国对外交流的一张重要名片。当前四川很多历史文化特色村镇的产品和演出都已经走出了国门。2019 年 6 月，联合国教科文组织在四川眉山举办"历史村镇的未来"国际会议，充分肯定了历史文化在乡村振兴、脱贫攻坚和历史传承中的重要作用。在"一带一路"倡议背景下，讲好中国历史、向世界传播中华优秀传统文化的意义也更加深远而重大。政府要做好顶层设计，加强政策引导，鼓励更多的文化产业相关企业"走出去"。

四川是著名的文化大省，也是支撑"一带一路"建设和"长江经济带"联动发展的战略纽带与核心腹地。中国特色社会主义进入新时代，四川发展也站在了新的起点上。文化产业能有效吸引和汇聚各种发展要素，塑造新的产业集群业态。通过对历史文化特色村镇的培育，使其不断增值、永久存续，真正成为永世流传的无价之宝，能更好地为治蜀兴川注入文化力量，提供精神支撑。

参考文献

[1] 张达，肖红，周宏伟. 我国历史文化村镇保护与发展研究述评 [J]. 规划师，2015（S2）.

[2] 戴彦，戴乐乐，黄金静. 我国历史文化村镇保护的研究综述 [J]. 城市规划学刊，2019（2）.

[3] 向云驹. 中国传统村落十年保护历程的观察与思考 [J]. 中原文化研究，2016（4）.

[4] 徐拥军，卢林涛. "文化—资本"框架：对历史文化村镇文化资源保护与传承的新解读 [J]. 河北大学学报（哲学社会科学版），2019（5）.

［5］高举中国特色社会主义伟大旗帜 为全面建设社会主义现代化国家而团结奋斗——在中国共产党第二十次全国代表大会上的报告［N］．人民日报，2022－10－26．

［6］杨方琳，曾绍伦，李健．四川历史文化名镇旅游资源可持续发展对策研究［J］．生态经济，2005（4）．

理论与实践

LILUN YU SHIJIAN

困境与路径：高校海外高层次人才政治引领的实践维度[①]

李　慧[②]

摘　要： 党管人才是我们党的人才工作的根本原则，旨在发挥我们党的独特优势，将人才工作提升到国家战略层面，推进具有中国特色的社会主义现代化建设。海外高层次人才对高校的建设和发展起着重要的推动作用，高校对海外高层次人才加强政治引领，确保其政治方向，是高校完成人才培养目标这一根本任务的关键环节。本文从政治引领的基本内涵和现实价值出发，以目前海外高层次人才政治引领中存在的问题和困境为导向，分析提出加强政治引领的推进举措及实践路径。

关键词： 高校　高层次人才　政治引领　实践路径

一、政治引领的逻辑内涵及时代价值

（一）政治引领的逻辑内涵

所谓政治引领，就是将党管人才的原则作为党的人才工作的根本遵循，贯穿党的人

---

① 本研究项目受四川大学党建研究课题资助。
② 李慧，四川大学轻工科学与工程学院党政办主任，副研究员，研究方向为思想政治教育、党务行政管理等。

才工作的全过程，使人才尤其是高层次人才牢固树立马克思主义的政治信仰，坚定共产主义远大理想和中国特色社会主义共同理想，自觉贯彻执行党的路线方针政策，自觉践行社会主义核心价值观，不断增强中国特色社会主义道路自信、理论自信、制度自信和文化自信，在思想上、政治上、行动上同以习近平同志为核心的党中央保持高度一致，牢固树立政治意识、大局意识、核心意识、看齐意识，具备政治辨别力，始终保持坚强的政治定力，提高政治站位。人才工作要贯彻落实创新、协调、绿色、开放、共享的发展理念，最大限度激发人才创新创造创业活力，把各方面优秀人才集聚到党和国家事业中来。同时，要引领人才工作围绕中心不偏离，推动人才工作与中心工作深度融合，将党的人才工作作为各类人才干事创业的根本支撑；要坚持引领改革创新，持续推进人才政治引领的理念创新、机制创新、方法创新，更好凝聚人才。

总之，对人才的政治引领的基本内涵就是用党的伟大事业的魅力和感召力，把各类人才吸引在党的旗帜之下，凝聚在党的事业之中，聚天下英才而育之，聚天下英才而用之，引领人才将自身的价值实现融入党和国家的事业中，使各类人才成为中国特色社会主义事业的认同者、支持者、拥护者、建设者，为中国特色社会主义事业和中华民族伟大复兴事业贡献自己的聪明才智。

（二）政治引领的时代价值

第一，加强对高层次人才的政治引领是高校立德树人根本任务的必然要求。大学阶段正是学生的世界观、人生观、价值观形成的重要阶段，教师尤其是处于教学科研一线的高层次人才是高校立德树人的重要践行者，教师的思想政治状况对学生思想品德的养成具有很强的示范作用。学生"亲其师"才"信其道"，教师的言传身教对学生成长成才具有最直接的影响。高校教师必须更好地担负起大学生健康成长的指导者和领路人的责任，坚守"育人为本"，为传道授业打下坚实的思想基础。

第二，加强对高层次人才的政治引领是建设中国特色社会主义高校的必然要求。政治方向是根本性问题，高校必须旗帜鲜明地讲政治。高层次人才是高校教学科研的核心力量和智力支撑，是先进文化的先行者和传播者。加强对他们的政治引领，就是要进一步坚定其政治立场、增强其政治认同、提升其政治素养，确保高校建设的政治方向和价值取向。

第三，加强对高层次人才的政治引领是增强高校党组织政治功能的必然要求。政治引领力是检验高校党组织政治功能的重要标准。加强对他们的政治引领，就是要在党组织的指引下，自觉贯彻落实党的教育方针，以实际行动践行"为党育人、为国育才"的初心使命；深入领会"国之大者"的深刻内涵，持续增进对党的创新理论的政治认同、思想认同、理论认同、情感认同。

二、海外高层次人才政治引领的现实困境

海外高层次人才是各高校争"抢"的焦点。师资队伍建设，高层次人才的存量及增量是衡量学校、学科的核心指标。高校把人才，特别是海外高层次人才作为考核二级学院的重要指标之一。在"双一流"建设背景下，各高校使出浑身解数，争"抢"高层次人才。海外高层次人才的高稀缺性、高流动性以及不平衡性等因素导致了高校对高层次人才的政治引领面临诸多现实问题。

（一）海外高层次人才引进之困

当前很多高校在探索体制机制改革的新路径，比如实施自上而下的目标管理模式，通过层层压实目标责任并制定相应的绩效考核办法调动和激发教职工的积极性、主动性和创造性。高校通过与二级单位签订目标责任书的方式，完成自上而下的考核和管理。这种管理模式固然有其优势，但另一方面，为了完成甚至超额完成考核目标，获得更多的竞争性资源，一些学院有时不得不"为了引进而引进"，追求绝对数量的增长。这种"短、平、快"的思维模式，容易导致弱化或忽略对海外高层次人才思想政治及师德师风方面的考量。如何把好海外高层次人才的"入口关"，做到"既把好方向，又选好苗子"，是人才工作中亟须解决的现实问题。

（二）海外高层次人才培育之困

对于引进后的高层次人才，校院考核的"硬指标"往往集中在教学、科研方面，培育的重心也主要是提升他们的业务能力，而对海外高层次人才的政治引领和培育的广度和深度仍显不够。思想政治方面的培训在某些高层次人才看来，是可去可不去的"软指标"。高校对海外高层次人才政治引领和培育的方式和途径较为单一，难以满足海外高层次人才多元化的需求。海外高层次人才引进后的培育是一项长期系统的工程，需要全

校上下各部门的通力配合和协调。如何引得进、留得住人才，并让人才在政治上、思想上、理论上、情感上达到真正的认同，也是我们人才工作中亟须解决的现实问题。

（三）海外高层次人才自身之困

海外高层次人才具有开放、创新的精神，具有多元化的价值取向。从思想状况特点和归国适应特点来看，他们常存在一些价值观和角色转换带来的适应问题，而自身对职业发展的高要求，导致他们在学术、科研上的压力非常大，对追求思想政治方面的"精神"需求放缓。海外高层次人才自身的这些特点，亟须我们在政治引领上探索一些具体的、个性化的、可操作、可实践的创新路径。

三、海外高层次人才政治引领的实践路径

加强对高层次人才的政治引领，必须坚持以习近平新时代中国特色社会主义思想为指导，坚持党管人才的原则，提高人才工作的政治站位，积极应对高层次人才政治引领的新形势、新问题。具体而言，要紧紧围绕"谁引领""引领谁""如何引领"这三个维度开展和推进工作。

（一）明确政治引领的着力点

明确政治引领的着力点，首先要回答"谁引领"的问题。政治引领的主体是高校党员领导干部。领导干部要带头发力，组织部门要主动发声。

一是领导干部要加强与高层次人才的联系，加强与他们的思想和情感交流。建立党委联系服务专家制度，发挥党员领导干部的带头示范作用。定期交心、谈心，定期开展走访座谈，及时了解人才的思想政治动态，帮助其解决实际困难和问题，耐心听取其意见建议。

二是发挥组织部门牵头抓总作用，围绕国家重大战略和学科发展布局，找准高校自身发展定位，动态调整学科布局，在国家急需学科领域挖掘人才、引进人才，牵头抓好对高层次人才工作规律的深入研究，在人才成长的关键期及时给予关心和指导。

三是充分发挥基层党组织的战斗堡垒作用，通过点对点指导、一对一帮扶，组织开展形式多样的"主题党日"等活动，最大限度地开展政治引领。

（二）实施政治引领的推进路径

1. 加强顶层设计，校院齐抓共管，部处统筹推进

校院党委要统一思想，把人才工作，尤其是高层次人才的政治引领工作作为高校发展的核心战略来抓。校院党委书记要发挥"头雁"作用，制定高层次人才政治引领工作的总体规划和实施方案，建立健全行之有效、适合本校高层次人才发展需要的统筹协调运行机制、考核评价激励机制和监督保障落实机制，全方位、多角度做好高层次人才政治引领工作。

院系二级党组织要在学校党委领导下，明确本级党组织对高层次人才政治引领的职责，增强责任意识，整合基层资源，优化工作载体，激发工作热情，积极应对新形势下高层次人才思想政治工作的新情况、新问题。

高校职能部门之间要加强协调，部处人员也要加强与高层次人才的沟通，形成上下联动、协调高效、整体推进的工作局面。

2. 转变工作模式，打破思维藩篱，"德才并举"引人、育人、用人

在海外高层次人才引进"入口"，就要坚决把好政治关，把政治底线、政治要求与高业绩、高能力结合起来进行综合考察，确保引进"又红又专"的海外高层次人才。在高校海外高层次人才的培养使用过程中，不能把提升政治素养与提升业务能力割裂开来。在多种渠道提升高层次人才业务能力的同时，须对高层次人才进行有针对性的思想政治教育，引导他们深刻认识"中国共产党为什么能、马克思主义为什么行，中国特色社会主义为什么好"的道理。

在对高层次人才的考核评价过程中，坚持把教学科研取得的成绩与政治素养结合起来，并把政治原则、政治意识放在评价之首，坚持"两手都要抓，两手都要硬"的原则，将教育部及学校的思想政治、师德师风、意识形态、纪律规矩等要求明确纳入对高层次人才的考核与聘用之中，对思想政治及师德师风方面的问题，实行"一票否决"制。

从引进的"入口"环节开始，就要将政治引领贯穿人才成长发展的整个过程，以政治共识教育为核心、以文化认同教育为基础、以能力素质培养为重点，多途径、多渠道开展汇聚力量、凝聚人心的工作。

3. 主动谋划布局，走深、走实、走心，将政治引领抓在平常、融入日常

高校需积极谋划，主动出击，将政治引领抓在平常，融入日常，体现对高层次人才引领的高度、广度和温度。

一是常态化教育引导，把政治引领工作做实。校院在日常工作中要定期向高层次人才宣讲党的发展历程，以及新时期党的路线、方针和政策；利用多种形式开展红色主题教育和培训，把高层次人才思想政治教育培训体系化、常态化和规范化，推进高层次人才在思想上、政治上向党组织看齐。

二是拓宽社会服务平台，把政治引领工作做活。高校要利用自身多方面优势畅通高层次人才为社会服务的渠道，拓宽其成长成才的通道，创造更多高质量的社会实践和服务机会，激励高层次人才充分发挥专业优势与特长。同时，充分调动他们在校院建设中的积极性和参与性，鼓励他们建言献策。

三是主动关心、及时回应，把政治引领工作做细。要详细了解高层次人才的生活情况，尤其重视他们精神、心理层面的需求，帮助其解决生活、工作、心理方面的诉求，真正做到高层次人才有所需，校院有所应，使高层次人才真正感受到政治上得到信任、事业上得到帮助、生活上得到照顾、情感上得到温暖。

4. 创新工作方法，建立健全分类施策、精准有效的工作机制

高校要提高对高层次人才思想工作的洞察力，由学校党委牵头，人事处等各职能部门积极配合，对全校高层次人才进行统计，并根据他们的学科背景、学习经历、年龄层次等分类建立高层次人才数据库，定期分析、研判各类高层次人才的思想动态和政治诉求，坚持求同存异的原则，创新工作思路和工作方法。在重视其思想认识差异性的前提下制定因"才"施政、因"才"施策的方案，以提高工作的实效性。

同时，要注重在宣传方式上创新。顺应新时期思想工作的新特点、新要求，借助微信、抖音、今日头条等网络新媒体平台，通过微电影、微视频、微评书、话剧戏曲、网络公开课等形式，讲好中国故事、人才故事，把党的创新理论讲深、讲透、讲活。

四、结语

对海外高层次人才的政治引领是高校教育引导与青年人才自主选择并认同的双向互

动过程。画出最大同心圆，是高校加强对党外人才政治引领的根本目标和要求。我们应积极探索并不断增强对海外高层次人才思想政治引领规律性的把握，把他们汇聚到党和国家发展的各项事业中来，紧密团结在党中央周围，为中华民族的伟大复兴贡献力量。

参考文献

［1］毛军权，柳恒超. 加强对人才的政治引领和政治吸纳：时代价值、内涵解构及推进路径［J］. 上海行政学院学报，2020（4）.

［2］施振莲. 新时代加强高校青年教师政治引领的路径研究与实践探索［J］. 北京教育（高教），2022（7）.

"双一流"背景下高校工会对青年教职工岗位胜任力提升的创新模式研究[①]

张珊珊　敬沁竹[②]

摘　要: 本文以党的十九届五中全会精神和中国工会十七大精神为指导,针对四川大学"十四五"规划总体目标背景下青年教职工岗位胜任力提升的需求,探究工会工作助力青年管理者岗位胜任力提升的路径。通过分析国内外研究现状,结合四川大学实际,明确研究内容、基本思路、方法、重点难点及创新之处,旨在构建一套面向未来、适应学校高质量发展的青年管理者岗位胜任力提升模式创新体系。文章详述了岗位胜任力模型构建、定向式课程设计、"订单式"培养及实践模块的融入,以期为我国高校青年教职工的岗位胜任力提升提供理论支持与实践路径。

关键词: 岗位胜任力　高校工会　青年教职工

一、研究背景

随着我国教育事业步入高质量发展阶段,高等教育机构面临着日益激烈的国际竞争

---

①　本文系四川大学 2022 年度工会工作研究课题项目的研究成果。

②　张珊珊,四川大学华西医学中心医学人才引进与培育科科长,兼职校机关工会副主席,主要研究方向为人事人才及高校工会工作。敬沁竹,四川大学人事处人才计划管理科科长,主要研究方向为人事人才工作。

与社会期待。在此背景下，提升教职工，尤其是青年教职工的岗位胜任力，成为推动学校战略目标实现、提升核心竞争力的关键因素。青年教职工作为高校发展的生力军与未来领导者，其专业素养、创新能力与管理能力直接影响到学校的教学科研水平、人才培养质量以及社会服务能力。

（一）国家政策导向与工会工作新使命

党的十九届五中全会明确提出，要发挥基层工会在团结凝聚职工群众、服务国家大局中的重要作用。这意味着工会工作不仅要维护教职工权益，更要激发教职工潜力，助力其职业发展。中国工会十七大进一步明确，工会工作应以职工需求为导向，着力提升职工的获得感、幸福感、安全感，为构建和谐劳动关系、推动经济社会发展贡献力量。这一系列政策导向为工会在提升青年教职工岗位胜任力方面的工作指明了方向。

（二）高等教育改革与发展需求

在"双一流"建设背景下，我国高等教育机构正加速推进内涵式发展，强调创新驱动、特色发展与国际化战略。四川大学作为国内顶尖学府，积极响应国家号召，制定了"十四五"期间全面提高人才培养水平和知识创新能力、加快迈向世界一流大学的战略目标。实现这一目标，不仅需要引进和留住高水平师资，更需提升现有青年教职工的整体素质与综合能力，使其成为推动学校改革、创新与发展的中坚力量。

（三）青年教职工面临的挑战与机遇

青年教职工在快速融入工作岗位、承担教学科研任务的同时，也面临着知识更新速度快、教育技术变革大、师生关系变化多、管理复杂度提升等多重挑战。他们需要不断提升自身的教育理念、专业知识、教学技能、科研能力、管理艺术与创新思维，以适应教育现代化的要求。与此同时，国家与学校层面提供的各类政策支持、培训资源、科研平台以及国际交流机会，为青年教职工的成长提供了广阔舞台与丰富机遇。

（四）工会工作在青年教职工成长中的作用

高校工会在提升青年教职工岗位胜任力的过程中，发挥着桥梁纽带、服务支持、教育培训、权益保障等多重功能。工会通过组织各类活动，引导青年教职工树立正确的职业观与教育观，增强其对学校发展战略的认同感与归属感；通过与相关部门协作，提供针对性的专业技能培训与学术交流机会，促进其专业能力的提升；通过设立领导力研修项目与管理实战平台，锻炼其领导与管理能力；通过搭建创新平台与支持实践锻炼，激发其创新思维与实践能力；并通过建立有效的反馈机制，帮助青年教职工及时调整工作策略，持续优化自身能力结构。

二、新形势下国内高校青年教职工岗位胜任力的重要意义

当前，我国高等教育进入"双一流"建设的新阶段，对高校教师队伍的整体素质与创新能力提出了前所未有的高标准。这一战略不仅旨在提升我国高等教育的国际竞争力，更在于培养一批具有全球视野、学术造诣深厚、教学能力卓越、科研创新能力强的师资力量，以驱动高等教育内涵式发展，服务国家创新驱动发展战略。在此背景下，青年教职工作为高校教师队伍的生力军与未来中坚力量，其岗位胜任力的提升尤为重要。"双一流"建设进程对高校青年教职工提出了如下新要求与挑战。

学术科研层面：青年教职工需具备扎实的专业知识基础、敏锐的学术洞察力，以及开展前沿研究、产出高水平科研成果的能力。他们不仅要紧跟学科发展动态，还需积极参与国际学术交流，提升科研项目的申报与执行能力，争取获得国家级乃至国际级的重大科研项目资助。

教学能力层面：在教学改革与课程国际化趋势下，青年教职工需掌握先进的教学理念与方法，熟练运用现代教育技术，实施启发式、研究型教学，培养学生的创新思维与实践能力。同时，他们还需具备多元文化沟通能力，以适应国际化教学环境，培养具有全球竞争力的人才。

社会服务与成果转化："双一流"建设强调高校的社会服务功能与科研成果的转化应用。青年教职工需具备较强的社会责任感，能有效对接社会需求，开展产学研合作，将科研成果转化为现实生产力，服务经济社会发展。

职业素养与团队协作：面对日益激烈的竞争环境，青年教职工需具备良好的职业道德、人际交往能力与团队协作精神，能够在跨学科、跨领域的合作中发挥积极作用，共同推动学科交叉与融合发展。

鉴于上述新时代新要求，提升青年教职工的岗位胜任力不仅是其个人职业发展的内在需求，也是高校实现"双一流"建设目标、提升整体办学实力的关键所在。拥有高岗

位胜任力的青年教职工不仅能高效履行教学、科研职责，更能成为引领学科发展、推动教育创新、提升学校声誉的重要力量。当前，关于岗位胜任力的研究已成为人力资源管理领域的热点议题，但对于工会工作在青年管理者岗位胜任力提升中的作用探讨相对较少。国外研究主要关注个体能力与组织绩效的关系，强调通过培训、开发、激励等方式提升员工胜任力。国内研究则侧重于政策层面，探讨工会在维护职工权益、促进职业发展等方面的作用。然而，针对高校青年管理者这一特定群体，通过覆盖面极广的工会系统工作精准地提升其岗位胜任力意义重大。

三、四川大学工会工作在青年管理者岗位胜任力提升中的实践探索

学校工会体系充分认识到，正确的价值观与高尚的职业素养是青年教职工岗位胜任力的基石。为此，各级工会定期举办专题讲座、研讨会等活动，邀请知名教育专家、优秀教师分享教育理念与实践经验，引导青年管理者树立以人为本、追求卓越的教育观，倡导尊重人才、鼓励创新的人才观。这些活动旨在增强青年管理者对学校发展战略、教育方针的理解与认同，激发其对教育事业的热爱与忠诚，提升其职业责任感与使命感，使之成为敬业乐群、胸怀教育理想的教育工作者。

针对青年管理者在教育教学、科研管理、团队协作等方面的专业能力需求，校工会联合相关部门，依据岗位胜任力模型，精心设计并组织了一系列定制化的专业技能培训、学术交流、教学竞赛等活动。这些活动旨在系统提升青年管理者的专业知识结构、教学技能、科研管理能力以及团队协作精神，确保他们在各自岗位上能够精准、高效地履行职责，为提高教育教学质量、推动科研创新做出实质贡献。

面对高等教育领域的深度变革，具备卓越领导力与管理能力的青年管理者尤为重要。四川大学工会通过开设领导力研修班、管理实战工作坊等形式，有针对性地提升青年管理者的决策能力、沟通协调能力、团队建设与激励能力。这些课程注重理论与实践相结合，通过案例分析、模拟演练、导师指导等方式，使青年管理者在真实的管理情境中锻炼与提升领导力，使之具备引领团队、推动变革、应对复杂管理问题的能力。

创新是推动教育事业发展的不竭动力，高校的青年教职工则是教育创新的生力军。四川大学工会积极搭建各类创新平台，如教改项目、科研创新课题等，鼓励青年管理者

积极参与，提供必要的资源支持，培养他们发现问题、分析问题、解决问题、创新方法的能力。通过实际项目的参与，青年管理者得以在实践中锻炼创新思维，积累改革经验，为学校的教育教学改革注入活力。

综上所述，四川大学工会工作在提升青年教职工，特别是青年管理者岗位胜任力方面进行了卓有成效的实践探索。通过职业素养与价值观引导、专业能力提升、领导力与管理能力培养、创新思维与实践能力锻炼，以及实践锻炼与反馈改进等多元路径，工会工作有力地推动了青年教职工的专业成长与全面发展，为提升高校管理水平、推动教育创新、实现学校发展战略目标提供了坚实的人才支撑。这一系列实践为其他高校工会工作提供了有益借鉴，对于我国高等教育事业的持续健康发展具有深远意义。

展望未来，建议学校进一步完善工会工作制度，加大资源配置倾斜力度，为青年管理者岗位胜任力提升提供更加有力的支持。同时，持续跟踪评估体系运行效果，根据反馈及时调整优化，确保体系的科学性、实效性。此外，研究成果可供其他高校及各类组织借鉴，推动我国高校青年管理者岗位胜任力提升工作的理论研究与实践创新。

参考文献

[1] 中国工会第十七次全国代表大会关于中华全国总工会第十六届执行委员会报告的决议 [EB/OL].
(2018−10−29). http://acftu.people.com.cn/n1/2018/1029/c67560−30368292.html.

[2] 姜文锐，陈佳梅，韩晋，等. 基于岗位胜任力的应用型经管类人才培养模式 [J]. 人才资源开发，2022（1）.

[3] 李书巧，李寒. 高校工会对青年教职工精准帮扶研究——基于马斯洛需求层次理论的视角 [J]. 山东工会论坛，2018（6）.

[4] 邵宜添. 新形势下高校工会建设与青年教职工的成长发展 [J]. 教育现代化，2016（8）.

新时代高校学生会改革的实施路径研究

寿刘星　何政洋①

摘　要：学生会改革以来，在多个方面取得了显著的成效，对青年一代的培养模式更加合理、高效。但是，党的二十大以来，随着中国式现代化和中华民族伟大复兴宏伟征程不断向前推进，学生会改革也面临着一些新的问题和挑战。本文对高校学生会改革历程进行梳理，结合时代背景，梳理当前学生会的发展现状与未来的改革方向，并探讨新时代学生会改革治理的新路径。

关键词：高校　学生会组织　深化改革

一、高校学生会改革概述

（一）改革背景

高校学生会具有较强的学生自治属性，很多高校学生会在管理上参照行政单位的模式，学生会内部出现"等级""官职"，甚至出现"定级定岗"等事件，部分同学将进入

---

① 寿刘星，四川大学机械工程学院团委书记，讲师，研究方向为思想政治教育。何政洋，四川大学机械工程学院 2021 级学生。

学生会当作炫耀资本，严重偏离学生会"为同学服务"的初衷。

同时，部分学生会同学未能从学生会中取得收获和成长，更多地将其作为给简历"镀金"的光环和评奖、评优的条件，未能真正合理、高效地完成培育先进青年的任务。

此外，高校学生会泛娱乐化现象严重。个别高校党委对学生会缺乏足够的关心和关爱，使得部分高校的学生会成为学校管理的真空地带，严重脱离广大同学。

（二）改革历程

当前学生会改革已经走过两个阶段：2015—2018 年是学生会改革的第一个阶段，2019—2023 年是学生会改革的第二个阶段。随着中国式现代化和中华民族伟大复兴新征程的推进，学生会又面临新的要求，正处在改革的第三阶段。

2015 年，中共中央发布《关于加强和改进党的群团工作的意见》，为学生会改革奠定了基础。随后，2016 年 8 月，中共中央办公厅印发《共青团中央改革方案》；2016 年 11 月，共青团中央和教育部联合印发《高校共青团改革实施方案》；2017 年 3 月，共青团中央、教育部、全国学联联合印发《学联学生会组织改革方案》。这一系列文件的印发标志着学生会发展迈入了新阶段，新时代学生会组织改革的序幕就此拉开。

2018 年 11 月 22 日，共青团中央和全国学联召开座谈会，会上希望学生会继续拿出勇气和魄力，深化自我改革，直面突出问题，明确努力方向，推动学生会组织"改革再出发"。

2019 年，带着"改革再出发"的希冀，共青团中央、教育部、全国学联三部门联合印发《关于推动高校学生会（研究生会）深化改革的若干意见》，该意见对学生会改革做出了细致的指导和明确的要求，是学生会改革的纲领性、指导性文件，是学生会发展的根本遵循和方向指引。该意见的印发，标志着学生会改革进入新阶段。至此，全国高校的学生会改革轰轰烈烈展开，在去"机关化、行政化、贵族化、娱乐化"等多个方面进行着大刀阔斧地改革。

2021 年，共青团中央、全国学联继续印发《加强和改进新时代学联学生会工作实施方案》；2023 年初，共青团中央、教育部党组印发《关于巩固高校学生会（研究生会）改革成果的若干措施》，从十个方面对学生会改革的成果进行进一步落实和巩固，带领高校学生会改革向着纵深发展。

二、新时代高校学生会的定位

在新时代，学生会的改革与建设应当是一项"又破又立"的系统性工程。经过五年多的学生会改革与探索，各高校的学生会已经形成了"富有理想、关心同学、清新阳光"的组织形象，学生会的整体风貌在不断向前向好发展，良好的生态已经逐步形成，"破"的工作取得了显著成效。但在"立"的方面，学生会改革应当走向何方，这个问题要结合时代背景来回答。

党的二十大以后，党和国家的事业开启了全新的征程。面对新时代、新挑战，我们更加清晰地认识到，未来的中国特色社会主义道路虽必将取得最后的胜利，但也必然是充满风险与挑战的。挑战来自外部影响，更来自自身价值取舍。未来的时代属于青年，未来的建设要依靠青年。所以，在当前的时代背景下，学生会作为先进的青年组织，所培养的青年要积极适应时代的要求，具备更丰富的知识库、更思辨的精气神以及更强大的引领力。

基于此，当前学生会改革也应积极提升思想境界，紧跟时代步伐，以努力学习最新理论为主要抓手，以培养服务意识为主要内容，锐意进取，在同学满意度、大局贡献度、社会认可度上再上一个台阶。

因此，在笔者看来，通过完善各项制度，创新各种方法，最终将学生会打造成集"理论教育"与"志愿服务"两大功能于一体的先进组织，以昂扬、奋进的姿态带领广大同学投身建设社会主义现代化强国的火热实践，为培养合格的社会主义建设者和接班人而努力，是近期以及未来一段时期内的改革方向。

三、新时代高校学生会改革路径

（一）大力发挥理论教育职能

"火热的青春，需要坚定的理想信念。"高校的每一位青年是时代的"骄子"，是祖国的希望与未来，应当对"中国正在干什么，未来的中国要达到什么样的状态和目标"有深刻的自我认知。

学生会作为高校先进青年的代表以及学生成长的平台，应当积极引导青年从自我走向自为，把马克思主义的立场、观点、方法作为自己的看家本领，树立由全社会所共享的剖析问题的出发点和方法论，并将学习到的世界观和方法论用于团结身边更多的同学，达到以点带面的效果，为实现中华民族伟大复兴而共同奋斗。

为了实现这样的目标，学生会主席团要在团委的指导下，构建理论学习制度。首先，这项制度应确立为学生会的基本工作制度之一，并写入本级学生会章程。其次，这项制度应该实现理论与实践全覆盖，通过多种学习形式，让理论切实深入学生会每一位同学心中，而不能流于形式。最后，这项制度应该与现有的学生活动有机集合，合理、高效地开展学习。

一方面，要重视扎实的理论学习。学生会应当构建起自己的理论知识库。宣传部门作为该库的主要负责部门，及时宣传党的最新理论，以及重要讲话精神，对知识库每周进行扩充，并且每个星期都将所整理的最新材料在学生会内部进行传达学习。每个月要开展集体学习，邀请团委、党委的老师结合实际工作经历对理论进行解读和学习。同时，广泛采用原著读书会、专题学习会、报告讲座、主题团日等形式，开展同学交流学习，让同学们通过自己讲故事、分享感悟的形式，实现朋辈引领。用好《习近平的七年知青岁月》《习近平与大学生朋友们》等生动教材，运用团学新媒体矩阵，将理论知识积极向外扩散，实现"点亮一盏灯，照亮一大片"的现实效果。

另一方面，要开展丰富的实践学习。通过制度落实，将"西部计划"、研究生支教团、"三下乡"、"返家乡"、大学生社区实践计划等各类实践项目与学生会育人有机结合，引导同学们广泛参与，并形成一定的成果，让广大同学在基层一线接受教育，在实践路上感悟成就。在此基础上，鼓励学生积极参加"挑战杯""互联网＋"等创新创业竞赛，将实践成果转化为创新创业实践，争取每一年度的学生会都有参赛队伍参与，每一年度都有成果产出。党委、团委要对此积极支持。

通过教育职能的有效发挥，我们期望每一位加入学生会的同学都能从思想上，在多个角度、多个维度思考问题；能够认识到自己作为一个青年人应该具有的担当，从学生时代就树立起"为人民服务"的意识，从而有高度的社会责任感，打造出属于学生会同学的独特优势。

（二）落实志愿服务职能

教育职能更多是学生会对内培养的职能，而志愿服务就是学生会对外辐射的窗口。全心全意为人民服务是党的根本宗旨，落实到学生培养任务当中，就是一种志愿服务意识。对此，学生会可在组织架构、人员安排、活动内容等方面进行进一步改革。

当前，根据学联改革要求，各大高校学生会普遍采用"主席团—部门—干事"的三级管理组织架构，而这样的架构未免过于单薄，未能真正体现出全过程人民民主的优势和内涵，未能让学生会成为全体同学参与事务管理的平台。同时，团委对学生会的指导还不够深入。想要解决这个问题，要从两个方面进行努力，对当前架构进行完善。

一是严格落实以学生代表大会制度为核心的学生会运行模式。学生代表大会作为青年人参与社会主义民主建设、参与学校治理的主要组成部分，是体现学生会政治性、先进性、群众性的重要保证，因此要高度重视，不能只是"走走流程、摆摆样子"，而是要让全过程人民民主深入每位青年心中，让学生代表大会作为思政课程的重大实践，进而增强同学们对社会主义制度优越性的深刻理解、对中国共产党领导的坚定支持。因此，学生会要参照《普通高等学校学生代表大会工作规定》等相关文件制定本级的《学生代表大会工作制度》，对代表产生、会议流程、选举办法、表决方式等结合自身情况进行细致、明确的规定，并逐步落实，形成常态化的工作模式。

二是发挥党委指导力和团委领导力在学生会组织架构中的作用。积极落实《共青团指导学生联合会工作的若干规定（试行）》《关于落实共青团和学联对高校学生会（研究生会）指导管理责任的若干规定（试行）》等，落实好团委专职老师兼任学生会秘书长职务的改革要求，并由学生会主席团同学兼任团委学生干部职务，让学生会和团委的沟通高效性、时效性得以保证。同时，本级党委要将学生会工作纳入党建工作整体规划，并定期听取汇报、研究重大事项。依据《关于进一步加强高校学生会组织章程建设工作的通知》，《普通高等学校学生会（研究生会）章程制定办法》对学生会的指导作用应该写入本级的《学生会章程》，对学生会的工作进行指导，确保团的意志就是党的意志，团的行动就是党的行动，最终确保党、团、学一条心，为共同的目标而不懈奋斗。推进学生会功能型党支部、团支部的建设，让学生会的政治方向不断强化。

（三）精简机构规模和人员力量

现在的管理制度下，学生会存在大量的学生干事，一定程度上存在"人多活少"的现象，对于大量的学生会同学而言，只是徒有其名，参与感、荣誉感、集体感都较低。因此，在学生会改革中，要将学生会日常活动与具体事务从部门干事负责制逐步转化为志愿服务模式。在这样的一种工作模式下，学生会只具有"主席团—部门负责人"二级组织架构。每个具体部门有活动需要开展时，可以依托"第二课堂成绩单"等平台，招募活动志愿者，并在活动结束后予以一定的奖励或者志愿时长认定等。而常备的学生会骨干，在政治面貌、学业成绩、工作作风等方面要更令同学们信服，同时常态化接收投诉建议，及时发现涉学生会舆情事件，积极组织参与应对和处置。

（四）要打造精品活动

经过多年改革，学生会的人员规模进一步精简，这对活动开展提出了更高的要求。因此，学生会要积极建立活动库，落实认可一批高质量的活动，并作为年度重点任务开展。同时，将质量较低、效果较差的活动逐步剔除，最终形成学生会精品活动清单，通过高质量活动树立学生会良好形象，并促进广大同学德智体美劳全面发展。

通过志愿服务职能的有效发挥，我们期望每一位加入学生会的同学都能从行动上发扬志愿服务精神，把高度的思想境界转化为切实的行动自觉。当离开学校，进入社会后，同学们能够积极担当，主动作为，发扬从群众中来、到群众中去的工作作风，为群众办实事、解难事，为成长为一名合格的社会主义建设者和接班人打下坚实、良好的基础。

四、结语

学生会改革并不是一蹴而就的。作为每一个高等学校育人必不可少的环节，学生会要积极进取，通过自身改革，接地气，聚人气，在深化群团组织改革的背景下，不断保持和增强政治性、先进性、群众性，不断推进自身改革，认真履行自身职能，将青年事业推向纵深发展。

参考文献

［1］罗文泽.“部长级”学生会干部，只是表述有误吗？［N］. 光明日报，2018－07－23.

［2］李立红. 中共中央关于加强和改进党的群团工作的意见［J］. 中国共青团，2015（8）.

［3］庞世华. 新时代高校学生会组织深化改革路径探究［J］. 湖州职业技术学院学报，2021（4）.

［4］团中央办公厅和全国学联秘书处联合印发《关于进一步加强高校学生会组织章程建设工作的通知》［N］. 中国青年报，2017－09－05.

"双一流" 建设背景下高校工会在师资队伍建设中的作用研究①

钱玉琼　刘云灏②

摘　要：通过对高校高层次人才和以博士后为代表的青年教师等进行问卷调查，了解其在"双一流"建设背景下工作、生活所面临的压力，以及对高校工会的期许。通过分类差别化分析进行梳理总结，寻找解决途径与办法，分析高校工会在解决职工困境方面所需做的努力与所能发挥的作用。通过高校工会的协调与福利支持，使高校师资队伍建设走稳走实，最终促进高校早日实现"双一流"建设目标。

关键词：高校工会　师资队伍建设　"双一流"建设

2022年国家启动新一轮"双一流"建设，对高校提出了更高的发展目标和发展要求。无论是已入选的高校，还是争取入选高校，都高度重视"双一流"建设，争取在学科建设、专业建设、课程建设上早日实现世界一流水平目标。高校师资队伍的水平，是"对标竞进，争创一流"的关键要素。重视人才队伍建设，打造高水平师资队伍与可持续发展人才梯队，已成为高校提升内生动力、实现高质量发展，在竞争中求得长足快速

---

①　本文系四川大学工会2022年度工会理论研究立项课题"高校工会在'双一流'建设中的作用与功能定位研究"（项目编号：SCUGH2022-004）的成果。

②　钱玉琼，四川大学建筑与环境学院党政办副主任，研究方向为思想理论宣传。刘云灏，四川大学华西第二医院人力资源部研究实习员，研究方向为传播学理论等。

发展的共识。师资队伍建设的重要性使高校思考如何构建"育才、引才、用才、留才"科学体系，为构建一流队伍做好谋划，构建与"双一流"建设相适应的队伍发展体系、服务保障体系。本文研究"双一流"建设背景下，通过分类差别化分析，发挥高校工会在服务师资队伍建设方面的功能与作用，促进高校实现"双一流"建设目标。

工会是中国共产党领导的职工自愿结合的工人阶级群众组织，是中国共产党联系职工群众的桥梁和纽带。高校工会是高校教职工自愿结合的工人阶级群众组织，具有自身的特点，主要体现在三个方面，一是会员多为高知，即知识分子相对集中；二是会员民主意识强，会员思想相对活跃，自主意识较高；三是会员的精神需求层次较高。三个方面对高校工会有效开展工作带来挑战。因此，探析高校工会在服务高校师资队伍建设中的作用，配合高校在"双一流"建设中走快走稳，切实提升高校工会作用力，是时代发展的必然要求。

高校师资队伍建设政策逐渐以海外引才为重点，通过引培结合模式，大力推行青年人才引进政策改革，如针对博士后引才政策的转变与调整，反映了当前人才争夺大战中的焦虑与渴望。结合国内高校人才引培政策，本文采取层次分析法，针对高校工会三类会员，即高层次人才、以博士后为主体的青年教师（以下简称"青教"）、女教工，探究高校工会如何开展有针对性的服务，提升高层次人才的"归属感"，青教的"成就感"，女教工的"获得感"，最终实现"幸福感"。

一、高校高层次人才工作生活困境及其解决策略

高层次人才主要包括两部分，一是通过对外引进的高层次人才，二是高校自主培育的人才。高层次人才拥有高学术影响力、强资源号召力、广学术辐射度，作用举足轻重，对"双一流"建设，学科评估、教学与科研的质量与水平都发挥重要功能，成为争夺的稀缺资源。因此，留住、用好高层次人才，使之对任职高校产生强烈的认同感与归属感，需要高校做好高层次人才服务工作。高校工会在做好高层次人才服务工作方面，可围绕工作条件保障、资源条件保障与后勤服务保障等方面，在"高薪留才、事业留才"的基础上打造"环境留才、服务留才、感情留才"的服务体系。

以 S 大学为例，在 S 大学高层次人才调研座谈会上，反馈最多的不是薪资待遇、资

源指标，而是生活细节上的不适应对其开展教学与科研工作所带来的困扰，主要表现为三"不"，不熟悉校园环境，不适应校园文化，不了解校园政策。部分高校因招生规模、合校或新老校区扩张等，呈现出多校区或跨市区办学特色。有海外归来高层次人才指出，回国工作后，在不同校区上课、科研，时空切换造成秩序混乱，本该去 A 校区上课却去了 B 校区，实验室在 C 校区却上了 A 校区校车，环境不熟悉带来的困扰迫使其难以融入校园文化，难以理解校园政策，导致文化冲突，需要长时间适应期。除个人窘迫，工作变动对家庭也产生了影响，体现为四个"被动"，家庭"被动分离"、配偶"被动求职"、孩子"被动择校"、父母"被动离乡"，这些都构成影响高层次人才稳定性与归属感的关键因素。

针对上述困境，高校工会应搭建好高校职能部门与高层次人才、省市部门与高层次人才之间的桥梁，为其提供工作、生活便利，使之从琐事中解脱出来，全身心投入教学科研工作。各省市都有针对高层次人才的服务卡，如四川省的"天府英才卡"，山东省的"山东惠才卡"，贵州省的"优才卡"，佛山市的"优粤佛山卡"，均为政府公益性质、省市人才卡服务类产品。持该类卡，可享受相关绿色通道或一定的政策优惠，包括落户、购房、配偶随迁、子女教育、出入境、医疗保障、交通出行、金融服务等多项优惠或差异性服务。调研中，高层次人才表示，对上述人才专属卡或优惠政策知之甚少，对申请流程与条件了解不多，对所能享受的政策优惠不甚知悉。高校工会可从强化人才引培政策宣传入手，启动联动机制，加强与高校人才办公室、人才服务科室及所在地政府部门、企事业机构间的沟通交流，确保优待政策能为高层次人才所知，为其申请人才卡、使用人才卡提供专属服务，确保省市、高校制定的优待政策落地落实，切实提升高层次人才对所服务高校、所在地方的归属感。

二、制约高校青年教师发展的瓶颈及其改善路径

高校实施人事政策改革，以博士后为代表的青年教师在高校人才队伍中所占比例较大。青教首聘期并非编制人员，流动性强，与其所在高校利益纽带弱。青教这一特质，要求高校工会高度关注，为其提供良好环境，帮助其成长、成才，提升其工作生活中的"成就感"，实现编制保障，成为高校固定人才队伍成员。

我们采用问卷调查与座谈走访相结合的方式，针对其存在的问题进行梳理，结果发现，困扰青教的问题首要表现在薪资待遇与住房周转方面；其次是个人问题，即婚姻问题；最后是教学与科研平台及资源。81.2%的调查者认为，青教的薪资待遇以年薪制包干，相比编制教职工，在一些福利待遇上有所偏失，如周转房的供给。超三分之二的青教表示，当前的聘任政策相对激进，淘汰率相对较高，流动性较强，即使当前各省市购房政策相对宽松，在首聘期内，考虑转编成功与否等因素，往往不会选择购买住房，更倾向于高校提供环境相对舒适的周转房，或能按合同在规定的时间内提供周转房。

单身青教，对个人问题及婚姻关注度较高，也关系到人员稳定。高校职能部门，如高校工会要开展相关联谊活动，协助解决。女性青教表示，高校考核体系压力大，个人圈子小，且博士毕业年龄已不小，个人问题及生育问题使其倍感焦虑，对教学与科研产出均有影响。根据问卷反馈，超半数青教缺乏维持日常教学与科研所需的条件与资源，如办公条件、信息获取、平台福利、技能培训等，对其成长产生阻碍，或降低了其成长速度及预期值。

青教关注的问题可总结为三点，即经济问题、婚姻问题、工作问题。三个问题最终落脚点在人才队伍稳定问题。解决三个问题需要上下联动，工会要重点做好三个方面的工作。

首先，充分开展调查研究。广泛听取意见，做好调查摸底，如针对周转房问题，首要在于厘清供需现状及矛盾，制定周转房使用办法，按照人员类别、使用时段科学分配，通过网络智能管理系统，公开、公布周转房规模、申请流程、管理办法等，切实盘活周转房使用率与覆盖率。问卷调查反馈，高校周转房存在占用后再次转租的牟利现象，应强化监督机制、畅通反馈渠道，联合纪委监察、后勤保障部、教工部及教工所在单位，及时做出反应，减少所在单位教职工周转房分配指标，或年度考核降档等手段，遏制不良风气，确保资源优化配置，确保青教安心教学科研。

其次，针对单身青教，应强化高校工会组织建设、宣传教育等科室的执行力度，当好"娘家人"，办好民生实事。开展丰富多彩的活动，启动校内单位、校外单位间，各类文体活动、相亲联谊活动、党建拓展活动的开展，将该类牵线搭桥、有目的解决个人问题的项目设为工会特色项目予以支持实施，分层次、分时段、分批次，有程序、可控性地丰富单身青教的生活与工作，助其拓宽交际圈子，实现工作交流、科研合作与个人问题解决多赢。

最后，帮助青教做好职业生涯规划、搭建成长平台。高校工会可从以下方面入手，一是充分发挥工会"传帮带"作用，邀请教学科研标兵做好经验传授、技能培训、传道解惑的工作，助其立足岗位，实现角色定位转变，快速适应新环境，提升压力承受能力；二是做好先进典型宣传、选评与扶持，强化劳模与工匠精神，推动劳模与工匠人才培育，严格把关劳模工作室成立与建设，切实发挥劳模与先进榜样示范作用，激发青教奋发图强决心与志向，培养一批年轻化、专业化、高知创新型的一线教学科研综合型人才；三是搭建可视、可感的竞争性质的成长平台，如针对教育教学能力的教学赛事，主要有"青教赛"等，加大"青教赛"的校内宣传与选拔力度，通过院系选拔、校内选拔，筛选优秀苗子，有目的地培育、引导、扶持，助其在省赛、国赛中脱颖而出。

三、高校女教工发展受限因素及其改善途径

女教工是高校的重要组成部分，具有高知性、独立性、角色多重性等特点，活跃在教学科研、实验教辅与行政管理等相关岗位，为推动高校及高等教育发展贡献力量与智慧。随着"双一流"建设日渐深入，压力日增，女教工在工作、生活上因性别、年龄、学历、职称等一系列因素，倍感焦虑。因此，加强工会女工委工作，提升女工委工作能力，做好条件保障，探索解决女教工"急难愁盼"问题，帮助其从生活、工作琐事中解脱出来，意义重大。

作为女性，性别因素影响女教工的发展。首先是生育带来精力分散。放开二胎至三胎以来，女性在提高生育率方面贡献了力量，但也造成了工作、生活与个人发展无法平衡发展的困境。按照教学科研岗、教辅思政岗、行政管理岗进行分类发现，教学科研岗女教师普遍生育率低，生育欲望低，甚至"被迫"单身。问卷反馈，教学科研岗女教师因教学科研压力大，校院两级考核要求高，为了职业生涯牺牲家庭，选择生育一孩、丁克或不婚。

社会期待对女教工发展产生的限制性引导。社会传统观念认为相夫教子、辅佐家庭是女性归属，高校女教工角色具有多重化特点，身兼领导、专家学者、教师等职业身份，同时拥有妻子、母亲、女儿等社会身份。在赡养老人、养育孩子、维持家庭正常运

转，如家庭财务管理、家务活儿处理等方面付出的精力与心血也相对较多，这给女教工带来的压力也较多。

因此，加强高校女教工工作具有社会现实必要性，探索提升女教工工作路径与改善方法极具必要性。首先健全组织机构，提供保障条件。充分发挥女工委作用，配齐女工委队伍，组织多种形式活动，为其争取权益，在评奖评优、职称评审、资源分配等方面，通过年龄适当放宽、指标适当增加，或条件上走绿色通道等政策倾斜，助其在职场、职业生涯中走稳走实，提升女教工的职业获得感与生活幸福感。

做好女教工工作，首要重实践，深入女教工群体了解工作重点与难点，找准突破口。调查反馈，女教工指出工会组织的各种文体活动、座谈、实地参观、经验交流以及技能比赛等，虽形式多样，工作方式创新，然而从侧面增加了女教工的负担。根源在于，活动极具普遍性，时间安排上与工作时间相冲突，工学关系或工休关系矛盾突出，活动开展缺乏层次性与区别性，如考虑家庭、照顾孩子等，已婚已育女教工普遍对赴外地参观学习，尤其需要在参观学习地住宿的活动较为排斥；临近退休的女教工对养生领域类工会文体活动或科普讲座呼声高，单身或大龄女教工则表达对联谊活动的期许。女教工工作做细落地，需有针对性、有区别地顶层设计或谋划，真正将事情办到实处，将利益谋到位，将关心送到心坎上。

在各类人才项目、人才头衔及重大奖项评选中，女教工在性别上、年龄上占优势。高校工会要利用这种优势，主动谋划，协助职能部门、教学科研单位打好年龄战役，有层次、有阶段地实施女教工托举计划，对优秀的女教工分阶段培养。分析发展特点，按年龄段所需要的帮助与支持予以政策倾斜，使其从日常琐事中解放出来。S大学目前针对其所在单位的女教工及男教工家属实施生育绿色通道，即利用附属医院的资源优势，对怀孕女教工及男教工家属实施生育建卡绿色通道，相比通过"黄牛""号串串"或凌晨排队抢号等境况，减轻了负担，体现了人文关怀。

总之，高校教师承担着立德树人、科技强国的重任，为其做好服务，关系高校"双一流"建设进程，也关系国家的社会发展。高校工会主动了解高校教师生活情况、工作情况，成为其"娘家人"，发挥好"娘家人"作用，为其解决后顾之忧，必将推动高校师资队伍成效化发展。

参考文献

[1] 国务院关于印发统筹推进世界一流大学和一流学科建设总体方案的通知[J]. 中华人民共和国教育部公报，2016（Z1）.

[2] 施一萍，李洪芹，闫书佳. 高校工会在"双一流"建设中充分发挥作用的研究[J]. 才智，2020（2）.

[3] 傅雪霏，徐蝶飞，史洁."双一流"背景下高校工科人才队伍建设——以清华大学精密仪器系为例[J]. 科技导报，2019（10）.

数字时代高校师德建设转型及路径探究[①]

秦杨梅[②]

摘 要： 加强师德师风建设是提高教师队伍素质的根本途径，但惯有的师德师风建设方式可能存在难以量化、难以监督、难以评价等问题，开辟新的师德师风建设之路刻不容缓。教师队伍建设数字化为高校师德建设提供了开创性的思路。一方面，师德为数字化的数据、算力、算法迭代等提供道德支撑；另一方面，经数字化方式赋能，师德的边界将外移至更宏观的领域。基于此，本文通过分析数字化时代教师角色的转变，探讨数字化技术对教育冲击时师德不可或缺的价值和师德建设面临的挑战，对师德建设的数字化新路径进行思考。

关键词： 数字化 师德建设 高校

将立德树人的根本任务落到实处与教师队伍建设是分不开的。加强师德师风建设是提升教师队伍素质的根本途径，也是"十四五"规划中"建设高质量教育体系"内在要求中重要的一环，面临巨大挑战。各类师德考核办法、职业行为规范、师德师风负面清单和失范行为处理办法等制度相继出台并细化，使高校师德师风建设取得了一定成效。

---

① 本文系 2023 年四川大学党政服务研究项目"高校师德师风建设的数字化路径探索——基于大数据分析的师德评价体系研究"（项目编号：2023DZYJ－35）的成果。

② 秦杨梅，四川大学人事处（党委教师工作部）科员，研究方向为管理研究。

但传统的师德建设方式存在难以量化、难以监督、难以评价等问题，因此亟须探索师德师风建设的新思路。

"推动教育数字化"首次被写入党的二十大报告中，为教育的发展明确了行动纲领。各级教育部门积极推进教育数字化，以数字化手段打造高素质师资队伍是当前教育领域的重点任务。教育部教师工作司2022、2023年工作要点分别将"推进人工智能助推教师队伍建设""推进教师队伍数字化建设"列为重点任务。近年来，教育部扩大优质资源和服务有效供给，构成"一平台两系统"架构，推进教师队伍建设数字化转型。教育部《新时代基础教育强师计划》中强调推动教师队伍建设数字化，要求探索人工智能在教育中的应用与融合。数字化教师队伍建设也赋予师德师风建设新的灵感。一方面，师德为数字化的数据、算力、算法迭代等提供道德支撑；另一方面，经数字化方式赋能，师德的边界将外移至更宏观的领域。但目前师德师风建设在数字化领域的实践仍不够深入，存在碎片化、表面化的现象，因此要思考师德建设数字化转型方式，推动教师队伍数字化转型。

一、从数字化时代教师身份的转变讨论师德建设的新理念

数字化时代对教师师德师风建设提出了新的发展要求。"教"转"育"的教师角色定位使师德建设呈现出新样态。因此，师德建设的数字化要形成新的理念和旨趣，从而呈现新的特点，还必须直面数字化时代所带来的挑战和机遇，发挥独特价值、承担历史使命，把立德树人这一根本任务落到实处。

数字化时代促使教师转变教学观念，使师生的交往趋于平等。数字化背景下，学生学习达到高度的自主化，教师愈发显示出"引路"角色。在此背景下，教师应更多及时鼓励学生并对学生反应给予积极的反馈，将学生学习置于教师教学之前，加强教师与学生之间的互动交流，回归教学的本质。教师以自己的人格魅力以及广博的学识来激发学生学习的兴趣，用教育家精神引领，在为人、为事、为学上争做"大先生"，努力建立和谐的师生关系。

数字化时代要求教师甄别信息知识的能力更突出。数字化时代信息的更新速度飞快，内容庞杂，因此教师分辨信息价值的能力尤其重要，而在信息的汪洋大海中引导学

生甄别并做出正确判断就成了教师在数字化时代的重点课题之一。教师通过自身修养、品德、观念及知识储备，利用正面的、积极的、健康的、真实的、准确的信息，抵制负面的、消极的、不良的、虚假的、模糊的信息，引导学生建立正确的信息意识，帮助学生体悟知识的内在逻辑、历史文化、道德智慧、情感美感、社会生活等重要价值，内化于心并进行创新创造，这是师德建设的核心。学生人生阅历不足、心智尚未成熟，教师的言传身教对其影响巨大，因此师德建设要求教师首先对数字化时代繁冗的信息进行正确研判。

数字化技术离不开人的作用，教育数字化离不开教师的作用。数字化时代师德建设仍需摆在教师队伍建设的首位，对教师队伍发展方向具有引领性作用。而技术的伦理问题也需关注，应该牢牢植根于某些共同的基本人类价值观。数字技术的发展需要不断伴随着伦理道德，这是一个动态的过程，以确保人权和基本自由始终得到保护。因此，师德建设也要充分发挥数字技术尊重人性、尊重隐私、尊重自由、尊重创新的作用，教师通过坚守、认同、尊重职业操守，展现师德之光。所以，师德建设在数字化时代呈现出新的特征，在战略上也要有所调整和变化，适应新时期的发展。

二、数字化技术对教育冲击时师德不可或缺的价值

数字化时代，大量教育数据被收集、分析和利用。教育工作者除了能调用这些数据加以运用并积累工作经验，同时应重视数据隐私，防止数据泄露、篡改或丢失。在师德建设工作中也应加入人的科学性能，避免数据链条不完整造成失真而带来的偏见，同时也要深度分析冰冷数据后蕴含的意味。因此，师德由传统意义上人类的价值判断或蕴含于行为中的缄默知识，在未来将被表示成为能供机器推理的数据语句。因此在师德建设工作中也需积极保持与智能化设施交互，提升批判性思维能力。

在数字化时代，人类部分脑力劳动将被替代，但不能因为相关的数字化技术的存在而忽视对学生思想品德、思维能力和综合素质的培养。数字化时代，基于教育大数据有可能涌现"教育智能"，为教育活动提供决策支持，这可能导致教育工作者因过度依赖人工智能而渐渐远离学生。因此，教师更需要传递思维、文化、美德、情感、规则等人类社会文明，而此阶段的师德建设也应更加注重那些当下习以为常的教育命题，如教师

与学生面对面交流互动,让教育保留应有的温度。关注学生全面发展是师德最核心的使命,即立德树人,帮助学生全面发展。

教育数字化的发展离不开算法开发,需以师德作为基础。一是为了保障系统运行不会损害学生权益,二是能与教师本人进行交互对话,根据教师的评价与反馈不断迭代。因此,未来教师对师德的感受力需要增强,不仅能够判断自己的教学活动是否符合师德,而且要能够觉察人工智能的教学行为是否符合师德。因此,教师需要有所为、有所不为,需要基于师德形成对使用数字化技术的基本共识。

综上,数字化时代教育智能化、信息化、数据化技术的普及应用中,师德建设仍具有核心意义,且被赋予新的内涵,因而要发掘师德建设的延伸领域并拓展空间范围。

三、师德建设数字化转型的新挑战

一是师德建设思维应向数字化转型。师德建设数字化是对教师在教学、科研、言行举止等方面开展工作的全程数字化,包括建章立制、考核评价、评奖激励、典型宣传、政治学习、监督举报、调查认定、失范处理、专项整治、整改落实等。每一项独立工作的开展都显示出各种机制与流程之间的紧密联系,采用互联网、大数据、人工智能等数字化技术探索互相影响的作用和机制,需要从传统的师德建设思维向数字化治理转变,用数字化思维重建过程。

二是建立师德师风考核的动态科学指标体系迫在眉睫。考核评价体系是检验学校师德师风建设成效的一把重要标尺,是学校师德师风建设的核心和重要抓手。一个基本共识是,师德师风的建设应该具有科学、可量化的评价指标体系。只有科学的评价标准才可推进师德帅风建设常态化,进而保证研究团队及实践单位开展有益探索,但目前高校师德评价体系仍不科学完善,无法一定程度体现客观、公允,存在主观随意性,从而难以适应数字化应用与教育事业高质量发展的内在需求。

三是师德建设缺少实时监控与评估机制,需突破信息壁垒。师德师风的考核评价需要分层次,不能都靠"一把手",要做到全员参与。因此,利用大数据技术获取各校师德师风的实时数据,建立监控体系,需要上级教师管理部门打破时空监管盲区,对各时段、各学校全体教师进行监控,对发现的可疑苗头、异常行为,收到举报一起,迅速响应查处一起，做好监督，准确跟踪。对师德失范可能引发社会舆论的行为，要及时处理，防患于未然。

四、数字化师德建设路径思考

（一）深化师德师风建设，探索精准化师德考评办法

合理地进行师德考核和评价不仅需要具有可操作性，还需要产生一定的效果，因此建立科学、有效的考核评价机制一直是高校师德建设工作探索的问题。《教育部关于全面推进教师管理信息化工作的意见》明确提出，为评估教师队伍发展现状、准确把握发展中存在的问题、分析未来发展趋势、明确发展重点，对教师队伍发展进行全方位、多维度的关联分析和综合利用，教师工作决策要以教师队伍的大数据为基础支撑和重要依据，以科学、有针对性、有效地制定教师工作决策。逐步建立操作性强的师德师风考核指标体系，开展师德师风数据的随意性采集和分析，在教师职业生涯全过程都进行师德考核评价。开展数字化考评，确保动态监控、精准考评教师的师德师风，做到长期跟踪。与以往相比，在师德师风考核方面，大数据技术能明显降低工作成本，反映周期缩短，数据更为全面、准确。运用人工智能技术进行过程分析、数据挖掘，建立基于定量、定性的考核评价标准，利用标准偏差算法进行计算，得出分布等级，并给出修正方案，如在优质等级范围内可给予适当的奖励和表彰等，评价结果不仅体现出过程的客观性、公正性，也可激励教职工建立明确的目标，不断提升综合素养。在评价过程中，教师师德师风数据的分析和应用过程可以通过区块链技术来保证极高的安全性，从而实现动态、稳定、长效的师德师风建设评价工作的分析和应用。

（二）创新师德教育形式，共享教育资源

目前，高校师德师风教育主要以培训班、网络资源学习或文件等方式居多，在学习的灵活性和个性化等方面有所欠缺，对于不同类别的教师的教育效率较低。在数字化时代，利用人工智能、大数据等技术可有望解决此困难，如可建立有效的学习资源库，不同高校可将可公开的文件或优秀师德教育慕课等资源上传至资源库，且通过受教育者的表情、行为、声音以及选择等多个维度认知受教育者发展的一般规律和特征，据此在不

同的发展时期和情境，运用协同过滤、基于内容等不同算法，以娱乐、竞赛、推演等多种形式，推荐适应于不同教师身份及发展的个性化学习内容，不断良性循环并充实内容，节约教育者的劳动精力，提高学习者的兴趣，为丰富教育形式、全面发展创造条件。

（三）建立动态监管、即时反馈的师德监督管理机制

数字化时代，师德失范问题具有传播快、容忍度低、易产生社会舆情等特征。高校师德建设应充分重视并利用互联网及信息技术进行赋能，主动管理、拓宽师德失范问题监督反映的渠道，将易引发舆情围观的网络维权现象纳入常态化的监督轨道，利用信息技术将管理前移，将日常师德监督管理做实做细。一方面，高校和各级教育行政主管部门可以探索建立师德师风监测评估动态管理制度，利用数字化平台及时严格预警和诫勉提醒高校师德失范行为；另一方面，高校可以借助网络互动平台等及时收集学生、家长、教师等各方意见，为全面了解高校教师师德状况、完善师德考评体系等提供有价值的资料。

（四）建立师德师风数字档案，打造智慧平台，提高公开性

高校中人才是流动的，人才的流动要求在高校引进人才时对被引进人的师德师风必须进行考察。而师德师风考察一直以来是一项较难实施的工作，目前多依靠实地政审、档案核查、网络媒体、谈话等方式进行，无法获取深层潜在的信息，甚至部分惩处信息都仅在有限范围内公开，新单位无法掌握相关线索导致引入有风险的教师入职。为真正实现师德失范行为"零容忍"，提升高校师资队伍的综合素养，净化高校师资队伍建设的生态环境，可通过人工智能等前瞻性技术手段，基于全国教师系统构建在线师德考察、师德场景仿真建模、大数据共享、群众监督、协同联动、分析评价等功能平台，实现数据驱动型师德建设模式，提高师德信息的公开度，强化各高校师德建设的联动性，督促教师自觉遵守职业道德规范，维护行业秩序。

教育部目前已着手实施以全国教师管理信息系统和教师大数据平台为基础，以数字化技术为核心，以服务为宗旨的国家教育数字化战略行动，推进高校师德师风建设工作的数字化改造，为培养高水平、专业化的教师队伍注入能量，推动教师队伍建设质量、效益提升。随着教育改革的不断深入，教师流动性不断增加，教师培养需求的多样性愈

发显著，师德建设在数字化转变的实施过程中也面临着巨大的挑战。如师德建设思维的数字化转型、师德评价手段比较程序化和单一化、师德建设缺少实时监控与评估机制等。通过分析讨论，本文提出师德精准化评价方式、共享教育资源、建立动态监管和即时反馈的师德监督管理机制和建立师德师风数字档案等路径，为新时代高校师德建设的数字化之路提供宝贵经验。

参考文献

［1］深入落实国家教育数字化战略行动　全面提升教师队伍信息化素养和现代化治理水平——2022年教师队伍数字化建设情况报告［J］. 中国电化教育，2023（4）.

［2］朱桂琴. 数字化时代师德建设：特征、价值意蕴及实现路径［J］. 湖北民族大学学报（哲学社会科学版），2023（4）.

［3］教育部印发《关于全面推进教师管理信息化的意见》［J］. 发明与创新（教育信息化），2017（4）.

［4］喻涛. 师德师风治理数字化转型思考［J］. 电化教育研究，2023（7）.

高校提升本科生深造率的路径研究

——以四川大学计算机学院为例

唐 萍①

摘 要： 国家对高学历人才的需求和本科教育的日趋普遍化，推动了越来越多的本科生选择继续深造。影响高校本科生深造率的主要因素是考研和出国人数。要提升高校本科生深造率，可以对学生进行整体引导、分类指导，构建家校共建体系，发挥一切可发动的力量帮助学生实现继续深造的愿望，切实落实国家对人才培养需求的要求。

关键词： 高校 本科生 深造率 路径

一、高校本科生深造的意义

随着我国高等教育的发展，高校本科学历已经日趋普遍化，越来越多的学生有机会接受本科高等教育。但随着国家的发展，本科生已经不足以满足社会对科技人才的需求，学生们也想通过深造来获得更高的社会地位和更好的发展前景，国家对高学历人才

---

① 唐萍，四川大学计算机学院专职辅导员，研究方向为思想政治教育。

的需要和本科教育的日趋普遍化，共同推动了越来越多的本科生选择继续深造。

四川大学计算机学院对 2024 届学生（共 407 人）在不同时期的深造情况进行了问卷调查，如表 1 所示。从大一到大三，有深造意愿的同学越来越多，意向深造率从 59.71％升至 75.43％，这是因为学生从低年级到高年级日趋成熟，他们的思维和认知随着年龄的增大、年级的增长、知识的积累等因素在发生着变化。他们也越来越清楚自己的目标，所以会有一部分同学从最初的摇摆不定到想法明确，因而计划深造的同学人数逐步增多。另一方面，家庭和社会因素也促使计划深造的同学越来越多。目前，家长的受教育程度越来越高，学生从小接受的教育环境和教学质量都很好，家庭环境、父母的受教育程度也会影响到学生的未来规划。例如，近几年在本科招生宣传中，我们发现一个共同特征就是家长很关注保研率，明确表示希望录取专业的保研率高一些，希望孩子未来可以继续深造。一部分家长在招生咨询时特别关注学校和专业的保研率。另外对学生而言要想在计算机领域有所成就，本科学历是远远不够的。他们还是要继续深造、继续学习，才能在科研上有所突破并获得成果，这也是社会发展对科研人才培养的需要。

表 1 2024 届学生在不同年级的深造意向

不同年级	计划深造人数（人）	意向深造率（％）
大一	243	59.71
大二	266	65.36
大三	307	75.43

对四川大学计算机学院近四年（2020 届至 2023 届）的最终深造率情况进行统计，结果如表 2 所示。近四年来，计算机学院的整体深造率基本维持在 45％左右。计算机学院深造率不理想的原因有很多。第一，学生出国意愿不是很强烈，尤其是近几年的疫情对学生出国留学影响比较大。父母的态度也会影响学生的选择。家长认为目前国际形势复杂，在国外人身安全可能得不到保障。他们更希望学生在国内读研。第二，计算机学院的保研率不高，保研人数也是影响深造率的重要因素之一。但保研率是一个刚性指标，在保研人数上很难有变化。第三，考研成功率太低，计算机学院是全校基数很大的学院，但每年考研成功的人数偏少，计算机学院学生在准备考研上付出的努力还不够，

复习的时间不够。学生认为考本院研究生有优势，这也是导致考研成功率低的原因之一。第四，计算机学院招生规模比较大，学生人数多，基数大，一两个人数的变化很难影响深造率的升降。学生个性化差异较大，学院应在做学业指导时给予针对性的辅导。

表 2　学院近四年深造率统计

年级	总人数（人）	教研人数（人）	保研人数（人）	出国人数（人）	深造人数（人）	整体深造率（％）
2020 届	371	26	90	48	164	44.20
2021 届	422	48	92	58	198	46.92
2022 届	378	52	86	34	172	45.50
2023 届	358	41	86	40	167	46.09

通过数据分析发现，四川大学计算机学院 2024 届本科生升学的愿望非常强烈，有75.43％的同学想升学读研。但通过对近四年的深造情况分析发现，整体深造率与期望值存在较大差距。因此，如何提升深造率是目前计算机学院应该认真思考的问题。提升本科生深造率，不仅可以帮助学院同学实现深造的愿望，同时也响应了国家对高科技人才培养需求的要求。

二、高校提升本科生深造率的路径

以四川大学计算机学院为例，想要提升计算机学院本科生的整体深造率，应当发动全学院可以发动的力量来进行学生深造率的帮扶，系统地开展深造率帮扶工作。我以为提升本科生深造率的路径主要有以下几个方面。

（一）整体引导

1. 开展新生入学教育

充分利用计算机学院新生入学教育周，对新生进行思想政治教育和学业引导。新生刚刚入校时，对大学生生活充满了无限美好的憧憬，我们要利用好这个关键期对学生进行学业以及深造的引导。学院应合理规划好新生入学教育课程，保质保量完成，切记勿让新生入学教育流于形式。新生入学教育可以邀请学院及校外的相关老师讲课，课程可围绕思政、考研、出国、就业等多方面开展，让新生了解学院的发展情况和毕业后的走向；以志存高远、报效祖国为主题，引导学生明确学习目标，提升学习动力；引导学生将个人规划与国家需求紧密结合起来，树立正确的世界观和价值观，帮助他们做好学业规划和人生规划。

2. 营造良好的学风

在全学院营造积极向上的学习氛围，形成良好的学习风气。在低年级以班级为单位组织晨读、晚自习，并做好管理等工作，营造良好的学风。在大二年级举办有关科研竞赛的宣传和相关竞赛的讲座，邀请相关专业老师进行科研竞赛的指导，鼓励大二年级同学积极参加科研竞赛。鼓励高年级同学积极与专业老师进行学术交流和学术探讨，积极参与科研工作，尽早进入实验室开始系统性地参与科研项目。在条件允许的前提下，鼓励学生在本科阶段尝试写论文、写专利报告，这也是促使学生对科研工作进行总结和思考的方式。学生从科研竞赛和科研项目中感受到专业的魅力，认识到自身的价值，领悟到科研的重要性，提升对学术的兴趣和对科研的向往，这些都是提升学生深造意愿的内在驱动力。

3. 开展职业生涯规划指导

由班主任或辅导员老师一对一地指导学生完成职业生涯规划，帮助和引导学生意识到确立自身发展目标的重要性，思考未来理想职业与所学专业的关系，使其逐步确立长远而稳定的发展目标。通过职业生涯规划，引导学生树立正确的择业观和就业观，引导学生做好学业规划、职业规划和人生规划。职业生涯规划要以专业老师引导、朋辈影响和自身兴趣为基础，结合学生个人特点来进行。通过一对一的指导交流，在尊重学生的情况下重点进行继续深造的规划引导。培养高科技人才也是响应国家和社会发展需求的要求，通过分析国情和社会需求以及专业未来走向，深造后的优势等，坚定学生继续深造的决心。

（二）分类指导

从影响本科生深造率的几个因素来看，保研人数是刚性指标，学院可以在出国留学和考研上对学生进行分类指导。

1. 出国留学

海外学习已经成为高等教育的热点之一，我国在出国留学等方面的服务体系也越来越完善。出国留学是提升高校本科深造率的有效途径之一，学校可以从多方面着手引导学生出国深造。

学院可以邀请有海外留学经验的专家学者来开设讲座，为同学们分享在国外的学习、生活和个人收获等，尤其可以邀请刚刚回国的年轻老师来开设讲座。年轻老师与学生的距离会更近，分享效果会更佳。通过此类讲座交流，学生能对出国留学有一定的了解和认识，也能接触到国际前沿领域，拓宽他们对专业的认识，并对未来规划有更多的思考。

学院还可邀请高年级学长或学姐分享出国的经验，分享如何准备申报材料，如需要准备哪些材料、自己申报过的学校的时间节点、语言考试的成绩要求、如何拿到对方学校的 offer，讲述具备哪些条件可以申请对方学校的全额奖学金和半额奖学金，等等。通过学长学姐的经验分享，同学们对出国深造之路会有更加深入的了解。朋辈的影响力是较大的，通过交流，学生可以更加清楚出国深造该如何做准备。

纠正出国认知偏差。根据计算机学院 2024 届学生的反馈，部分学生对出国深造的认知仍然存在一些偏差，比如有些同学或其父母觉得国外不安全，所以只想去香港地区的知名高校深造。也有部分学生认为留学的费用太高，家里不能够支持。还有部分学生觉得自己的成绩不是很理想，绩点比较低，可能申请不上国外较好的学校。对于这些认知偏差，学院应举办一些讲座，进行相应的讲解，再一对一地进行沟通。对家庭经济不太好的学生，可以重点宣传公派出国和奖学金高的项目。对成绩不理想的学生可以向其推荐一些门槛较低的学校，或者请这些学生在学有余力的情况下重修刷分、刷绩点，为出国留学做好准备。

开展海外留学招生宣传。计算机学院设有外事科，负责海外留学项目。可以在低年级同学中宣传与计算机学院有联合培养计划的海外知名大学，如"3+1+1""3.5+0.5"等项目。联合培养项目相对比较成熟，也深受学生家长的青睐。在高年级阶段，学校和学院会推送许多海外学校的宣讲，让学生有更多的选择。另外，学校还有一些短期交流项目，也可鼓励学生积极参加，多出去学习，增长见识，拓宽国际视野。

2. 考研

举办考研经验分享讲座。邀请考研成功的学长或学姐分享考研经验，引导学生积极地看待考研。通过考研经验分享，引导学生尽早树立考研目标，从成功案例中获得考研的动力，从朋辈的考研经验中收获有用信息，调整完善自己的考研规划，积极投入考研复习中。

提供考研自习室。学生平时上自习主要在三个地方：没有课的教室（自己找）、寝室和图书馆。如果在教室上自习，就需要临时去找，并且每天上自习的教室不一样，空余教室不太好找。寝室学习氛围比较差，学习效率低下。图书馆座位则需要很早去占据。学生有着强烈的诉求，希望提供专门的考研自习室。计算机学院在多年前就设置了专门的考研自习室，为考研同学提供良好的学习环境。考研自习室也促进了学生之间的学习交流，实现了学习资源共享。

建立考研复习助力团。建立由班主任、专业老师、小导师组成的考研复习助力团，围绕考研复习和答疑展开工作，主要解决学生考研学习中的困难，帮助学生答疑解惑。这些举措会让学生感受到学院集体的关心关爱，避免因考研压力过大而影响正常复习进度。

提供个性化指导。计算机学院学生基数大，个性化差异大。每年虽然有较多学生考研，但最后考上的人数并不理想，其中很大一个原因就是复习进度不理想，尤其是中后期复习效果差。针对这种情况，学院负责老师应该定期跟进学生的复习进度，了解学生的复习情况和学习状态，给学生提供个性化的指导和建议，鼓励学生坚持到底。

在考研成绩公布后，学院相关老师应立即收集学生的考研情况，指导学生进行调剂。拓宽信息渠道，了解招生院校的调剂需求，有针对性地进行一对一的推荐，"快、准、狠"地帮助学生实现调剂。在面试之前学院应组织模拟面试，针对学生的 PPT、自我介绍、回答问题等多方面进行模拟训练，尽量避免学生在面试中发挥失常。

（三）家校联动

无论学生是出国留学还是考研，学校都应该与家长保持沟通，做好家校联动，一起帮助学生完成继续深造的愿望。家长的态度对学生的影响很大，因此在前期的工作中也需要通过 QQ、微信或电话等方式与家长进行信息沟通，让家长了解学校的深造路径，结合学生在校的实际情况进行分析，帮助学生选择合适的深造方式。如老师了解到学生在中后期所遇到的困难、困惑，要及时反馈给家长，让家长了解学生的学习情况及现实困难，家校共建，共同帮助学生走出困境，顺利走上深造之路。

三、结语

高校要为国家的建设发展培养高素质人才，提升高校本科生深造率是解决国家对人才需求最根本、最有效的方法。学校和学院要积极构建完善的深造率体系，对学生从低年级到高年级进行分层次、分阶段的引导，从整体指导到分类指导，共建家校联动体系，共同做好高校本科生继续深造工作。

参考文献

［1］刘喜玲，胡益侨，吴佳. 高校辅导员在本科生继续深造中的作用研究——以电子科技大学电子工程学院为例［J］. 兰州教育学院学报，2017（7）.

［2］李扬，雷馨圆. 对大学生深造意愿影响因素的实证研究［J］. 教育现代化，2019（46）.

［3］吕文静，吕林海. 研究型大学本科生的深造意向及影响因素分析——基于学习参与的视角［J］. 教学研究，2018（2）.

［4］靳祥鹏，关键，柯璎珊. 中山大学本科生留学深造意愿及影响因素分析［J］. 高教论坛，2019（4）.

［5］秦一竹，石蕾. 美国促进大学生海外学习策略研究［J］. 教育探索，2018（4）.

［6］刘宝存，张继桥. 改革开放四十年教育对外开放政策变迁的历史考察［J］. 高校教育管理，2018（6）.

新时代校办企业多元化风险防控体系构建研究[①]

宋戈扬　李莹莹[②]

　　摘　要： 本文以习近平新时代中国特色社会主义思想为指导，以全面从严管党治企、引领保障事业发展为目标，运用风险管控理论和实践探索，结合企业的共性和个性特点，构建新时代产业集团多元化风险防控体系，将风险防控贯穿企业治理全过程，解决风险从何处来、怎样防范风险这两个问题。

　　关键词： 校办企业　风险防控

　　习近平新时代中国特色社会主义思想是当代中国马克思主义，是中华文化和中国精神的时代精华，是党和人民实践经验和集体智慧的结晶，是中国特色社会主义理论体系的重要组成部分，是全党全国各族人民为实现中华民族伟大复兴而奋斗的行动指南。坚持把习近平新时代中国特色社会主义思想转化为坚定理想、锤炼党性和指导实践、推动工作的强大力量，努力在以学铸魂、以学正风、以学促干方面取得实实在在的成效。为此，笔者全面、系统、深入学习习近平新时代中国特色社会主义思想，完善准确掌握这一重要思想的主要内容，以习近平新时代中国特色社会主义思想为指导，以全面从严管

---

　　① 本文系四川大学党政服务研究项目（项目编号：2023DZYJ－05）研究成果。

　　② 宋戈扬，四川大学产业集团党委书记、董事长，助理研究员，研究方向为预防医学、健康管理、高校产业。李莹莹，四川大学产业集团纪委副书记兼纪监办主任，研究方向为艺术设计学。

党治企，引领保障事业发展为目标，运用风险管控理论和实践探索，结合企业的共性和个性特点，构建新时代产业集团多元化风险防控体系，将风险防控贯穿企业治理全过程，解决风险从何处来、怎样防范风险这两个问题。

一、"多元化风险防控体系构建"调研工作开展情况

本文基于对"校办企业多元化风险防控体系构建"的思考，通过筛选、走访，选定集团业务部门、校办企业、四川省投资集团有限责任公司等作为调研对象，组织集团领导班子成员、部门负责人、重点企业负责人共同走访开展调研工作，主要对业务部门在企业管理中发现的风险、具体表现和危害、防控举措进行深入交流讨论；与四川省投资集团对所属企业风险防控体系建构模式、"一把手"和领导班子成员履行全面从严治党责任的一些先进经验、特色做法进行交流；校办企业负责人分别结合行业特点汇报了企业风险管理的认识、分析了风险源的产生和存在的风险类型、风险处理和问题反馈；经过综合分析与实践，最终形成了进一步推进校办企业风险防控体系构建的可行性成果。

二、校办企业风险防控存在的主要问题

（一）校办企业内控制度建设薄弱

在调研中发现，企业内控制度存在四种情况。一是无制度、缺制度，二是有制度、制度多而杂，三是制度陈旧、未更新，四是有制度不执行、弱执行。有的企业发生风险事项的成因在于其内部控制制度落实不够或无制度、无制约，有的企业内控制度繁多、陈旧，一个部门发布一项内控制度，套进体系后出现各种体系之间没有关联、没有融合的情况，实际操作时大家不知道应该向左走还是向右走，到最后就演变成什么都不要，按照惯性操作的情况。

（二）企业董事、监事、高管的履职行为不规范

集团向参控股企业派出董监高，是行使股东权利、防范化解风险、监管国有资产的重要途径，当前有派出董监事履职管理办法、校办企业总经理经营业绩考核办法等制

度，对董事、监事、高管的履职行为及考核进行制度规范。当前存在的问题主要包括：一是由于相关制度制定年限较久，不适应新的发展要求，新情况无法在制度中体现，制度与实际操作存在差异；二是由于历史原因，部分董事、监事、高管已人事变动，不适合继续履职但尚未进行变更；三是董事、监事、高管履职水平与积极性、主动性有待进一步提升。

（三）财会监督体系尚未形成

根据中共中央办公厅、国务院办公厅《关于进一步加强财会监督工作的意见》，要求企事业单位加强国有资产管理，健全财会监督机制，防范和化解财务风险。而目前没有资金监督措施，不能及时发现企业资金使用问题，无法评估企业的资金使用风险，加之企业银行账户过于分散，资金集中度不高，难以形成资金规模效益。

三、校办企业"多元化风险防控构建"的可行性举措

（一）以制度建设为基础，推行制度"废、改、立"

好的风险防控体系，是把复杂的问题简单化，简单的问题流程化，流程的问题制度化，制度的问题信息化。一是严格规范执行"三重一大"集体决策制度，规范决策行为特别是重大决策行为；二是健全各级企业股东（大）会、董事会、监事会、总经理办公会的议事规则，"把权力关进制度的笼子"；三是修订公司章程等公司治理基础制度，修改、废止陈旧、不适应新发展要求的制度；四是建立重要领域、关键环节等内控制度；五是强化可行性制度的执行力度。

（二）以风险管控为导向，将风控嵌入业务监管前中后

校办企业的业务部门要充分履行"一职双责"的监管职能，将风控嵌入业务监管前、中、后阶段。如：在校办企业人员工资调整、薪酬制定缺乏约束机制的问题方面，建立《校办企业工资总额管理办法》，建立与企业经济效益、绩效考核挂钩的工资决定和增长机制，并监督实施；实施《校办企业负责人薪酬分配管理办法》，建立激励与约束相统一、薪酬与责任相一致，与经营业绩挂钩的企业负责人薪酬管理办法。

（三）进一步规范企业董事、监事、高管的履职行为

对于企业董事、监事、高管履职行为不规范的情况，首先，根据教育部的最新要求，修订董事、监事、高管的履职行为规范。其次，梳理董事、监事、高管的任职情况，对已不适宜继续任职的人员，进行及时变更；加强董事、监事、高管的任职能力培训。最后，加强对财务、法务、公司运营、企业风险识别与防范等风险管控的培训，建立激励机制，激发董事、监事、高管积极、主动履职，建立退出机制，对履职不合格、不积极的董事、监事、高管进行及时调整。

（四）对校办企业实行资金信息集中监管

为防范和化解总体资金风险，提升和完善企业服务功能，对所属独资和控股企业实行资金信息集中管理。通过统一的资金管理系统，归集成员企业的银行账户和资金信息，了解和掌握成员企业的资金使用情况，尤其是大额资金和资金异常变化，监督和规范成员企业资金使用行为。同时，将资金信息集中管理与财务预算、内部审计工作贯通融合，形成对企业重大经营活动的事前、事中和事后的全过程风险防控体系。